行政学への第一歩

安　章浩　著

WORLD DOOR

行政学への第一歩

安 章浩 著

WORLD DOOR

目次

はじめに

行政とは何か。一言で言えば、ある政治的組織体の活動、およびそうした活動を可能ならしめる組織体の管理・運営の諸営為、この二つを総括して「行政」と言う。このことを行政学の専門用語で言い直すと、国家の行政活動および行政組織の管理・運営が「行政」ということになる。そしてその「行政」という現象を対象とする学問が「行政学」である。

一般論として、学問は、人間が解決を迫られている諸問題について、それを解決するために、そうした問題を生起させている諸原因を探求し、そこにもし規則的な法則性が見出されるなら、それを把握・解明し、それを利用して、そうした諸問題が人間や社会にとって害にならないような方向性を見つけ出す、蓄積された経験の検証や知識の体系化の企てである。次に、もう一つ、学問の形態が存在する。それは、政治と関連した学問であるが、先進国の諸制度の導入を企てる国がその先進国の諸制度についての学問的な解明と分析を行い、その構造と作用に関して研究して、そこから得た知識を、体系性を持ったものとして整序し、こうして得た先進国の諸制度に関する秩序付けられた知識を自国への先進国の制度の導入に携わる人々に伝える目的で創出された学問である。創設期の「行政学」はこの後者の学問の性格を帯びた側面が強いと言える。

ところで、この「行政」という現象が注目され、学問・研究の対象になるのは、17世紀のフランスにおいて絶対主義国家という新しい政治的組織体が出現した後である。西ヨーロッパの中世封建社会の最後の段階において、フランスでは、他国に先駆けて近代資本主義社会への移行を促進する政治的組織体としての「絶対主義国家」が誕生した。商業資本主義の勃興による社会の変容の進展と共に、それまで上下の主従関係の連鎖の頂点に位置し、封建秩序を権威づけて来た君主は、今や、資本主義的な社会秩序の確立とその発展の推進役を担うことになり、まず割拠する大・中・小の封建領主を君主の命令に従う「貴族」の身分に変え、そして、もしその動きに抵抗する者があった場合、彼らを服属させるために、新興の商人階級からの財政的支援を得て傭兵隊という形での「常備軍」を作り、軍事的な支配体制を作り出して行った。次に、資本主義的な社会秩序の予測可能性を保障する「法の統一」をローマ法の導入によって実現するが、そのローマ法に通暁した専門家を、身分を問わず採用して直属の臣下として組織化した。さらに常備軍およびローマ法を用いての国内統治を担う臣下たちへの報酬、および全国を統治する施設や経済活動の円滑な展開を支援する社会インフラの整備に巨額の費用が掛かるので、その費用を徴税によって賄う財政専門家の組織化が図られた。こうして、君主は常備軍、社会秩序の維持・発展を担当するローマ法の専門家の文官、および財政の専門家の文官の組織体を権力手段として用いることで、絶対君主となった。この絶対君主を長とする政治的組織体は「国家」（État）と称された。この「国家」は絶対君主の私的所有物、つまり君主の「家産」であるので、「家産国家」（the patrimonial sate）とも称された。そして、この政治的組織体は君主の私有物であるが、君主の命令に従う常備軍並びに統治と財政の専門家の組織体として、フランスでは bureaucracy と称された。この語は明治の初めに啓蒙思想家によって「官僚制」と邦訳された。

さて、フランスの侵略の脅威に直面していた隣国の神聖ローマ帝国——オーストリア国王を皇帝とするドイツ人の領邦国家（日本の徳川時代の藩に等しい）の連合体——では、先進国となったフランスの絶対主義国家の活動と、その活動を可能ならしめる文・武官僚制の管理・運営について、17世紀から18世紀にかけて研究が始められ、

「官房学」というドイツ的な「行政学」が誕生した。それは、国家の作用が被治者に受け入れられるようにするための その正当化の国家哲学、および国家の作用とその作用を実現させている組織体としての家産官僚制の管理・運営に関する知識を盛り込んだ学問であった。要するに、それは家産官僚制の研究である。次に、１７８９年に勃発したフランス大革命によって、フランスの絶対主義国家は自由主義、民主主義、ナショナリズムという近代国家の三つの政治原理によってオーバーホールされて近代国家に生まれ変わる。それと共に、家産官僚制は左右の政治勢力から距離を置く中立的な近代官僚制へと改変されて行った。こうして近代国家に生まれ変わったフランスはヨーロッパにおいて政治的、経済的に優位の権力的地位を築くことになり、ヨーロッパの外ではすでに覇権国になっていたイギリスと世界の覇権をめぐって争った。一方、フランスの脅威に対抗するために、隣国のプロイセン王国――国の構成が特異な国家である。というのは、国家の半分の領土は神聖ローマ帝国に属するが、残りの半分は独立しており、ドイツの他の領邦国家とは異なる独自の国家体制を確立していたからである――は、フランスに追いつき追い越そうとして、フランスの官僚制をモデルにした、より合理化された国家官僚制を逸早く確立して、それを梃子にして「上からの近代化」政策を展開して、英仏と競争できる近代資本主義経済システムの構築に成功した。そしてその余勢を買って、１８０６年に一旦消滅し、１８１５年に復活したかつての神聖ローマ帝国の改組版の「ドイツ連合」からオーストリア王国を排除する戦争に１８６７年に勝利し、さらにフランスの干渉をも１８７０年の対仏戦争での勝利で撥ね退け、プロイセン国王を皇帝に頂く、プロイセンを盟主とし、オーストリアを除くドイツ連合を構成する諸君主との同盟体制の確立という形で、ドイツ民族の統一国家の「ドイツ帝国」が創立された。この国家は国家権力の正当性の原理は君主主義であるが、近代国家の政治原理に基づく民主主義的政治制度はその形式的側面は受け入れられており、さらにナショナリズムに基づいてドイツ民族の統一国家を作り出しており、半分が近代国家になっていた。しかし、自由主義は経済的領域を除いては導入されなかったので、半立憲主義的近代国家と称された。従って、国家の中核部分の官僚制は家産官僚制の性格を有しながら、経済社会的領域の国家作用においては中立性を示す「近代」官僚制の性格を示すハイブリット型への展開を遂げることになったと言える。

そもそも、官僚制とはあくまでも政治的組織体の長の統治手段であるので、絶対主義国家時代までの「行政」は「君主のための行政」であった。しかし、フランス大革命以降、国家権力の正当性原理が民主主義に変わった後は、自由民主主義国家では、政治的組織体の長は君主ではなく、憲法上は主権者の国民となった。そして、近代国家の行政は当然に「国民のための行政」へと変化して行ったのは必然と言えよう。ところが、ドイツ帝国は、国家権力の正当性原理が君主主義であるために「君主のための行政」は一応継続するが、他方、近代国家を目指しているので、社会・経済的領域においては「国民のための行政」を展開せざるを得ず、両者のハイブリット型が生み出されていたのである。１９１８年末から翌年にかけて勃発したドイツ革命によって、このドイツ帝国は崩壊し、それに代わって「世界で最も進歩的で民主的」であると称されていたワイマール憲法に基づく民主共和政が樹立された。こうしてハイブリット型の行政から「国民のための行政」へと移行して行った。ドイツ帝国の末期からワイマール共和国の初期にかけて活躍した政治社会学者のマックス・ウェーバーは、国家社会学の一部として、理念型としての近代官僚制の研究を発表している。それが、アメリカに伝わり、アメリカの現代行政学の確立に影響を与えることになり、今日から見ると、それは現代行政学への序曲の役割を果たしていたとも見られる。

「国民のための行政」とそれを研究対象とする現代行政学はアメリカ合衆国において19世紀末ごろからその確立の方向へと進む。アメリカでは、19世紀から20世紀初頭にかけて、旧大陸と同様に、いやそれより早く産業資本主義の独占資本主義への転換が始まっており、社会の工業化、都市化現象を出現させていた。こうした動きによって生存の基盤が危機に晒されて行ったのは人口の大多数を占める農民や工業労働者であった。彼らは、四年に一度行われる大統領選挙、連邦議会を構成する上下両院の議員選挙の機会を捉えて改革を要求し、集団的抗議運動を展開するに及んで、社会、経済問題が連邦政府の解決すべき問題として提起されるようになって行った。それと共に、アメリカ連邦政府も「国民のための行政」へと駆り立てられて行った。そして、この「国民のための行政」体制を確立するために、行政事務を公正、公平、かつ能率的に処理する連邦レベルの行政組織の構築が必要となり、そのために、まず旧大陸の国家官僚制の研究や、すでに確立されている大企業という巨大組織の管理・運営に関する学問から学ぶ必要が生まれた。こうしてアメリカ現代行政学が誕生することになった。

以上、まず行政とは何か、それについての抽象的な定義を行い、その定義に基づいてその研究対象に取り上げられた現象の研究を目指す「行政学」という学問が18世紀を前後してドイツで誕生し、20世紀に入ってアメリカ合衆国において現代行政学へと展開・発展して行った経緯について略述した。ところで、今日、我が国において行政学の教科書や行政学研究書は数多く刊行されている。このことは戦前においては見られない現象である。ところが、「標準的な教科書」が無いのが現状である。その原因は行政学の「歴史の浅さ未成熟さ」にある、という（西尾勝『行政学』（1988年）、3頁）。その結果、行政学とよく混同されている「行政法」の教科書と比べるなら、行政学の教科書はその内容があまりにも多様であり、統一性がない。そして、多くの教科書は現代の自由民主主義国家における行政組織の管理・運営についての政治学的、社会学的、心理学的、経営学的な知見を整理したものが多い。そこから得られた知識をもってしては、現代中国のような共産党一党独裁国家の行政はよく理解できないきらいがある。

本書の執筆に際して多くの示唆を得たのは、フランスにおける行政学の父とみなされるべきであると言われているボナンの業績についての紹介であった。近代官僚制の成立はナポレオン一世の帝政時代である、と言われている。この時期に政府の統治活動を「行政組織論、行政活動（類型）、及び行政責任論」の三つの側面に焦点を当てて分析し、統治の在り方の方向性を打ち出したのがボナンであったという。1995年に、彼を行政学の父とみなして彼の研究活動の全容を紹介した著作『行政学のデジャ・ヴュ―ボナンの研究』が刊行された。著者は、同書の第八章第二節〔ボナン行政学と現代日本行政学〕において、同書刊行時の当時までに日本で刊行されている行政学の5冊の教科書を比較検討し、それらがボナンが行政の研究で焦点を当てた三つの内、行政活動（類型）論についてはあまり触れておらず、主に行政組織論、行政管理論と行政責任論が叙述の中心に置かれている、と述べている。もっとも、片岡寛光・辻　隆夫篇『現代行政』（1988年）は例外であり、第三章の「行政の活動」において行政活動（類型）について論及しており、さらに上記の西尾　勝『行政学』にも「行政活動の類型」の章が設けられている、と紹介している（渡邊榮文、181頁～194頁）。筆者も片岡寛光先生の弟子の一人として、先生の問題関心を受け継いで、可能なら行政活動の類型論にアプローチしたいと念じていた。今回、大学の授業に使う教科書の執筆にあたって、人類の歴史の中で展開された行政活動を類型化して、その中でどのような類型が自由民主主義国家に住むわれわれにとって望ましい行政の類型なのか、それに関して概観する試みを本書の第一章で試みた。従って、その副題が「行政の在り方を歴史から学ぶ」となっているのは、以上のような筆者の問題関心の故である。従って、本書では、多くの行政学の教科書とは違って、過去の行政活動の変遷の歴史から学んで、そもそも行政の在り方として望ましい類型は何か、それについてまず読者が熟知してもらった後に、我々が生きている今日の自由民主主義国家における行政活動について論究した方が行政学の入門書としてはふさわしいのではないかと考えて、他の行政学の教科書と比べるなら、人類誕生以降、今日までの主要な国家の行政活動の紹介とその類型化を試みている部分にかなりのページが割かれており、「行政の在り方を歴史から学ぶ」点に重点が置かれているのが本書の特徴である。

本書は二部構成になっている。第一部は、「行政の在り方を歴史から学ぶ」ために、まず初めに、行政の在り方が政治によって決まるが、こうした行政と政治の関係について述べた後に、次に、欧米諸国、すなわち、フランス、プロイセン、イギリス、アメリカ、および明治維新から20世紀終わりまでの日本における「君主などの支配者のための行政」から「国民のための行政」への転換の歩みをフォローし、最後に、これらの諸国において展開された「行政の在り方」を研究対象とする行政学の成立とその展開を取り扱っている。第二部は、「グローバル時代における現代日本の行政」を取り扱っている。周知の通り、1991年にソ連が崩壊すると共に冷戦体制も終焉し、それに代わって経済と情報のグローバル化の中で、アメリカ一極による世界支配の時代が到来し、それと共に英米において支配的な潮流となっていた新自由主義とそれに基づく社会福祉国家の「大きな政府」を「小さな政府」に改変する「行政改革」が英米において断行され、そしてその波が日本にも伝わり、現代日本も21世紀初めに「行政改革」が実行された。従って、第二部では、現代日本において「行政改革」によって近代国家としての行政組織がどのように変容したか、その変容の局面を探った。最後の「おわりに」では、現代自由民主主義国家において政治過程と行政過程が同時に進行する政策過程に関する学問としての「政策科学」が第二次大戦後にアメリカにおいて台頭したが、その行政学へのインパクトについて取り扱った。

最後に、多くの行政学の教科書では「地方自治」が取り扱われているが、本書では、地方自治には触れないことにした。そのことをお断りしておきたいと思う。ルソーの言う「樫の木の下の民主政」、リンカーンの有名な「人民による、人民のための、人民の政府」に象徴される「直接民主政」は、人類がその実現を望む「夢」であるので、それを曲がりながらも大国において「地方自治」の形で実現を図っていると見られよう。しかし、人民が真の主権者意識に目覚め、かつ主権者として行動することが可能な「環境」が整備されているなら、代表制民主主義を内から充実させる契機となる筈であるが、現代日本ではまだ道半ばであると言う感じを受けざるを得ない状態にある。教科の地方自治論では、二元代表制の地方政府の制度の紹介や、地方自治体が実質的に中央政府の行政の下請け機関にならざるを得ない「行政の集中化」のうねりの中で苦悩する姿が紹介されている。従って、本来あるべき地方自治の姿を紹介するのは「夢」を語るようなものなので、制度論として「地方自治論」が行政学とは別の教科として存在する以上、本来の地方自治論は行政学の一部になり得ないと考え、本書では取り扱わないことにした。

第一部　欧米諸国と近代日本における「国民のための行政」への歩み——行政の在り方を歴史から学ぶ——

第一章　行政学への第一歩—歴史から学ぶ行政の在り方—

1、行政とは何か？

行政と言う言葉は日常生活において良く耳にする。例えば、毎週何曜日かの日時を決めてごみ収集車が来ることになっているが、指定された日時に来ない場合があると、大概の人は「行政は何をやっているんだ！」とか、「行政は怠慢だ」と不平を漏らす。また騒音など近所に迷惑をかける人がいると、迷惑を受けた人が迷惑をかけた人と話し合っても埒が明かない場合、近くの交番か市町村の市民相談窓口に赴き対応をお願いし適切な処置をしてもらえるなら良いが、してもらえない場合、「行政は頼りにならない」と不平を漏らす。それとは逆に、自分か親族が急病で１１９番に電話してすぐ救急車が来て適切な対応をしてもらうと、「行政は有難い」と感じる。これらの場合の「行政」は、国家という「政治的組織体」の管理・運営を担当する政府（Government）が国民のために行う便益提供のサービス業務の一部である。それは、通常「ミクロレベルの行政」と言われている。次に、１９８０年代以降、先進諸国において「福祉行政」の急速な膨張傾向に歯止めをかけるべく、「福祉国家」のトップを行くイギリスでは、保守党のサッチャー首相によって国家の存続のために必要不可欠な基幹的な国防や治安という機能を除く政府の他の機能が本当に必要なのかどうかを再検討し、必要ではない部分は廃止し、必要であっても「経済性、効率性、有効性」の観点から見直す「行政改革」が断行された。この新自由主義的な「行政改革」の動きはアメリカや他の先進諸国にも伝播し、その動きは日本にも及んで、世紀の転換期の森内閣による「縦割り行政の弊害」の克服策としての中央省庁の再編成や、その後の小泉内閣による規制緩和、郵政民営化などの「行政改革」が行われた。この場合における行政とは「マクロレベルの行政」である。

この両方に挙げた行政は、政府の「執政」部門が内外の環境との関係において国家の存続とそのさらなる発展のために決定した方針を政府の「執行」部門が具体化する過程、つまりその方針を実現するために遂行または履行する業務である。この行政について、『広辞苑』は次のように定義している。「①国家作用の一つ。立法・司法以外の統治または国政作用の総称。すなわち司法（裁判）以外で、法の下において公の目的を達するためにする作用。②内閣以下の国の機関または公共団体が、法律・政令その他法規の範囲内で行う政務。」そして行政に当たる英語として（administration）が添えられている。実は、行政は英語では、Public Administration と言う。通常、英語の administration の第一の主たる意味は「管理、運営、経営」である。つまり、英語の administration は、政府のみならず、企業体やその他の人間の諸団体の事業遂行過程に見られる「管理、運営、経営」という現象を指す。すなわち、すべての組織体の管理部門がその組織体を経営ないしは管理・運営する作用を言い表す言葉である。従って、組織体の目的が国家や公共団体などと違って利潤追求とかその他の私的目的である場合、それらの組織体の「管理、運営、経営」については、administration の前に形容詞の private が置かれるし、企業体の場合は business が置かれる。日本では、国家作用としての行政と、それを研究対象とする学問の「行政学」とは区別されるが、英語ではその区別はなく、Public Administration は、行政であり、同時にそれを研究対象とする学問の行政学をも言い表す。そして、Business Administration は企業体の作用の「経営」であり、それを研究対象とする学問の「経営学」を指すのである。

さて、行政を考える場合、留意して置くべき点が二つある。一つは行政の目的を決めるのは政治であると言う点である。つまり行政を考察する場言、常にそれに方向を与える政治の在り方を忘れてはならないと言うことである。もう一つは、行政は政治の在り方によってその姿が変容すると言う点である。つまり、古代国家から現代国家までのその性格の異なる国家の展開に応じて多様な姿を示す行政は多層構造をなしている。それは水平的に捉え直すなら、行政の類型という形で言い表すことも出来る。この二点について、次に簡単に考察しておきたい。

2、行政の目的とその在り方は政治によって決まる

人間は一人では生きて行けない。この世に生を受けて成人するまで両親などの大人の庇護の下で育てられる。このことは人類が猿から人間に進化して以来変わらない事実である。二人以上の人間が共同目的の実現のために結合して相互に役割分担しながら生きて行く人間の結合体は組織と称されるが、それが家族や村落共同体のように有機的に生成・存続している場合は共同体（community）という。国家と言う人為的な「政治的組織体」の出現以前の人間はこの共同体で生まれ、成人し、子孫を残して死んで行った。ところが、人間は生物である以上、食物を摂取しない限り生命を保全できないので、農業を行うために一定の地域に定住する前は、食物を求めて放浪したに違いない。海に近い所にいた場合、魚介類、その他の所では果物や木の実、さらに動物など自然が与えてくれる物を取って食べて生き延びていた。この想像もできないほどの長い期間の狩猟・採集時代においても、人間は獲物の狩猟

や採集に際してその能力に応じて男女別・年齢別に分業が行われた。すなわち、各々の目的別、つまり機能別に集団が作り出され、その集団が効率的に獲物を採取できるために集団の構成員に割り当てられた課題や、その課題の遂行において守るべき仲間との協同活動の規範を学び、共同活動を展開して生き延びて来たのである。

ルソーによると、原始時代において人間は動物と違って言語と火を発明し、それを用いて文明社会を築くことになったと言う。人類は言語を使い出して以降はそれを通じて仲間とコミューニケションを取り、そして過去の失敗から学び、生き方について過去の経験を子孫に伝える中で、自然が一方的に与える獲物ではなく、土に落ちた植物の種が芽を出し、一定期間後に同じ植物が大量に再生されるのを知って、その過程を人為的に再現する知恵が生まれた。こうして人間がある程度未来を予測して食料を調達できる農業を発明することに成功したのである。つまり、人類は誕生後数百万年間、狩猟・採集・漁労といった「獲得経済」によってその日の糧を得ていたが、「農業」の発明で、初めて「生産経済」への移行という生活上の大革命を成し遂げたのである。それと共に人類には未来予測とそれに基づく計画という知恵が取得された。このように農業を知った人類はついに放浪を止め、農業に適した一定の地域に定住して共同生活を行うようになった。最初は血縁共同体が主体となって農業を営んでいたが、食べて生きていける量以上の農産物が生産され、余剰が生まれた。その結果、生産に携わることのできない病人や高齢者を休ませるだけの「生活の余裕」も生じたので、「憐憫の情」が人類の中において芽生えた。この「憐憫の情」は食料不足に苦しむ他の共同体への食物の贈与または貸与と言う形で、血縁共同体同士のみならず、他の血縁の繋がりのない共同体とも関係作りへと進むことになった。また共同体間において余剰生産物の贈与や貸与ばかりでなく、交換も行われるようなった。そして長い時間が経過した後に、一定の広い地域に「地縁共同体」が作り出されることになった。

行政は、「はじめに」のところで述べたように、それを行う「主体」とその主体の作用、この二つのことを指す。原始時代の自足的な共同体の管理・運営原則は「皆は一人のために、一人は皆のために（All for One, One for All）」、そして「能力に応じて働き、必要に応じて取る」というものであった。共同体の全員が一つになって各人がその能力に応じて皆と協同して生き残れるための食べ物の調達を行ったので、全員が狩猟ないし採集した「獲物」は全員のもの、つまり共有財産であった。従って、所有物の「私有」と言う考え方はなかった。共同体の維持・発展のために内外の環境の変化に対応してどう動くべきかという目的設定やそれを実現するための課題設定、つまり共同体の進むべき目的や課業は全員で決め、そして全員がその目的と課業を実現する「作用」を遂行した。従って、「行政」の主体は共同体の全員であり、「行政」の作用は全員の活動であった。行政の形は「自治」（self-government）である。この時代の「行政」は今日の行政の原型と言えよう。そして、この時代の「行政」は、ルソーやロックなどの社会契約論者の主張する「自然状態」のものである。

さて、「自然状態」から文明社会へと人類がその歩みを進めるに従って、行政の姿は徐々に変容を遂げて行った。農業生産技術の発達とそれに伴う余剰生産物の増大とともに、上述の通り、共同体間の生産物の贈与や交換の関係が増大した。その関係のさらなる発展は、ついに地縁共同体の出現をもたらすことになった。そして、この地縁共同体の維持・管理のために、その機能に専念する「専門」技能を持った人間が必要となって来る。例えば、共同体間において生産物の貸与や交換が平和裏に行われるように、それらの経過を記憶しておく必要から「記録」の必要が生まれた。次に、貸与や交換では量の計算が必要であるので、数字を表す「記号」が発明され、その「記号」の頻繁な使用過程で、その「記号」から「文字」が作り出された。その結果、「文字」を巧みに操る人間が「記録」の役割を担当する「書記」という役職を引き受けることになった。また自然災害や人間には誰にも訪れる「死」という出来事によって生じて来る共同体の構成員の不安や苦悩を癒す機能を担当する者、すなわち「魂の病」に対処する「祭司」という役職も生まれた。さらに、もっと重要な役職としては、共同体そのものを維持・存続させて行くために、内外の環境との関係において共同体を適切に管理・運営し、かつ他の共同体や自然環境の変化によって生じて来る諸問題に迅速かつ適切に対処し、かつ処理する共同体総括機能を担当する職が設けられるようになった。この機能を遂行するためには、全員の自発的な協力と貢献が必要であり、さらに過去の失敗した経験から学んだ知恵を多く蓄えた人の協力が不可欠であろう。そうした人は当時では「長老」と呼ばれていた。こうして、共同体の維持・存続のために必要不可欠な総括機能は各氏族や種族の長老の合議体が担当するようになったと考えられる。そしてこの「長老会」は、未来永劫に現在の共同体の存続・発展のために、他の地縁共同体との関係を絶えず調整し、また共同体内の現在の構成員の分業体制の適切性の絶えざる点検と確保、世代間の関係の調整、とりわけ成人前の子供の社会化など、共同体を総括する機能を遂行したであろう。つまり、この「長老会」は共同体が進むべき目的を指し示し、それに沿って共同体の課題を設定・調整し、かつ構成員の業務（performance）を方向付けることで共同体の存続を図ったであろう。この共同体の存続を図る管理業務が行政の始まりである。つまり今日の行政の「古層」であると言えよう。

ところで、こうした共同体の管理・運営と言う分野における分業の発達と共に、その専門能力者には生産物の分配において差がつけられるようになる。この格差を恒久させることになったのは戦争であった。以上述べた「地縁共同体」の記述は理念型であり、戦争と言う与件を考慮に入れていない想定である。実際は、余剰生産物の多い地域は、貧しい狩猟・採集経済を続けている共同体の連中の略奪の対象にもなっていたであろう。こうして、各々の地縁共同体も他の共同体からの略奪や侵略から守るために、若者全員の軍事訓練を含めて、戦争に備えての分業体制も整えられて行ったと見られる。余剰物のさらなる増大によって、交換と言うチャネルではなく、略奪と言う方法が常態化したところでは、戦争状態が生まれた。共同体の成員の中で絶えざる戦争の中で、戦争を巧みに勝利へ導く才能を示す者、つまり戦争指導者に共同体の指導権が移された。そして、この者の下に共同体が連戦連勝するなら、その威信は高まる。と同時に、征服した他の共同体から略取した戦利品の分配において、戦争指導者により多くの配分がされてもその功績に免じて許されるようになった。そして、捕虜は共同体の生産活動において奴隷として使役されるようになった。さらに戦争指導者と彼に従う者、つまり追随者にもその私的目的のために捕虜の所有も認められるようになった。こうした状態が続く中において、共同体内部で戦争指導者と一般構成員との間に「価値」の分配において格差が広がり、この傾向が恒久化するにつれて「財産」の私有化と言う考え方が生まれるようになった。そして、戦争状態が恒常化するにつれて、戦争指導者は共同体の管理・運営に際して、彼の指揮下にある軍事専門集団の力を梃子にして、自分の考え方に従わない者を「力」(power)で有無を言わせず「従わせる」、つまり服従を強制して共同体を統括することもあり得たであろう。こうした状態が再び恒常化するにつれて、戦争指導者とその追従者の軍事専門集団は「私有財産」を増大させるために、今や進んで戦争を起こしたこともあろう。そして戦争を繰り返しながら、より多くの戦利品や捕虜を獲得し、これらの「価値」については、彼らに有利になるような分配が戦功として当然であるという共同体の「共通感覚」が作り出され、共同体を「力」で「支配」する階層と、それにやむなく従わざるを得ない階層との分化が生じるようになったであろう。

次に、戦争指導者がその追随者に推挙されて「王」と名乗り、彼の支配する一定の領域内に政治的組織体の「国家」が誕生した。個々の人間が一人の力で解決できない問題について、共同体がその解決に当たるのが「政治」であるが、それは「共同活動の組織化と活性化」という社会的行為である。そして、「国家」の誕生とは、この「政治」機能を担当する者、王国の場合、王が共同体の構成員が一人では解決できない問題について、それを解決する方策を考え出し、その方策を実現するために、その追随者、つまり軍事集団と言う「強制力」を用いてすべての構成員の服従を調達して「共同活動の組織化と活性化」を行って、個々の問題の解決に当たられるように、既存の共同体が再編成し直された「状態」(state)の出現である。もし、王が有能であれば、彼と彼に従う軍事専門家集団の私有財産のさらなる拡大を求めて、戦争に訴えて領土を拡大させ、その支配の下に多くの共同体を服属させ、大国へと発展することにもなるが、そうなった場合、その支配下の広い領域を「管理・運営」する機構、つまり組織が必要となってくることは必至である。古代奴隷制国家の誕生である。

古代奴隷制国家には大きく分けて二つの変種がある。一つは古代のギリシャ、ローマの国家の在り方である。もう一つはアジア的専制主義国家と言われる中国の古代国家の在り方である。ギリシャや初期ローマ国家の場合は、国家経営の費用、つまり国家を賄う財源は周辺の弱小国家を征服し、それらの国家が所有する財産を略取したもの、次にそこに住んでいた人民の大半を奴隷にして彼らの労働の成果を毎年搾取するもので充当された。両者は、初めは都市国家であって、その都市国家を創建した主体の共同体の構成員は成年男子の殆どが戦士となり、従って、国家そのものが軍事集団であった――その典型はスパルタである――。とはいえ、平時には自国内では戦士が市民としてその一部が政府の政策決定に参加できる民主政も採用された時期もあった。しかし、征服された諸地方において、反乱が起きないように、征服国家という中央政府から派遣された代官の監督の下に征服された国の旧支配層に征服国家の代行者として統治を継続させ、彼らの協力を得てその国民の労働の成果を収奪するシステムが取られていた。この国家の在り方は、征服の対象となる他の国家が存在する限り存続するが、そうした国家が消滅した時点で崩壊する脆弱性を内在させていた。ローマの場合、M・ウェーバーのローマ帝国没落の研究によると、一世紀ごろ軍事指導者への権力集中が進行し、共和制から君主制に代わるが、絶えざる征服戦争に明け暮れて大帝国を築いたものの、ついに征服する土地がなくなるや崩壊して行ったという。

古代において国家の成立と共に行政の構造も変化した。自足的な共同体の存続が可能であった時代においては、全体としての共同体の管理・運営の課題を遂行する業務の履行、つまり行政はその構成員全員がその主体であり、そして行政の作用は構成員の活動そのものであった。従って、行政の対象はまた行政の主体でもあったので、上記の通り、行政は「自治」であった。「支配」も「服従」もなく、協和が漲っていた。ところが、服属させた多くの共同体を、軍事力がその中核となった強大な強制力――後にそれは「権力」（power）と称されるようになる――に基づいて創出された「政治的組織体」という国家の成立後は、国家を管理・運営する「集権」機構の「政府」の下にその支配下にある多くの共同体がそれまで独自に行ってきた「行政」の主要な業務が吸収され、さらにこの業務の遂行を専門に担当する下部機構を設けて新設の国家の管理・運営の業務、つまり行政を始めることになった。こうして、行政の主体は「政府」となり、その対象は服属する構成共同体とその構成員となった。このように、行政の構造の変化と共に、国家を構成するそれぞれの共同体の構成員にとってその運命は暗転する。かつては行政の主体であると同時にその対象でもあったが、今や、単なる行政の対象の地位に貶められてしまったのである。征服されて、ローマ帝国の属国となったそれらの共同体の人民の多くは奴隷にされ、最低の生存のみ保障されるが、政府の行う土木工事などの建設事業や、穀物など「価値」の生産に強制的に駆り出されることになった。今や、行政とは、強大な国家と言う「擬制」の巨大共同体の維持・存続のために行う業務、換言すれば、支配種族ないしは支配集団を除くと、国家の成員の各人が奴隷の役割に等しい行動を取らざるを得ないように仕向けられるものに変わった。もし、その役割を拒否した場合、究極的には生命の抹殺が待っており、期待通りの奴隷の役割を果たさなかった場合は処罰されることになり、共同体の末端では、「協和」ではなく恐怖が漲るようになった。国家の構成員の立場から見ると、こうした行政は耐え難い、できれば避けたい、おぞましい類型の行政の姿である。それは「収奪行政」または「価値剥奪型行政」という類型である。このタイプの行政は、政治学的に表現すれば、「暴政」そのものである。そして宗教的に捉えるなら、それは「地獄」そのものであった。

この類型の行政の姿は行政の対象の個人のレベルから見るなら、歴史上最悪のケースであろう。ローマ帝国を例に挙げれば、この類型を含めて行政は多様な形態を取っていた。上述のように、行政は組織体の維持・存続のために行う管理・運営の関する業務である。従って、行政は、本来なら、組織体の成員がいなければ組織体も存続し得ないわけであるから、究極的には各々の成員の生存、その幸福の実現に寄与する機能である筈である。それ故に、古代奴隷制国家といえども、国家の成員の生存の保障とその幸福実現のための管理・運営の業務を遂行するが、行政の対象の間に区別が設けられていた。まずすべての構成員には最低限の生活が送れるような外部的環境の条件を整備せざるを得なかった。そのため、まず、人間は飲み水が無ければ生きていけないので、ローマでは石に穴をあけた水道管を水源から人が多く住む密集地、とりわけ政府の所在地の首都や大都市に引いて、その維持管理・運営を行った。史上初めて大規模な水道施設を設置する巨大な土木工事とその維持のための行政組織が設けられたのである。その構成は主体の管理部門とその指導下で工事およびその維持の労務を直接に指揮する役人に分かれた。それは軍隊組織から学んだものである。古代の巨大な土木工事と言えば、エジプトのピラミッドが想起されるが、その建設の指揮を執ったのは軍隊であり、役務は奴隷が担った。ローマでは、水道工事の他に、征服した辺境地方からの収奪物の首都ローマへの移送や属領地の反乱を鎮圧するために軍隊を迅速に派遣するために全国を張り巡らす道路建設も行っている。これも土木工事行政の一環である。これらの施設はローマ国家の維持・存続のために必要不可欠な施設である。今日では、こうした施設は社会インフラと称されている。従って、社会インフラの設置、並びにその維持・管理は行政の基幹部分である。この場合の行政の目的は組織体の成員の生存を快適に行われるようにする自然環境の改変である。次に、こうした業務をその基層に置き、成員という個人を対象とする行政では、政府とのかかわりの中で、その取扱いにおいて差別が作り出されていた。個人に「苛酷な生活」を押し付ける行政は「価値剥奪」的行政であるが、それとは真逆に「価値付与」的行政も創出されていた。それは、ローマ帝国を創立したかつてのローマ都市国家の住民である。彼らは戦士として帝国の建設に血を流している。ローマ国家は彼らの幸福促進のために存在するようなものであったと見られる。従って、ローマ市民は政府から「パンとサーカス（見世物」」的行政の対象になっていたのである。政府の指導者、帝政になった後の皇帝も、戦士身分のローマ市民の自発的な服従とその支持を絶えず調達しなければ、その地位を維持できなかったので、市民には労働せず生活できるあらゆる物財が無料で提供されていた。つまり、生きるために働く必要はなく、「生存権」が保障されていた。そして、働く必要がないので時間を持て余す市民にはサーカスに象徴されるあらゆる娯楽が提供されていたのである。ローマ時代の映画によく出るコロッセウムで演じられる剣闘士とライオンなどの猛獣との生死を分けた闘技はその白眉であろう。ローマ市民は、征服されて奴隷に貶められた人間とは違って、「楽園」が与えられる行政の恩恵を受けていたのである。このタイプの行政は行政の対象者にとっては、面倒見の良い、有難い行政であり、「厚遇」行政と言えよう。

以上見て来たように、古代ローマ国家では、社会インフラの構築とその維持という行政を基層にして、その上に一方ではその構成員に「苛酷な生活」を強いる「価値剥奪」行政と、他方では至れり尽くせりの良く面倒を見てくれる、つまり「楽園」を与えてくれる「価値付与」行政を両極にして、その間に、政府との関係において多様な「行政の類型」が存在していたのである。

もう一つの古代奴隷制国家の変種としては、中国のアジア的専制主義国家がある。その行政の在り方はローマとはかなり異なる。ローマが位置するイタリア半島は山岳地帯が多く、当然食料を求めて海外へ征服の道を選択して行ったのに反して、中国には大河の黄河を中心としてその周辺に農業に適した肥沃な広大な平野が展開されていた。従って、食料を調達する地理的環境がローマとは全く異なっていた。小規模の血縁共同体が農業を営み、やがてこれらの血縁共同体を基礎単位とするより規模の大きな農村共同体が誕生し、それらが群立するようになった。そして、それらの間に洪水や旱魃などの自然災害によって共同体それ自体が立ちいかなくなったところもあり、加えて北方から繰り返し遊牧民族の略奪があり、共同体の間でその存立条件の差が生じた。それがもとで相互の間に協力関係が生まれるところもあったが、逆に争いも起きて対立関係が進んだ。さらに農業に必要不可欠な水の使用を巡っても争いが絶えず、常態化した対立に拍車が掛けられ、戦争状態が生まれた。この状態を克服する形で地縁共同体の強大な国家が誕生した。ウイットフォーゲルの研究によれば、荒れ狂う黄河の流れを農業に用いられるようにする灌漑用水システムを構築するのには途轍もない多くの人力が必要であり、この膨大な人力を確保し、かつ彼らを賦役させる強大な権力が必要となり、古代中国においては中央集権的な専制主義国家が誕生したと言う。

古代中国では、「治水」、すなわと「水を治める事」が国家設立の主要な要因の一つであったという。従って、洪水を制御するダムの建設や、川の流れの変更、灌漑用水施設の構築、旱魃に備えての貯水池の設置など水利事業は国家を管理・運営する「政府」の必須の事業であった。この事業を遂行するためには、この事業を統括し、管理・運営する「指導部門」とその下で実際に事業の業務を実行する中間管理の役人、そしてこれらの下に、さらに役務に従事する人力を指揮する第一線の役人から編成された協業システムが確立されて行った。

言うまでもなく、こうした巨大土木などの建設事業の遂行には数十万人の人力の投入が必要である。かき集められた人々は出身地や言語も異なるのは当然である、従って、これらの人々に仕事を行わせるためには、意思の疎通の手段が当然必要不可欠である。古代中国では約三千年前から表意文字の漢字が使われていたという。読む音が異なっても意味さえ通じれば意思の疎通は行われる。従って、人種も言語も異なる多くの血縁共同体を巨大な帝国の中に組み込み統合できたのはこの漢字の威力であったと推測される。上記の通り、血縁共同体から地縁共同体への転換に際して文字を操る「書記」という専門家が共同体の管理・運営の役割を果たしていたが、古代中国でも帝国を結合しかつ統合するコミュニケーション手段が漢字であったことから、漢字の専門家が当然に国家の管理・運営の任務を担うことになったのは必然の成り行きであったであろう。漢字の修得者は、漢字によって記録された過去の歴史やそこから引き出された人事万端に渡る多くの知恵の集積の「古典」に造詣の深い人物であるので、社会の指導階層となっており、彼らが国家の要職に起用されたのは言うまでもなかろう。従って、古代中国の行政を担当したのはこれらの漢字の専門家の「文人」の役人であった。

ところで、巨大な土木事業を行うには巨額の費用がかかる。その財源をローマ帝国の場合、上述したように、他国を征服し、そこから調達したが、古代中国においては、主としてその支配下の末端単位の血縁共同体が生産した農業生産物の一定割合の貢納や末端の共同体の構成員の一定の割合の人数を定期的に国家事業に従事させる方法によって国家の財源が賄われた。こうした行政を遂行するためには、農村共同体の最小の単位の血縁共同体の構成員の数、労働可能な年齢層の人数、毎年産出される農産物の種類や量などを把握する必要があった。古代中国では、そのための方策として、「戸籍」の整備、農産物の供出の量の指定、徭役に出す人員の割り当てなどを行う役職が設けられた。そして、こうした役職を担当する官人を構成員とする官庁が作り出された。この官庁の組織編成は軍隊の組織編成方式が準用された。こうして漢字の専門家をその能力に応じて上下の指揮系統の中に配置させた巨大な中央集権的な官人国家が出現した。この国家は、一方では人民の農業活動を支援する農業用インフラを提供するが、他方ではこのインフラの構築、維持のための人力と物財を人民から徴発した。さらに、官庁の管理・運営の費用や、毎年襲ってくる北方の遊牧民族の略奪に対抗するために、軍隊の強化、北方の遊牧民族がやってくる方面の連なった山の頂上を繋ぐ長城の構築などに必要な膨大な人力と費用も人民から調達した。こうした業務を担当したのは官人組織であり、その活動が古代中国の行政の実相であった。

以上、人類の原始時代の行政の原型の「自治」、次に古代において激変する内外の環境の変化の中で、人類が生き残るための集団生活の一形態として作り出された政治的組織体の二つの変種の古代奴隷制国家の行政の態様を概観した。この概観を通じて、行政の対象である個々の人間にとっての行政の在り方、つまり行政が個人に及ぼす作用は大きく分ければ、次の二種類があることが明らかになった。一つは、古代では政治的組織体を動かす権力者を支える人口層に対しては、行政は「価値付与的」なもので、配慮の行き届いた「厚遇」行政である。他方、もう一つは、権力者の支配下にあって国家を賄う財源の産出に強制的に従事させられている、すなわち奴隷の地位に陥れられている人々にとっては「価値剥奪的」な行政である。後者は個人にとっては「苛酷な生活」が押し付けられる「収奪行政」である。このように、この行政の在り方は政治的組織体の性格に対応しており、政治的組織体が少数の治者の専有物である場合は、行政は治者にとっては「価値付与的」であるが、多数の被治者にとっては限りなく「価値剥奪的」なものになる。この二つの行政の在り方は行政の両極端の類型である。そして政治的組織体の在り方に被治者が影響力を駆使する機会が生まれ、その機会が増大するなら、行政の類型は「価値剥奪的」なものから「価値付与的」なものへと移行せざるを得なくなる。つまり、行政の在り方は政治的組織体の政治が治者のために行われるのか、それとも被治者を含めてすべての構成員のために行われるのかによって決まるということになるのである。行政のイメージとして、行政を人々が肌で感じる「風」に例えるなら、少しは分かり易いのかもしれない。台風を起こすのは「政治」であるが、この台風は我々個人に向かって吹いてくるときは「暴風」である。猛暑が秋に代わるのは季節の移り代わりという「政治」であるが、その「政治」の変化によってもたらされた「涼しいそよ風」は我々にとって快いものである。行政の類型は「暴風」型のものを一方の極とすれば、「涼しいそよ風」型のものはその反対の極である。資本主義経済システムが出現し、それが世界の支配的な経済システムへと発展するにつれて、世界各地に「国家」が出現し、その行政も国家の在り方次第で、つまり政治次第で、多かれ少なかれその政治的・経済的環境に応じて両極端の行政の在り方のいずれかの方向へと進められている。従って、次に近世以降の西欧の国家の変遷を「行政の類型」の観点から分類し、行政の発展方向を見ていくことにしたい。

3、行政の類型

①君主などの支配者のための行政

近世以降、西欧では政治的組織体としての国家が出現してからは、若干の例外はあるが、国家の政策決定においてその構成員のすべてが影響力を行使できる制度が確立するまでは、行政の類型は「君主などの支配者のための行政」であったと言える。というのは、上述の通り、行政の在り方を決めるのは政治であるからである。資本主義経済の発展と共に社会が豊かになるにつれて、政治の大部分の内容を構成するようになったのは権力を用いての希少価値の社会全体のための配分に関わる政策決定ということになった。そしてそれを主導したのは治者の権力把持者の支配階層であり、その帰結としての国家作用という行政活動は支配者の利益増進に寄与する方向において遂行されたので、勢い「君主などの支配者のための行政」になっていくのは当然の成り行きであったと言えよう。とはいえ、上述の通り、古代奴隷制国家でさえも行ったように、近世以降でも、すべての国家はその存続のために最低必要不欠な自然環境の改変を行い続けている。それは行政の基層をなすものであるが、古代奴隷制国家のところですでに紹介したように、水道施設や道路の建設、港湾の整備などの社会インフラの構築とその維持・管理である。そして、次に農業国家の場合は、それに加えてダムの建設、貯水池の造成や灌漑用水の整備、そしてそれらの維持・管理、さらに他国の侵略に備えての、万里の長城のような防衛施設の建設、その維持・管理、などの土木・建設事業などである。この部分はあらゆる国家の行政の基層をなしており、同時に行政の基幹部分である。従って、それは今日のすべての国家作用の重要な部分を構成している。

17世紀後半期に確立され始めたフランス絶対主義国家は、こうした行政の基層と並んで、近代国家の行政活動の原型となる行政構造を以下のように作り出している。第一に、国家の構成員、とりわけ被治者を直接に統治するシステムの確立である。上述したが、絶対主義国家は封建制の最後の段階の政治的組織体として、中世の封建社会を資本主義社会へ移行させ、その過程を促進する役割を果たしているが、その一環として、まず地方割拠の封建領主を「貴族」という身分の君主の臣下に変え、さらに彼らを、全国を統治する国家機関の役職者として再編し、一つの広大な市場の機能を持つ統一した領域国家を創出した。その過程において、君主は統一された全国を十数の州に分割し、その下の地方行政組織の末端の行政単位にカトリック教会の教区を組み入れ、君主の命令の下に国家作用が遂行される統治システムを創出した。すなわち、各州に地方総督――のちに地方長官と呼ばれる――を置き、その地方総督には主として初めは「貴族」を君主の代官の「官吏」として任命した。地方総督の業務は治安と徴税である。それは近代国家になり、内務省が担当する業務となるが、当時は地方総督、そしてその名称を改めた後の地方長官は、最初は国王の命令文を末端の教区に伝える業務を通じて、教区の住民を「統治」した。その際、パリで使われている「言語」で書かれた文書が言語の異なる末端の教区に伝えられ、パリの言語を強制的に周知させることになり、その過程を通じてパリ語が標準語の「国語」の地位を確立することになるが、この言語強制業務も行った。他方、徴税人を雇い、被治者から税金を徴収する業務を指揮していた。徴税人という職も「官職」であり、それらは売買されており、目ざとい商人がそれを買い、徴税でも金儲けに利用した。農民や小市民の苦しみがいかばかりか想像されよう。徴税人の職の他にも、君主は全国を統治するために必要な官職を設けていくが、それを王室の財源不足を補うために売却しており、それによって身分制が実質的に内部から崩壊する穴が開けられたのも同然であった。富裕になった商人層は官職を買い、「貴族」へと身分移動も可能になったのである。言うまでもなく、上級官職にはそれぞれの分野の専門知識が必要であり、それを修得できる学校で資格が認定された者が任用されるようになるのは必然の成り行きであろう。12世紀末にカトリック教会が創設したパリ大学では司祭を養成する神学の他に、医学と教会法学の各学部があったが、絶対主義国家の確立につれて「ローマ法」の専門家を国家が求めていたので、「ローマ法」を教える学科も設立された。富裕な商人の子弟がそこに入学して、法曹となり、後に述べるが、司法組織の高等法院の判事の「官職」を買い、法服貴族へと身分移動した例が多い。その典型が三権分立論を唱えたことで有名なモンテスキューであろう。次に見逃してはならないことは、大都市に人口が集中するようになった場合、農業が主たる社会では全国の人口分布から見て人口の密集している大都市が統治の対象としてその比重が極めて高くなる傾向があった点である。資本主義経済システムが支配的なシステムへと発展するに従って、農村社会が分解し、農業で生活できない人々は工場のある地方か都市へ移動し始めた。それに伴って浮浪者・乞食や貧民層が増大した。こうして、各州の他に、首都のパリという巨大都市の統治が問題になってきた。というのは、各種の職人や商人の居住するパリに、浮浪者や貧民などが流れ込んできて、パリ市が巨大化し、街の公安、風紀取り締まり、都市環境の整備、公衆衛生、救貧、食糧供給、経済活動の規制などにおいて職人団体のギルドや町単位では解決できない問題が噴出するようになったからである。君主はこうした大都市の住民の生の維持全般に関わることを管理しない限り、国内の治安を保持することはできなくなった。こうした治安の業務はポリス（police）と言われていた。近代国家では内務省が担当する業務である。それがポリス、すなわち「警察」と訳されているが、19世紀に入って、欧州では内務省が担当する業務の中の「治安」の比重が高まり、ポリスが「警察」の意味に使われるようになるのであるが、絶対主義国家ではポリスは内務行政全般を指し、とりわけ住民の取り締まりや浮浪者対策に力が注がれていた。その際、君主はこのポリス業務の遂行においては「公共の福祉」というイデオロギーを掲げていた。そしてこのイデオロギーを盾に個人の生活に干渉して行ったのである。そしてこの業務を遂行したのは第一線の役人の「警察官」であったことは言うまでもない。パリでは1667年に「パリ警視総監」の職が創設されており、その後、全国の人口の中で、最も組織化され易い条件を有するパリの住民がフランスの政治を動かす力として無視できなくなると共に、このパリ警視総監の地位も高まって行ったのは言うまでもなかろう。こうした流れの中で全国の住民についてのポリス業務を遂行する官職を統括する中央政府の部署として、大臣を長とする、後に内務省と呼ばれる最高官庁が創設された。そして、国家の事業ごとの担当省の大臣から成る「最高国務会議」が設置され、国家を管理・運営する「政府」という機構も創出されたのである。こうした中央集権的な統一行政システムの創設に際しては、絶対君主は実は中世の地方割拠的なフランスを精神的に一つに纏めていたカトリック教会の中央集権的な階層的組織をモデルにしたのである。この点は記憶しておくべきであろう。

次に社会秩序の維持のために不可欠なローマ法に基づく「法の統一」とその実施作用は高等法院を中核とする司法組織が担当した。第三に、国家の経費を賄う被治者からの徴税を円滑に行うためには、一般的にはまずその前提として被治者が担税能力を持たない限り、それは不可能であろう。農民は毎年農産物を生産するが、その量は概算できるし、その一定の割合を税金として徴収することは究極的には権力を用いれば円滑に行われる。ところが、資本主義経済システムが支配的なシステムへと発展するについて、上述の通り、農村の分解に伴って、農業では生活できなくなってきた多くの人々を担税能力のある「経済人」に変えない限り、国家の財源は縮小するのは必至である。そこで、政府は海外へ進出して植民地を作り、そこへ浮浪者を送り出し、さらにローマ帝国のように植民地を収奪する方向へと進み、他方、国内に富を生む産業を育成して、そこで雇用する他に道がなかった。こうしたことから、フランスでは政府が経済振興と国富を増大させるための経済への介入という重商主義政策をとった。この経済・財務の業務を担当する中央官庁として、後の経済省や財務省が整備されて行った。最後に、絶対主義国家の確立において重要な役割を果たした傭兵隊を廃止し、国王の軍隊を創設するが、その際に士官学校を創設して国王のために軍隊を指揮・監督する軍事専門家としての将校団を養成した。新しく創設されたこれらの中央官庁、つまり政府にはそれぞれの分野の専門能力を持つ人材を、身分を問わず採用し、官吏は軍隊同様に上下関係の中に位置付けられ、君主の命令が末端の官吏に直ちに伝達され、それぞれの業務を遂行できるようにした、君主を長とするピラミッド型の階層的な行政組織、つまり家産官僚制が完成されたのである。換言するならば、国防、治安、課税、司法、財政、経済振興という国家作用とそれを遂行する組織単位としての家産官僚制が整備されて行ったのである。こうして、フランス絶対主義国家は、最盛期の国王のルイ14世が「朕は国家なり」と称した、と言われているように、国家作用は「君主などの支配者のための行政」であった。とはいえ、封建体制から資本主義体制への転換に伴って農村の分解と共に離農せざるを得ず、生きる方法を模索して浮浪する人々やその成れの果ての乞食などの貧民救済は体制維持のためにやむを得ず行わざるを得なかったとはいえ、「公共の福祉」の旗印の下でポリス行政を実施しており、それは今日の失業対策の淵源と見られよう。

この絶対主義国家も、体制維持のためのポリス行政を行ったにもかかわらず、長くは続かなかった。それまで農奴が圧倒的に多数であったが、上述の通り、被治者の間では資本主義経済の進展と共に、階層分化が生じ、大商人や産業資本家が台頭した。当時、貴族が第一身分、カトリック教会の僧侶が第二身分、被治者は第三身分と称されていた。そして、資本主義経済の発展と共に、「教養と財産を持つ市民」と称するブルジョアジー、すなわち大商人や産業資本家達は、彼らが社会の経済的な指導階層に上昇移動するにつれて、この第三身分の指導階層としての自覚が高まって行った。そして、ついに彼らは1789年7月に重税にあえぐ農民や都市の貧民の蜂起を利用して、「第三身分が（国民の）すべてである」ので、絶対主国家を「国民」の国家に変えるべきである、と主張して、アメリカ合衆国に習って君主主権の国家を国民主権の国家に変える「市民革命」を主導した。こうして、絶対主義国家を彼らが主導する「国民」の国家に変えるスランス大革命が勃発したのである。

②国家権力の正当性原理としての民主主義の確立に伴う行政の在り方の転換
―フランスにおける「君主などの支配者のための行政」から「国民のための行政」への転換―

国家権力をイメージするのには次の例え話が適しているのではないか、と思う。私が横綱と取っ組み合いの喧嘩をした場合、体力の差から来る力の差があって、私が負けるのは必至であろう。ところが、もし私が私の命令に従ってくれる20名の人を集めることに成功したなら、私は、私の命令によって動く20名の力を組織した集団と一体となって、横綱と戦うなら、私が勝つであろう。というのは、私は私の命令に従う集団を持つことで21人力になり、いくら横綱が強くても、力の差は私の方に有利であるからである。この例え話から国家権力について連想してみよう。政治的組織体としての国家の構成員のすべての力を集結させるなら、その力は巨大となろう。この巨大な力こそが国家権力と称されるものである。仮に国家の長がその構成員の三分の二の人々の力を思う通りに動かすことができるなら、残った三分の一の人々が国家の長の命令が正しくないと考えて従うのを拒否し、抵抗ないしは反対しても、国家の長は、反対者に対して自分の命令で動く三分の二の人々の力を組織した「合成力」で生命の抹殺という恐怖で威嚇するなら、彼らを自分の命令に従わせることが可能となろう。もう一つ、ここに補助線として人間を何十人も一挙に殺傷可能な武器を国家の長が自分の追従者に使わせる場合を想定してみよう。今度は、国家の長が構成員の百分の一の人間を自分の命令に従う集団に仕立て上げて、彼らに強力な武器を所持させるが、他の百分の九十九の人間には武器の所持を禁止しておくならば、この他の百分の九十九の人間が自分の命令に従わない場合、彼らを百分の一の人間から成る武装集団を用いて従わせ、思うが儘に「支配」することが可能となるであろう。

こうした国家の在り方が「君主などの支配者のための行政」が展開されたフランスの絶対主義国家における君主

を長とする支配者と被治者の間の権力関係であったと見られよう。絶対君主は自分の所有物の家産官僚制、とりわけ常備軍や警察を用いて価値を生産する圧倒的な多数の被治者の国民に対しては、日本の徳川封建体制創出の智嚢の本多佐渡守の言葉として知られている、百姓は「生かさぬように、殺さぬようにすべし」という原則に基づいて、彼らの最低限の生活が保たれる量以外は彼らが生産した価値を収奪し、もし被治者がそれに反対した場合、個別的に命を奪うか、命を奪う恐怖を与えて「支配」を続けたのであった。それは被治者にとって「価値剥奪」的な行政であり、古代中国ではそのような行政は「苛斂誅求」と称されていた。

こうした「行政の類型」を展開するのは、主に君主主権の国家に多い。フランス絶対主義国家も君主主権の国家であった。この表現は、フランスの絶対君主が国家権力の所有者であったことを言い表している。というのは、憲法学では、国家権力は「主権」という用語で言い表され、国家権力の所有者は「主権者」と言われるからである。１７８９年７月にフランスでは、上述したように、「第三身分が（国民の）すべてである」、と主張する市民層は、重税にあえぐ貧農や都市の貧民の国王の統治に反対する蜂起に乗じて国民議会を招集して、主権は君主のものではなく、国民すべての所有物、すなわち「国民主権」の原則を宣言したのであった。それは、「人および市民の権利宣言」の形で表明されている。この権利宣言は、二年後の１７９１年に公布されたフランスの最初の近代憲法の基本原則としてその前文の位置が与えられている。この権利宣言は17条からなる。初めの三条では、「自由かつ権利において平等」な者として生まれたすべての人間は、「自由、所有権、安全及び圧政への抵抗」という自然権を有し、「あらゆる主権の淵源は、本来的に国民にある」（第1条から第3条）、と国民主権の原則を高らかに謳っている。次に国家権力については、第12条において、次のように、それは君主のものではないことを明確にしている。「人および市民の権利の保障は、公の武力（＝国家権力）を必要とする。従って、この武力は、すべての者のために設けられるものであり、それが委託される人々の特定の利益のために設けられるものではない。」と。つまり国家権力はすべての者である「国民」のために設けられている点が強調されている。そして、第13条では、この公の武力、すなわち国家権力の維持及び行政の支出のために、共同の租税が不可欠であるので、その分担は市民の間で「その能力に応じて、平等に」行われなくてはならないと、国民主権の国家を賄う費用の分担の原則が表明されている。第15条には「社会は、すべての官吏に対して、その行政について報告を求める権利を持つ。」すなわち、行政が「国民のために」行われているのかどうかを、国民が知る権利が宣言されているのである。さらに、ルソーの主張した、人民の「一般意思」が法であるという考え方を採用して、法律は人民の「一般意思」であることを宣言し、その作成への市民の参加権の保障（第6条）、絶対王政時代の圧政の中で個人の人権が否定されていたが、そうしたことが今後には行われないように、第7条の「適法手続きと身体の安全」、第8条の「罪刑法定主義」、第9条には、すべての人間は適法手続きによって裁判で犯罪が証明されるまでは「無罪の推定」の原理を宣言して、刑法の執行において国家による人権蹂躙が起こらないように国家に対する禁止条項を設けている。そして、今後の国家は、その活動がすべての人間の人権を保障するような権力構造を有するように構成されなくてはならないとして、第16条においては「権利の保障が確保されず、権力の分立が定められていないすべての社会は、憲法を持たない。」と宣言して、あらかじめ人間の基本的人権が保障される権力構造（＝権力分立制、国民の一般意思の表明であり、国民が制定した法律によって国家権力が拘束される「法の支配」）を規定した憲法を制定し、それに基づいて現在の国家が運用されるばかりでなく、こうした状態が未来永劫継続されるように、国民主権の国家の基本原則を文章に記し、次の世代にもそれを遵守するように要請しているのである。最後に、国民の意志が国家や他の権力の妨害を受けずに自由に表明できるように、第10条に「意見の自由」、第11条に「表現の自由」の権利が宣言されている。この権利宣言の最後の条文（第17条）には「正当かつ事前の保障なしには」、所有権は没収されない、とその不可侵性が宣言されている。所有権は第2条には自然権の一つに挙げられており、言うまでもなく資本主義経済社会を支える基本的な条件である。

この「人および市民の権利宣言」は近代国家の在り方に関する政治的基本原則を簡潔に言い表したものである。この原則は、神の恩寵を受けた国王は地上における神の代理人として「公共の福祉」の実現のために統治しているので、被治者の全国民は進んで服従すべきである、という「君主神授権説」を否定し、国家権力は国民のものであり、それは国民のために行使されるべきである、という民主主義思想の表現である。政治学では「国家権力の正当性」とは、人間は何故に国家権力に従うのか、その服従の根拠を言う。フランス大革命を境に世界史的に見て国家権力の正当性の根拠は君主主義から民主主義への大転換が始まることになった。とはいえ、民主主義思想が西欧諸国で根を下ろし、その思想を実現する政治体制が確立するまでには多くの時間がかかった。というのは、既得権を持つこれまでの支配者がそう容易くその特権を手放すことはないからである。その結果、政治体制の変革である革命過程には、初めに旧政治体制が打倒されて新しい政治体制の原理に基づきその制度化が始まるが、その原理を直ちにかつ完全に実現しようとする過激化の勢いが高じると、革命支持の穏健派や既得権層の反発を誘発して反動時代を迎える。つまり、革命過程には革命とそれが過激化して、反動を誘発し反革命へと転落する、「革命の力学」が働くのである。フランスでもこの「革命の力学」が作用して、その力学が形を変えながら繰り返され、１８７５年に成立した議会制民主政の第三共和国の発足まで継続するのである。

それまでの政治過程を以下簡単に瞥見しておきたい。「人および人間の権利宣言」を行った１７９１年の国民議会は、封建制の廃止を決定し、中世封建社会から近代資本主義社会への転換が政治的原則としても確認されるが、それに見合った近代国家の確立までには約百年の時間を要することになる。本書の対象であるフランスの近代国家の行政制度は、絶対主国家の行政制度の合理化という形で進められることになる。絶対主義時代の地方行政機構は上記の通り、国を州に分け、各州に国王が地方長官を任命し、カトリック教会の教区をその末端の地方行政単位にした。中央政府はカトリック教会が全国に張り巡らした階層制の組織を利用し、教会と共同して統治する仕組みを作ったのである。しかし、革命後は、国家の中央集権的な地方行政組織を教会から切り離し、さらにそれを国民主権の原則に基づいて再編しなくてはならなかった。１７９１年の憲法では、地方行政制度はアメリカの地方分権の制度をフランスの事情に合わせる形で再編された。すなわち、州制度は廃止され、全国を83の県に分け、その下に郡、市町村を置き、それぞれに選挙された地方議会を設け、それらが各級の政府の長を選ぶシステムが導入された。今日のフランスの地方行政制度の原型が出来上がったのである。周知のように、その後、ジャコバン独裁に象徴されるように革命が過激化し、間もなく反動が始まる。革命フランスの民主主義理念が自国に伝播するのを阻止するためにオーストリア帝国を中心とする連合軍がフランスに宣戦布告し、戦争が始まるが、この戦争でフランスを勝利に導いたナポレオン将軍が１７９９年にクーデターによって第一統領に就任し、さらに１８０４年に国民投票によって皇帝になり、１８１４年までナポレオン帝政が続く。このナポレオン帝政時代に「帝政民主政」と言われるように近代国家の大枠が確立された。ナポレオンは１８００年に県に上から知事を任命するなど地方行政組織の各級の長を任命制に改め、さらに既存の各級の地方議会議員も任命制にして、それらを諮問機関に換骨奪胎し、皇帝の命令下の官吏の県知事、郡長、市町村長によって全国を直轄統治する中央集権的な地方行政組織に改編した。次に、国家の各業務に関する専門知識を修得させる官吏養成の高等専門学院——グランドゼコール（grandes écoles）と称される大学院——を多数設立した。その際、１７９４年に設立された「理工科専門学院」（École polytechnique）がモデルとなった。そしてこうした各種の専門学院の卒業者を身分が保証された上級行政官に登用し、行政組織の合理化を図った。それによって税制から金融および銀行までの行政制度の近代化が図られて行った。そして、「軍隊モデルを基礎として、全体として整合性が保たれており正確で効率的な行政機構」が構築されて行った（J・シュヴァリエ著・藤森俊輔訳『フランスという国家』7頁、15頁)。次に、このような近代国家の行政的枠組みの構築の法的な裏付けとなる行政法の再編も１８０８年に完成するが、こうして新しく出現した行政組織とその管理・運営の法原則をまとめ、研究した『行政の諸原理』が１８１２年にボナン（Charles Jean Bonnin）によって刊行されており、それは行政研究の最初の著作となっている。こうした行政法の近代的な再編と並んで、さらに、絶対主義時代のローマ法に基づく「法の統一」体制を合理化して、それに代わる、後に「ナポレオン民法典」と称されるようになる、資本主義経済社会の基本秩序の原則を法典化した民法典が１８０４年に、次いで商法が１８０７年に制定された。さらに市民社会の社会秩序の安定的な維持と発展に必要不可欠な治安法体系、すなわち民事訴訟法典が１８０６年、刑事訴訟法典が１８０８年、刑法典が１８１０年に制定された。また、ナポレオンの軍隊が強かった理由は、それがフランス革命の封殺を目指す連合国の軍隊であった傭兵隊ではなく、封建制の廃止によって自分の土地を持つことになった農民が「神聖不可侵」の自分の所有権である農作地を守るために兵士に召集された「国民軍」であったところにある。絶対主義時代の常備軍は君主の所有物であったが、ナポレオンによって、それは国民軍に再編されて、近代国家の常備軍へと脱皮することになる。

さて、革命の成果として自分の土地を持つことになった農民は、自分の土地の属する「祖国フランス」を守るために、自ら銃を持って「祖国防衛」の戦いに馳せ参じる中で、連合国との戦争では連戦連勝の栄光をもたらしてくれたナポレオンの軍事的カリスマに対して次第に帰依して行った。そのお陰で、30歳代初めのイタリア系のナポレオン将軍は１８０４年に国民投票によって皇帝となったが、１８１４年のワーテルローの戦いで敗北し、連合国の捕虜になるに及んでナポレオン帝政（第一帝政）は終焉を迎えた。その後、連合国の支援を受けたブルボン王朝の復興王政が始まった。とはいえ、この復興王政はフランス大革命によって封建制は廃止され、近代的土地所有関係が定着している以上、革命の成果は基本的に否定できない上に、近代国家の形式的側面も廃絶できなかった。というのは、社会の指導階級になっている「市民階級」の抵抗を考慮せざるを得なったからである。その結果、王政復興と共に、反時代的な君主神授権説が主張されたが、近代国家の形式的側面だけは取り入れることになり、シャルト（憲章）という欽定憲法が公布され、それに基づいて二院制議会も設置された。しかし議会には法案の発議権はなかった。その上、上院は世襲貴族で占められ、下院は30歳以上の男子の高額納税者にのみ、被選挙権と選挙権が認められた。この反動の時代も長くは続かなかった。１８３０年の7月革命で復興王政は打倒された。オルレアン家のルイ・フィリップを国王とする「市民階級」と自由主義的な貴族との連合政権の立憲君主制が樹立された。当然、憲法は改正され、憲法は統治契約の性格を持つようになり、それに基づいて君主神授権説は否定され、それと連動して国王大権も廃止され、同時にカトリック教会も国教の座を剥奪された。二院制議会が立法権を有し、最高権力を掌握した。上院の改革が行われ、定数も大幅に削減された。それまで上院を占めていた世襲貴族制も廃止になり、最高権力は実質的に「市民階級」の代表が占める下院に移った。この時代にフランスでは、イギリスに約半世紀以上遅れて産業革命が勃発し、それと共に産業資本主義が発展し、被治者の間に労働者階級が台頭した。この「七月王政」も、彼らとパリの民主的な小市民から成る民衆の力で１８４８年の2月革命によって打倒された。すでに労働者階級が「政治の世界」に進出し、彼らの声は無視できない状態になっていた。彼らの強い影響力の下に臨時政府が樹立され、それは普通選挙制度の導入と憲法制定会議の召集を宣言し、初めは「社会的共和政」と呼ばれていた第二共和政が成立した。これは「市民階級」にとっては脅威であった。同年6月、ブルジョアジーを代表する将軍によるクーデターによって臨時政府は打倒され、再び反動へと向かった。新しい憲法によって、執政府の頂点に民選の大統領が座り、それをコントロールする立法権を持つ議会優位の政治体制が作り出された。同年12月に行われた大統領選挙では、ナポレオンの甥のルイ・ボナパルトが当選した。反動時代に入り、ブルジョアジーが支配する議会は労働者大衆の進出を恐れて１８５０年5月に普通選挙制を廃止して反民主的方向へと進んだ。ルイ・ボナパルト大統領は議会に対抗して、国民大衆の支持を得るべく、同年11月に普通選挙制の復活を要求した。

そして、軍司令官とパリ警視総監に自分の腹心を据え、一年後の１８５１年12月に軍警の武装権力を用いてクーデターを起こし、議会の解散と普通選挙制の復活を布告し、議会の主要なリーダーを逮捕した。翌年の1月に大統領に独裁権を付与する新憲法を公布し、次いで同年11月に帝政復活の是非を問う国民投票を実施し、圧倒的多数で承認された（賛成７８２万票、反対25万票、棄権２００万票）。こうして、ルイ・ボナパルト大統領は皇帝ナポレオン三世として即位した。それまで何度もクーデターを起こして投獄され、諸国を放浪し、ついにロンドンで警察官にもなった経歴の持ち主のルイ・ボナパルトは、１８５２年末、国民大衆、すなわちパリの民衆、そして農民層が持つ伯父のナポレオンへの宗教的とも言える帰依と皇帝と共に戦った記憶を巧みに利用して、国民投票によって伯父と同様に皇帝となったのである。第二帝政である。それは１８７０年まで存続する。この18年間の第二帝政時代において、フランスはアルジェリア、ヴィエトナムを植民地にし、伯父と同様にフランスに栄光をもたらし、国内では産業資本主義を推し進め、パリを近代都市に変える大改造を行う土木・建設事業を展開した。このように、ナポレオン三世は産業資本家には海外市場を、国民大衆には植民地への進出、そしてパリの貧民には「雇用先」を提供するなど「価値付与的」な行政を展開した。ところが、ビスマルクによるドイツ民族統一国家樹立の一環として仕掛けられた「普仏戦争」でフランスは敗北し、皇帝も捕虜になる屈辱を味合う。これで伯父と同様に軍事的敗北で失脚し、第二帝政も崩壊した。その後に第三共和政が樹立された。１８７５年の憲法制定によって、ようやくフランスは議会制民主政の政治制度を確立し、近代国家への道のりをほぼ完成する。

このように、約80数年間において「革命の力学」が働き、政治体制が何度も変わったが、中央集権的な官僚組織並びに軍事組織から成る重層的で人工的な国家機構は壊れることなく、むしろ完成されていた。すなわち、大革命は全人民を新たに市民として統一するために中間団体を解体し、政府が人民一人一人を直接に掌握することが可能な新しい関係を作り出して行ったのである。それと共に、人口増大比率よりも官吏数の増大比率が幾何級数的に高まったのである。人口が約2千万人であった17世紀後半における絶対主義国家の官吏数は約4万6千人であったが、人口が一点五倍増えて約3千500万人になっていた1850年代の文官官吏数は約50万人、軍隊が約50万人に膨れ上がっていた。文官のみを限定すると、人口は一点五倍に増えたが、官吏数は十倍以上増大している。資本主義経済の発展と共に社会における分業と分化が急速に進み、それに対応して国家機構内部においても分業と職務の分化が進んだこともその理由の一つであるが、それにもまして重要な要因は社会の底辺部における単位の自立性が次第に弱くなり、それに伴って住民が生活する上において自給自足が不可能な状態が現われるようになり、国家の支援が必要となって行った結果とも言えよう。政府はこの膨大な数の官吏を通じて「社会の体に網のように巻き付きて、その毛穴をすべてふさいでいた」のである。こうして、憲法は変わるが、国家機構は壊されずますます強化されて行った「国家優位」の政治体制が作り出されて行ったのである。

長々とフランスにおける約百年間の近代国家への道のりを紹介してきたのは、フランスが西欧において絶対主義国家から近代国家への転換の標準的な経路を辿っており、それを基準にその周辺国の近代国家への道のりを比較・検証することができるからである。近代国家の形成と発展と共に、つまり民主主義の拡大と共に、行政の在り方も「君主などの支配者のための行政」から「国民のために行政」へと転換して行く筈であるが、フランスではそれは一直線ではなかった。その理由は二つある。第一は、「法の支配」体制の近代国家において、法を制定する立法機関、すなわち議会が最高権力を掌握するようになったので、「国民のすべてである」と称した「教養と財産を持つ市民階級」は、この国民代表機関の構成員の議員の選挙権と被選挙権を「教養と財産」を持つ者のみに限定した「制限選挙制度」を導入して、彼らの代表のみが国家権力を行使したからである。その結果、国家の行政は「市民階級のための行政」となり、いわゆる「国民のための行政」にはならなかった点にある。第二は、市民階級が主張する自由主義にある。資本主義的経済システムでは、私的所有権の保障が制度化されているばかりであなく、次に経済的プレイヤーがその唯一の目的の利潤追求を自由な競争が行われる市場において自由な交換を通じて行われる必要がある。すなわち、絶対主義時代のような国家の干渉が可能な限り排除され、すべての人間が自由な経済活動が行われる環境が整備されることが必要不可欠であった。そこで、フランスの「市民階級」は絶対主義時代の末期に経済上の事柄について国家はできるだけ干渉を避け、自然の成り行きに任せよ、という「自由放任」(laissez-faire) を主張していたのである。そして、フランス大革命以降は、「市民階級」は制限選挙権を梃子にして立法権の議会を掌握して、すべての国家権力をそのコントロール下に置いた後は、国家は神聖不可侵の私的所有権を守るガードマン、すなわち「夜警」の役割の他は、その守備範囲を縮小すべきである、という自由主義を主張してその実現に努めたのである。この自由主義の国家観はトマス・ペインの「最小の政府が最良の政府」であるという主張に要約されていると見られよう。「市民階級」が指導権を有する近代国家が「夜警国家」と揶揄されるのはこうした自由主義的な政治的主張にも一因がある。国家作用、つまり行政の側面から見るなら、国家機能は、私的財産を守る「治安」業務と、「市民階級」の経済社会における自由な利潤追求活動を妨害ないしは阻止する者、ないしは勢力を取り締まる活動に専念すべきであり、その他の活動は「自由放任」のままにすべきであると考えられたので、国民の多数のための行政、つまり真の「国民のための行政」を積極的に展開すべきであるという考え方は出現しようもなかったと見られよう。しかし、第一次大戦が勃発し、全国民の力を合わせなくてはならない「総力戦」時代を迎えた。今や、全国民の血の犠牲が求められている状況の中で、血を流す国民の支持と協力がなければ戦争を続行させることができないので、全国民の意見を聞き、その要求に答えなくてはならなかった。その結果、多くの西欧諸国では戦後に普通選挙制の導入が約束されたのである。そして実際に戦後において、普通選挙制度が実現された国では「国民のための行政」が展開されるようになるのである。

③ハイブリット型の行政

A、プロイセン・ドイツ型

ハイブリット型には、プロイセン・ドイツ型とイギリス型の二種類がある。まずプロイセン・ドイツ型を見ていくことにしたい。

上記の通り、西欧において絶対主義国家が初めて確立されたのはフランスにおいてであった。17世紀から18世紀にかけてヨーロッパでは戦争が絶えなかった。中央集権的な絶対主義国家は君主が全国民を総動員できる体制となっていたので、対外的に国力を集中的に発動できることから、いまだ封建的な割拠体制の中にある国に対しては絶対的に優位に立つ利点を持つ政治体制であったと言える。そのこともあって、フランスの周辺国の殆どは競って戦争においてフランスに負けないために、フランスの絶対主義国家型の政治体制の導入に努めた。その結果、18世紀においてオーストリア、プロイセンも絶対主義国家へと脱皮していた。その脱皮が遅れたポーランド王国は二度にわたって周辺国のロシア、プロイセン、オーストリアの三国によって征服され、分割され地上から抹殺される悲劇にあった。ポーランド人の国家が再建されるのは第一次大戦後であった。

資本主義的経済システムの世界大への拡大を思想的に推し進める上において貢献した社会契約論を中核とする啓蒙思想は、資本主義の先進国のイギリスや革命前のフランスのみならず、他のヨーロッパ諸国の知識人の間にも広がっていた。オーストリアやプロイセンなどの絶対主義国家は、フランス大革命前にすでに啓蒙思想の内、自国の政治体制の強化に役に立つ部分については、それを進んで「上から」無害な形にして取り入れていたし、また近代国家の枠組みについても立法や司法の分野において自国の体制を根本的に損なわない限りその制度の一部の導入へ向けての改革を行う方向へと動いていた。とりわけ、国力の基本は経済力であるで、資本主義的経済システムの導入を国家が主導して行った。それに伴い、封建領主は伝統的な特権を保持したまま「大農経営者」へと徐々に変身して資本主義的な経済活動を展開し始めていたし、他方、「上から」保護・育成された新興の市民階級については、その政治的な主張や、その実現を目指す政治的な行動や運動は抑制された。こうして、政治経済的には近代国家の形式的な枠組みはその導入が図られて行ったのである。こうし動きは「上からの近代化」政策であると言われている。そしてそれを遂行していたフランスの周辺諸国の絶対主義国家の諸君主は、フランス大革命前の絶対主義国家の君主と区別して「啓蒙専制君主」と言われる。その典型はプロイセンである。フリードリヒ大王（在位１７４０～８６）は、国家の目的は「公共の福祉」であると称し、人民の福祉は君主の利益よりも重大である、と主張した。さらに「君主は決してその支配下にある人民の専制的主人ではない。」と述べて、君主は「人民の第一の公僕」(le premier domestique des peuples) である、と自称していた。そのことを証明するために、裁判制度を整備して君主がいかに人民に対して公正であるのか示す姿勢を示したりした。ところが、貴族、農民、市民の身分制は固く維持し、中央集権的な官僚制度をフランス以上に完備し、軍隊に至っては貴族の子弟を将校団に組織して君主の命令下に効率的に動く武装装置に作り上げていった。こうして、13世紀にバルト三国近辺のスラブ人にキリスト教の宣教を目的に植民した屯田兵から成る軍事国家がフリードリヒ大王時代にはヨーロッパの大国へと発展を遂げていたのであった。上からの資本主義経済を安定的に進めるために、その子の時代の１７９４年には社会秩序の予測可能性を保障する法体系として「プロイセン一般ラント法」が公布されている。このように、プロイセンは、フランス大革命前にすでに「君主などの支配者のための行政」と並行して、既存体制を維持するためではあるが、「国民のための行政」も一部実施し始めていたと言えるのである。つまり「ハイブリット型の行政」が進行していたのである。国家作用の内、両者の比率が前者より後者の方が高まる方向へと進むのは、下からの民衆の民主主義運動の高まりにかかっているのは言うまでもない。

ヨーロッパ最強と言われたプロイセン軍隊も１８０７年にナポレオン率いるフランスの国民軍に敗北した。神聖ローマ帝国はすでに１８０６年にナポレオンによって解体され、ライン河の西にある諸邦は一つに纏められ、ナポレオン支配下の「ライン同盟」に統合されていた。プロイセンは敗戦の原因を探求し、その理由がフランスと違って下からの民衆の力を活用しなかったことが反省された。その反省から未来へ向けた改革の構想が生まれた。プロイセンではシュタインとハルデンベルクの両首相のリーダーシップの下で一連の改革が進められた。第一に、市民階級の国政への参加に道を開く意味でまずは都市条例を公布し、都市に自治権を付与した。第二に、軍制改革が断行され、徴兵制の導入による国民皆兵制が実施された。同時に、世界で初めて軍隊組織にラインの他にスタッフの参謀本部が設置され、軍隊組織の近代化が図られた。第三に、既存の多くの大学が官僚養成を目的としていたが、学問の自由が保障されたベルリン大学を設置し、未来の指導者の養成が試みられた。最後に、内閣制度も創設され、政府機構の近代化も図られた。このような上からの近代国家作りへ向けての改革が実って、１８１３年にはロシア遠征に失敗してフランスへ敗退するナポレオン軍を撃破して、ナポレオンの頸木から解放された。１８１５年のウイーン議定書で、２００数か国から構成されていた神聖ローマ帝国の復活が図られたが、それまでプロイセンやオーストリアに併合され国もあり、20数個の領邦国家に統合され「ドイツ同盟」に生まれ変わった。それは、オーストリアとプロイセンも加わっており、ドイツ人の統合体という性格を有し、その後、オーストリアとプロイセンはこの「ドイツ同盟」の主導権をめぐって争い、後述するが、議長役のオーストリアの覇権を覆し、プロイセンが主導権を掌握してドイツ人の民族統一国家の「ドイツ帝国」を創設することになる。

１８４８年2月にフランスで革命が勃発した。それは翌月にはベルリンやウイーンにも飛び火した。プロイセンでは市民階級が主体となった憲法制定会議が招集された。ところが、パリで同年6月に反動的なクーデターが起こり、それに勢いを得たプロイセン国王は秩序の回復に着手し、憲法制定会議が制定した憲法を翌年欽定憲法として公布した。そして。それに基づいて、一応近代国家の政治制度が設立されて行った。第一に、国王任命の貴族から構成される上院と国民代表の下院からなる二院制の議会が設置された。ところが、下院は法律の発議権はあるが、制定権は上院と国王が持つ仕組みになっており、さらに近代国家の議会の最も重要な権限である予算決定権はなく、政府が提出する予算に協賛する権限しか与えられていなかった。第二に、国民の基本的人権を含めて憲法の各条文の実施規定の法律が制定されることになったが、その内容はすべて憲法の条文の趣旨に反し、なかには条文の内容を否定するものとなった。その典型は三級選挙制である。選挙権は一定額以上の納税者に限定し、さらに納税額の高い順に第一階級、第二級、第三級に分け、投票数において第一階級の割合が最も大きくなる制度である。最後に、国王の私兵的性格を有する軍隊は憲法外的存在にして、憲法の制約を受けないようにした。このように、形の上では近代憲法を有し、それに基づいて近代国家の政治制度が創設された。しかし、形式的には市民階級の要求には一定の譲歩を示しているようには見えるが、その実態は国王専制体制に近く、従って半立憲主義近代国家と言われるようになった。

１８６２年、ユンカーの代表的な政治家のビスマルクが首相に任命された。彼は、資本主義経済システムが支配的なるにつれて、没落の危機にある封建領主のユンカーが生き残る道は、第一は経済的には自ら大農場経営者として農業資本家へと脱皮する方向へと進むこと、第二はユンカーの政治的生命の延長を図るために、国家における指導権を市民階級によって奪われてはならず、従って彼らを分裂させ、かつ政治的に去勢化するために、彼らの歴史的課題である民族統一国家樹立事業の主導権を掌握して、それを進んで実行することである、という政治的戦略を有していた。彼は、この政治戦略を果敢に進めて、プロイセンによるドイツ民族統一国家の確立事業において障害となっているオーストリア帝国を１８６６年の戦争で打ち破り、「ドイツ同盟」から排除した。次に、４年後の１８７０年にはナポレオンが作った「ライン同盟」の構成国になっていた西南ドイツ諸邦に影響力を持つフランスに戦争を仕掛け、フランスを打ち負かし、ナポレオン三世を捕虜にした。翌年の1871年1月、プロイセン軍はパリに入城し、ビスマルクはヴェルサイユ宮殿において「ドイツ同盟」の君主を招いて、プロイセン君主を皇帝とする「ドイツ帝国」の創立を宣言した。こうして「ドイツ同盟」の諸君主はドイツ皇帝に臣従を誓う領邦国家間の「同盟体制」の性格を持つ連邦国家としてドイツ帝国が発足したのである。帝国宰相には当然ビスマルクが就任した。つまり、プロイセン国王がドイツ帝国皇帝を兼務し、プロイセン首相も帝国宰相を兼務する形で、プロイセン王国の統治機構がドイツ帝国全体の統治機構の役割を果たすことになった。領土の広さから見ても、プロイセンはドイツ帝国の約三分の二を占めており、プロイセン軍隊がドイツ帝国陸軍となった。海軍はその後創設されたので初めから帝国海軍となる。

ドイツ帝国創設期を前後してドイツでも、フランスに半世紀遅れることになるが、産業革命が勃発していた。ルール地方を中心に世界最先端の石炭・鉄鋼業の巨大企業群が誕生し、その所有者の大資本家層は世紀の転換期にはドイツ経済の命運を左右する力を持つようになり、ドイツ帝国の支配層へと上昇を遂げていた。1890年にビスマルクが退場し、ウイルヘルム二世の親政が始まる。それは1918年末から翌年の初めにかけて第一次大戦の敗北を契機として勃発した「ドイツ革命」まで続く。その間、急速な工業化と都市化が進行し、それに伴い労働者階級も「政治の世界」に登場した。彼らを代表するドイツ社会民主党は1878年から12年間、ビスマルクによって弾圧されたが、それを撥ね退けて大戦勃発の二年前の1912年の帝国議会選挙では第一党に躍り出ていた。当時、世界最大・最強の社会主義政党であった。ビスマルクは敵の敵は味方であるという論理から市民階級を牽制する意味で社会主義政党の設立には最初は寛容な態度をとっていたが、ドイツ帝国創立時に、ビスマルクは国王に対する臣民意識が強いことに賭けて世界で初めて帝国議会の選挙制度として〔男子〕普通選挙制度を導入していたが、しかし予想を裏切って社会主義政党が反体制化し、それを恐れたビルマルクはいわゆる「飴と鞭」の政策をとったことは有名である。一方では労働者階級の代表政党の社会民主党を弾圧しながら、他方では労働者の苦境を救済するための社会政策として、１８８３年に労働者疾病保険法、１８８４年に工場労働者災害保険法、１８８８年に廃疾者・老齢者保険法を公布し、世界で初めての労働者大衆のための社会保険制度を導入した。こうして、ドイツ帝国では、「君主などの支配者のための行政」と並んで、国民の多数を占めつつある労働者大衆の苦境を一部ではあるが緩和せんとする「国民のための行政」をも実施して行くことになった。そして、社会民主党が国内政治においてその比重が高まると共に、「国民のための行政」は最初は微々たるものであったが、その質と量も大きくなって行ったのである。そして、第一次大戦が総力戦となるに及んで、労働者大衆の協力なくしては戦争を続行できないので、労働者階級の労働条件の改善を含めて彼らの殆どの要求が認められていった。

以上、プロイセン・ドイツの国家作用としての行政活動が「ハイブリット型」になって行った経緯を辿ってきたが、もう一つの行政の側面、すなわち行政を担当する主体の「行政組織」の面でも、「ハイブリット型」への移行と共に変化が生じていたことは忘れてはならない。経済面において、ドイツは、20世紀に入りすでに鉄鋼・石炭の生産においてフランスやイギリスを超え、高度資本主義段階へと突入していた。それに伴って巨大企業体の合同組織としてカルテル・コンツェルンが出現した。そして、大資本家層の代表政党の国民自由党は、ユンカーを代表する保守党と共に政府の政策決定において指導的な役割を果たしていた。一方、上述の通り、普通選挙制に基づく帝国議会はプロイセン下院と同様に予算協賛権しかなく「無力な議会」ではあったが、それがドイツ全体の唯一のドイツ国民の意思を代表する機関であり、かつ選挙毎に国民の意思の動向が議会の議席に反映されるので、無視できない存在となっていた。従って、政府はその動向に左右されることになった。議会内政党布置状況は以下の通りである。大戦前の選挙のあった１９１２年には、上述の通り、社会民主党が第一党に躍進していた。それと並んで政府に批判的な進歩的な小市民や知識人を代表する自由主義的諸党が存在し、他方には与党の保守党、国民自由党の他に、カトリック教会の利益を擁護する宗教政党の中央党が存在していた。中央党はドイツ帝国創設時にはバイエルンなどの西南ドイツ地方のカトリック人口の多い地域を地盤にしており、ビスマルクによって同党がローマ教皇庁との関係を有することで弾圧されていたが、ビスマルクはその後、帝国の真の敵はカトリック教会ではなく、社会主義勢力であると考え直して、和解した。その後、同党は与党を支援する第三党に浮上し、政府反対派との間でキャスティング・ボートを握り、万年与党になっていた。このように、政党政治が実質的に展開されており、国家官僚層もプロイセン国王の「家産官僚団」として留まることが環境の変化が許さなくなっていた。高度資本主義段階への突入と共に社会の分業と分化が急速に進み、近代国家への転換を遂げたドイツ帝国では、皇帝中心主義の政治体制ではあったとはいえ、多元化した社会の国民の多様な要求を代表する政党政治の影響を次第に強く受けるようになると共に、行政は国民各層の多様な要求に配慮し、かつ多様な便益の増進を図ることを怠ることは許されなくなってきた。その結果、憲法の制約を受けず、憲法外的な存在の軍隊は尚も君主の私兵的な性格を保持し続けることができたが、文官官僚制は政党政治から一定の距離をとり、君主の利益のみではなく、国家の存続と発展というより高い次元の国益の観点から行政を遂行せざるを得なくなっていた。また、留意すべきことには経済界における環境の変化がある。巨大な企業体は国際的な競争関係にある諸外国、とりわけアメリカの巨大企業の組織の管理・運営のやり方に影響されて組織の近代化・合理化を図っており、さらに組織を管理・運営する優秀な人材の徴募において官庁と競合関係になり始めていた。こうした官庁の外部環境の変化にも対応すべく、官僚の任用においては行政職に応募できる制度が設けられた大学の学部で専門知識を学んだ者を国家試験で採用し、官吏に登用された後は職階制の下での昇進と給与、家族扶養手当及び退職後の恩給などが保障された。それまでは家産官僚制時代の官吏は君主の奉仕者であったが、今後はまがりなりにも近代憲法の制約を受ける官吏として全体としての国家の維持・発展のために働く全体の奉仕者として実質的に行動せざる得なくなって行った。それと共に、家産官僚制は近代官僚制へと脱皮を余儀なくされたのである。この動きを決定的にしたのは総力戦としての第一次大戦であった。すべての国民が一致団結して「祖国擁護」のために命を捧げている以上、プロイセン君主の私兵だった軍隊も大戦勃発と共に、ドイツ帝国の構成国の他の諸邦の軍隊を編入してドイツ帝国軍として近代的な軍隊へと転換して行った。それに対応して、文官官僚制も全国民のための「近代官僚制」としての完成度をさらに高めて行くことになった。

さて、敗戦を契機に勃発した「ドイツ革命」では、革命状況の規定者に押し上げられていた社会民主党は二年前にロシアで展開されたボルシェヴィキ革命の野蛮な展開を反面教師として軍部と提携して下からのボルシェヴィキ革命の動きを力で抑え、ワイマール共和国を誕生させた。そして、「世界で最も進歩的で民主的な憲法」が制定された。それに基づいて、「国民のための行政」が展開される政治制度が確立されて行った。そして、行政の主体としての「行政官」についても、それが「家産官僚」であってはならない点を憲法第130条には次のように規定してある。「公務員は全体の奉仕者であって、一党派の奉仕者であってはならない」と。そして第128条にはすべての国民が公職に就く権利の保障、および女性公務員の不利な例外規定の廃止が明記されている。また、公務員が公務において公平性を保持できるように、第29条に公務員の身分保障が規定されている。こうして、ドイツにおいては、「君主などの支配者のための行政」と「国民のための行政」の両方が行われていた「ハイブリット型」から「国民のための行政」の時代へと進んで行ったのである。

B、イギリス型

プロイセン・ドイツ型とイギリス型の違いは、次の点にある。すなわち、封建領主が資本主義経済システムの世界的拡大の流れにうまく乗って大土地所有者兼大農経営者として転身した点では両者はかなり類似しているが、プロイセンの場合、封建領主がそれまで保持していた政治的・社会的特権を啓蒙専制君主の下で殆ど失わず保持し続けられたのに反して、イギリス場合、1648年~1660年のピューリタン革命や1688年の名誉革命を経て近代的土地所有関係が定着し始めたので、今や大土地所有者に変容した封建領主の多くは「自由主義的な」貴族に転身し、主権機関となった議会の上院は勿論のこと、下院にも彼らの代表を送って、上昇中の市民階級に対して政治的・社会的優位性を維持し続けられる議会制立憲君主国という政治システムを構築していた点である。この違いを生み出した原因は、イギリスでは絶対主義国家の確立の試みが挫折し、フランスなどとは異なった経路を辿って近代国家へと発展して行った点にある。以下、その経緯を簡単に辿ってみたいと思う。

イギリスでも、ヘンリ八世とその子のエリザベス女王時代には、フランスの絶対主義国家との権力闘争に対処して絶対主義国家への転換が試みられた。この時代は初期資本主義経済システムの勃興期であり、離農を余儀なくされた貧農や浮浪者がロンドンなどの大都市に集まり始め、貧民救済問題が提起され、フランス同様にポリス業務実施のための「救貧法」が制定された。従って、それはイギリス行政の嚆矢としてよく知られている。エリザベス女王が死去し、子を残さなかったので、ヘンリ八世の妹の孫でスコットランド王のスチュアート家のジェームズ六世が1603年に同君連合の形でイングランド（England）の王に就任し、ジェームズ一世と名乗った。彼とその子のチャールズ一世に時代には、絶対主義国家確立の推進が継続された。しかし、それはイングランドの政治的伝統の、国王・貴族・庶民（ロンドンなどの大都市の商人）の協治の慣行を否定するものであり、貴族の一部や庶民の反対を受けることになった。イギリスの独特な政治体制を理解するために、ここで、それまでのイングランドの国制を簡単に振り返って見ておく必要があろう。

日本ではイギリスと言う場合、それはイングランドとその西のウェールズ、そしてその北にあるスコットランド、西にあるアイルランド島から成る「ブリティシュ連合王国」を指す。そしてこれまで連合王国を支配したのはイングランドであったので、イングランドのポルトガル語読み（Inglez）の日本語なまりに由来するイギリスが日本では定着している。それに従って、本稿では、イギリスとは「ブリティシュ連合王国」を言い表しているが、イングランドという場合は、本来のイングランドを指しているので、その点を先に断っておきたい。

イングランドはケルト族が住んでいたが、ローマに征服され、その後にゲルマン系のアングロ・サクソン族に征服され、彼らの国になっていた。そして、ゲルマンの森の中の民主政と言われる、長老を中心とする全住民の協和政治が各共同体で展開されていた。次に封建制の時代に入ってからは、各共同体も封建的に再編成されるが、君主はこれらの共同体との主従関係の形をとった防衛共同体の契約関係を結ぶ形で結ばれていた。１０６６年、対岸のフランスのノルマンディの大封建領主のウィリアムがイングランドに侵入し征服した。この征服王朝の歴代の王たちはその主要な関心がフランスの王位継承にあり、度々フランスとの戦争を繰り返した。戦費を賄うために土着の領主の協力を仰ぐ他なく、その結果、外来の国王は土着の領主の伝統的な権利を尊重するという条件を受け入れ、戦費の調達に漕ぎつけることができた。こうして外来の国王と土着の領主たちによる「協治」が始まり、その制度化として13世紀末にロンドンに議会が設けられた。その後、ロンドンなどの大都市の商人なども戦費の徴収に見舞われ、徴収に応じる代わりに封建領主と同様に国王と「協治」体制に加わることを要求し、それが、認められ、議会は14世紀に二院に分けられ、上院は封建領主の「貴族院」、そして下院は商人などの代表機関の「庶民院」となった。こうして、イングランドでは14世紀ごろから国王・貴族・庶民が協治する政治システムが成立していたのである。従って、スチュアート王朝の二人の君主による絶対主義国家樹立の強力な推進はイングランドの政治的伝統を全面的に否定するものであり、当然、貴族の一部と庶民院の猛烈な反対を招くことになった。庶民院を代表するクロムウェルとチャールズ二世が対決することになり、それはついに１６４８年に内戦へと発展し、国王側が敗北した。捕虜となったチャールズ二世は翌年に処刑された。ピューリタン革命の始まりである。フランス大革命でのルイ18世の処刑より約１４３年前のことである。１６６０年までクロムウェル体制が続き、「革命の力学」が作用し、王政復興となる。クロムウェル体制時代はピューリタン革命と称されるが、早熟の「市民革命」とも言われている。この時代には、イギリスの政治的伝統であった国王・貴族・庶民の三者の協治体制は崩壊し、三者間の力関係はチャールズ二世時代の国王「専制」の方へ向きかけていた振り子が逆の庶民院「専制」の方向へと向いて行ったと言えよう。庶民院の議会独裁となり、ローマ共和政をモデルとした政治体制が作り出された。そればかりか、ローマ共和国が国家の費用を賄うために海外へ植民地を作り、被征服地の「収奪行政」を実施したように、護民官のクロムウェルはウェールズ、次にアイルランドを征服し、イングランドに統合した。さらにスコットランドも軍事力を用いて統合した。こうして今日のイギリスの原型が誕生したのである。すでに資本主義経済システムの急速な拡大によって封建社会は分解し始めていたが、この流れを基本的に完成させたのはクロムウェル時代である。行政の観点から見るなら、農村の分解に伴う離農者の都会への移動に伴う都市人口の増大が加速化したために、クロムウェル政府は貧民救済というポリス業務を行う必要に迫られ、ジェームズ一世時代から北アメリカにおいて始められていた貧民や浮浪者を海外へ送り出す植民地獲得推進を継続し、さらに、上記したように、近隣のアイルランド、ウェールズの併合をその政策の一環として実施したのであった。イギリスの海外植民地獲得推進はその後も続くが、世界最大の植民地帝国を築く基礎を作ったのはこの時代である。

ピューリタン革命によって封建制が事実上廃止され、近代的土地所有関係がすでに確立されていたので、一六六〇年に王政復興になっても、亡命していた王権派の貴族は彼らの所有地の回収は困難になっていた。とはいえ、王政復興を遂げたので、昔に戻そうとする王権支持派の貴族と王権の「専制」化に反対した「自由主義的」貴族との間での対立が激化し、またこの対立は資本主義の発展に照応する形での政治制度の近代化をめぐる庶民院に代表される市民階級と王権との対立とも連関していたことで、チャールズ一世の子のチャールズ二世とその子のジェームズ二世時代には再び内戦へと発展する可能性があった。「自由主義的貴族」と上層市民階級の連合勢力が勝利し、ジェームズ二世は亡命し、オランダにいる彼の娘のメアリとその夫のオラニエ公ウィレムを招き、国王に迎えた。ウィレムはウィリアム三世となる。その際、古来のイングランド人の自由と権利を尊重し、保障することを歴代の国王が承認した「統治契約書」の形をとっていた一連の文章の内容を再現した「権利の章典」をメアリ夫妻が国王就任の条件として認めたことで、この対立は「無血革命」となり、後世の人によって「名誉革命」と称されるようになった。これによって、イギリスは議会主権の近代国家へと脱皮することになる。読者の中には国民主権ではなく、「議会主権」の国が何故に自由民主主義国家なのかと疑問に思う方がいるかと思われるので、若干説明しておきたい。イギリスでは、この時期から主権は国民にあるのではなく、主権は「議会における国王」（King in Parliament）が有するという擬制がとられている。当時は貴族が自由に数名の議員を出せる腐敗選挙区と制限選挙制が存在し、「自由主義的」貴族と上層の市民階級のみが下院に議席を持っていたが、後に普通選挙制度が導入されれば、議会が全国民の代表機関になるので、実質的には国民主権の国家とは変わらなくなるのである。イギリスは「古くて新しい国」と言われているように、古い器は時代の変化に合わせて少しずつ変えるが、その中身はいつも時代の最先端を行く国であるので、フランス大革命の約90年前に近代国家へと脱皮できる内容に変わっていたという点は注目しても良かろう。１７０２年にウィリアム三世が死去し、メアリの妹のアンが即位した。そして１７１４年にアン女王が死去し、後継者がいなかったので、ジェームズ一世の娘がドイツの領邦国家の一つのハノーファ家に嫁いでいたので、その孫のゲオルク（Georg）五世を新国王に招いた。名前をイギリス式に変えてジョージ（George）一世と名乗った。今日のイギリス国王のチャールズ三世の祖先である。彼は英語ができず国政は首相に任せたので、イギリスの責任内閣制はこうした偶然の出来事が一因となって成立したと言われている。その孫のジョージ三世（在位１７６０~１８２０）は、日本の徳川家三代目の家光が「生まれながらの将軍と自称した」と言われているように、まさに「生まれながらのイギリス国王」であった。彼は「秀才」であったので、議会の多数派の代表である首相が彼の名の下で「主権」を行使している事実を見て、自分が議会の多数の議員を味方につければ、名目の君主ではなく本物の君主になれるのではないかと考え、この考えを実行した。名誉や官職が欲しい議員には名誉や官職を授与できるが、買収となると資金が必要である。その資金を調達するために北アメリカの英領の13の植民地は勅令によって設立されており、国王が任命する総督が統治している現状に鑑みて、植民地に課税して議員買収の資金を調達する案を思いつき、それを実行した。この国王のとった政策は、自分たちはイングランド人の「古来の自由と権利」を保持するイギリス人であるという意識を持つ植民地の人民の抵抗を受けるが、しかし、強行したために、植民地の人民は１７７６年、「独立宣言」を行い、母国からの独立戦争に入った。ちなみに、この「独立宣言」には、政府設立の目的として、イギリス人の「権利の章典」の内容が社会契約論を用いて普遍的な人間の基本的人権の擁護として解釈し直されて掲げられており、それが13の植民地がそれぞれ独立国家となる際に、その憲法の第一部の基本的人権の章に当たる「権利の章典」ないしは「権利の宣言」となった。そして、それらが上記した１７８９年のフランス大革命時に制定された「人および人間の権利宣言」の元になったものである点は記憶しても良かろう。

さて、イギリスには海軍以外には常備軍はなく、ジョージ三世はドイツのヘッセン領邦の農民を傭兵として買い入れ、北アメリカの植民地の反乱の鎮圧にあたった。13の英領植民地は１７８１年に国家連合の「アメリカ合邦国」（the United States of America）を結成し、二年後の83年にイギリスと講和し、独立国家となった。イギリスでは、この時期に産業革命が勃発し、世界最先端の工業国家へと躍進を遂げつつあった。それに伴い経済構造の急速な変化と相まって、名誉革命後の国政の指導権は大土地所有者の「自由主義的」貴族と貴族の称号を買って貴族になった上層の市民階級にあったが、工業化の急速な進展と共に産業資本家が台頭し、「中産階級」（middle class）と称する彼らは国政における指導権の獲得を目指して政治活動を展開した。それが実って、1832年には、第一次選挙法改正が行われ、貴族の議会における優位性を保障していた腐敗選挙区の廃止並びに中産階級への選挙権の付与が実現された。また本格的な工業化によって、大量の労働者大衆も生み出され、彼らの工場内での劣悪な労働条件が問題として提起され、さらに労働者大衆は大都市や新興工業都市に集中して居住しているために、衛生問題や住宅問題などの社会問題が発生した。1834年に貧困対策として救貧法が改正され、さらに同年は労働者の職場環境や労働条件の改善を目指す工場法も制定されるが、より抜本的な改革を求めて労働者大衆は労働組合を結成して、ついに1838年には普通選挙制度の確立を要求するチャーティスト請願運動を展開した。政府は1867年に第二次選挙法改正を行い、都市の家屋所有の労働者に選挙権を付与した。次いで、1884年には農民にも選挙権が与えられた。そして1928年に21歳以上の男女平等普通選挙制が実現された。こうして「国民のための行政」が展開されざるを得ない政治的条件が整い始めて行ったのである。

イギリスは周知の様に海洋国家である。そのために、海軍以外は平時には少数の陸軍を保持するのみで常備軍を持っていなかった。絶対主義国家の確立が挫折せざるを得なかった理由の一つも国王が自由に使える私兵としての常備軍を創出するのに失敗した点に求められる。外来の王権はもともと弱かったが、絶対主義国家の確立に失敗し、イギリスの政治的伝統の国王・貴族・庶民の三者の協治体制は否定されず、三者の力関係が国王優位の体制から、クロムウェル時代の議会「独裁」の一時期を経て、三者の協治体制が復活し、名誉革命後は力関係が貴族の指導下の貴族・庶民連合体制へと移行し、1832年後は「中産階級」の庶民が指導権を持つ議会優位の体制へと変遷して行ったと見られよう。

以上のような政治体制の変容に対応して行政分野も変化して行った。絶対主義国家の確立が挫折したために、全国的な地方行政組織は20世紀前半期までは創出されなかった。国内行政は、イングランドの地方共同体レベルでは中世以来の長老を中心とする自治が長い間存続していた。そして、社会の分業の発展や分化の進展によって社会的交流が進むにつれて、自治体間のみならず、自治体の内部においても利害対立に起因する紛争が頻発するようになった。コモン・ロー（common law）という慣習法に基づく解決が試みられ、平和が維持され、各共同体はその管理・運営を自ら行う自治の伝統を維持した。しかし、資本主義経済システムの拡大と共に、紛争の際は慣習法の解釈をめぐって争われることが多くなり、国王は治安判事（justice of the peace）を全国に巡回させて慣習法の解釈をめぐる争いを解決して行って全国的平和が確保された。こうしたやり方の「統治」スタイルはコモン・ローという「法の支配」（rule of law）である。20世紀に入って、1928年と1933年に制定された地方自治法によって、地方自治体制度の統一が試みられたが、地方自治制は今日まで多少の改革はあっても継続している。絶対主義国家から近代自由民主主義国家へと変容したフランスやドイツなどでは、国家形態が変わっても中央政府と地方との関係は、絶対主義時代の中央集権的な地方行政制度の民主化が図られただけであるので、地方自治は「集権型・融合型」に留まっているのに反して、イギリスでは、従来の地方自治体の骨格は維持されているので、「分権・分離型」と言われている。絶対主義国家の確立が挫折した点がここにも表われている。そして、このことがイギリスの自由民主政を支える伝統的基礎であることは記憶されるべきであろう。

1763年、ヨーロッパ大陸や、北アメリカ、インドで世界の覇権をめぐる戦争でイギリスはフランスに勝利し、大英帝国確立の基礎が敷かれた。イギリスはインドにおいてその植民地経営の方式として同時代のフランスやプロイセンの官僚制をモデルにして中央集権的な官僚制度を確立していった。インドに派遣されたイギリス軍の将校や高級官僚は国王の任命制であったので貴族の子弟が多く任用され、インドで収奪した富を持ち帰り、貴族たちの国内における政治権力の強化のために利用された。19世紀の中ごろまで、国内の中央政府の行政組織も整備されて行ったが、その高級官吏の任用は任命か推薦制であったので、官職の売買が横行し、こうした前近代的な現状に対して「中産階級」の批判が高まった。１８５４年に官僚制度の現状を調査することが決定され、開明的な行政指導者の二人による調査報告書が議会に提出された。それは調査を担当した二人の名前を冠して「ノースコート・トレヴェリアン報告書」と言われている。その報告書の勧告に基づいて、中央政府の行政を担う公職者の在り方、とりわけ文武官僚制の任用制度の近代化が図られた。その際、フランスやプロイセンの官僚制やアメリカのスポイルズ・システムも参考にされ、公務員（civil servant）の任用においては原則として資格任用制度の導入が決められ、推薦制や任命制は段階的に廃止されることになった。同時に政党政治の展開に対応して、公務員の中立性、匿名性、在職保障が確保される改革も実行された。こうしてイギリスの行政制度もようやく近代化、合理化の方向へと進むことになった。とはいえ、公務員の採用が公開競争試験に基づくものに変わっても、その試験が学校教育で修得した一定の学歴・専門能力を前提としていたために、パブリック・スクールを経てオックスフォード、ケンブリッチ両大学を卒業した者が圧倒的に多く採用される事態は変わらなかった。

こうして19世紀の中頃から「君主などの支配者のための行政」と並んで「国民のための行政」を実施する政府機構の改革へと進んで行った。１９１０年のロイド・ジョージ内閣の人民予算などに見られるように、「国民のための行政」の割合が多くなり、第二次大戦直後に成立した労働党内閣になって「国民のための行政」が本格化することになる。なお、労働党内閣によって「ゆり籠から墓場まで」の社会福祉体制がイギリスで確立されて行くが、その「青写真」となったのが１９４２年に発表された有名な「ベヴァリッジ報告」であった。当時、イギリス政府はナチ・ドイツとの戦いにおいて国民の戦意を鼓舞するために、勝利した後に樹立するイギリス社会の姿を国民に示す必要があり、ベヴァリッジ卿にその報告書の作成を依頼した。ベヴァリッジは、戦後の再建を阻む五つの巨悪、すなわち「この報告が直接関係する「欠乏」、しばしば欠乏の原因となると共に関連する様々な困難を引き起こす「疾病」、どの民主主義社会も国民の間に存在することを許すことができない「無知」、主として産業と人口の無計画な配分によって生じる「不潔」、豊かな人も貧しい人も働かないことで富を破壊し人を腐敗させる「無為」」、この五つの巨悪に対処する社会政策立法の土台となる基本的方針をまとめ、その費用の問題については経済学者のケインズと相談して報告書を作成した。彼は、その中で、とりわけ五つの巨悪のトップの「欠乏」を無くすために個々の国民への「ナショナル・ミニマム（National Minimum）」、つまり「全国的最低基準」の経済的保障を行うべきであり、それは市民に与えられた政治的権利であると主張した。ちなみに、戦後の日本において、この考え方は松下圭一教授によって受容され、現代日本の社会福祉制度の確立にも影響を与えることになる。

④「国民のための行政」―アメリカにおける展開―

自由民主主義を目指す国民主権の近代国家では、原則として「国民のための行政」が展開されるのは当然と言えば当然であろう。「国民のための行政」の基本は、国民を構成するすべての個人が自由で平等に生きられるような諸条件を整備し、そしてその基本的人権が国家権力によって保障される点にあると考えられる。このことを世界で初めて政府設立の目的として掲げたのは、母国の圧政から逃れるために「独立宣言」を発した北アメリカの13の英領植民地が各自独立国家を樹立する際に制定した成文憲法においてである。その一例として、その中の一つのマサチューーセッツ邦憲法の第一部に当たる「権利の宣言」の序には次のように書かれている。「政府を創設し、維持し、かつ運営する目的は……個人に安全かつ平和にその自然権を享受する力を与えようとするところにある」と。他の12邦の憲法も大同小異である。これらの13邦は母国からの独立を獲得したばかりではなく、苛烈極まりない権力闘争が展開されている国際政治の中で存続し続けるために１７８１年には国家連合を結成し、二年後の83年にはイギリスと講和条約を締結して、母国からの独立を勝ち取った。その後、戦費は内外からの借款で賄ったが、その返済をめぐる問題や通商政策の相違によって内部分裂が起こり、それを克服するために中央政府を強化する連邦憲法の制定に1787年に成功した。こうしてアメリカ合衆国が誕生した。

アメリカが大陸諸国と異なるのは次の点にある。大陸諸国では先に国家があって、その権力が国民の基本的人権を保障するために行使しなくてはならないように仕向ける役割を果たす「憲法」が国家権力の正当性の原理が民主主義になった後に制定されている。従って「国家優位の政治体」である。それに対して、アメリカでは先に近代憲法が制定され、それに基づいて各州政府、次に連邦政府が創設されており、国家は憲法に基づいて創出されている「憲法優位の政治体」である。従って、大陸諸国では国家の中核をなす行政府が優位にあるが、アメリカでは立法機関の連邦議会、とりわけ各州の代表機関の上院が優位にある。

次に、アメリカ合衆国の行政構造は三層制を成している。すなわち、連邦政府、州政府、地方自治体の三つのレベルの政府から構成されている。上層レベルの連邦政府は、対外的には戦争、外交、通商などの分野、対内的には対外的業務を遂行するために、そして連邦政府を管理・運営するために必要な費用を調達するための課税権の分野において憲法に明示された固有の権限を有する。そして、連邦議会が制定する法律の「最高法規性」の保障、その帰結としての連邦裁判所の最高優位性の保障によって、その固有の権限分野においては主権を行使することが可能となった。次に、中層レベルの州政府は、州政府が連邦政府へ委譲した諸権限、つまり上記の連邦政府の固有の権限以外のすべての分野において主権を有する。最後の下層のレベルは地方自治体である。地方自治体の基礎単位はタウン（town）である。アメリカの住民の多数はプロテスタントである。マサチューーセッツ沿岸部を中心とする東北部はほとんどがプロテスタントである。イギリスのピューリタン革命の終焉でその夢が破れた多くのピューリタンの中産層がマサチューーセッツ沿岸地方に移民し、そこで会衆「教会」――組合教会とも言う――を中心に町、すなわちタウンを建設して行った。カトリック教の国では、人々は神の代理人の司教から神の声というもの教えてもらい、それに従って生活してきた。つまり教会に隷従していたのである。しかし、宗教改革者のルターは、神の声は聖書にあり、各人はそれを読んで神の声を知ることができる、と主張した。その主張を受け入れたプロテスタントは各人が聖書を読んで神の声を知ることができるようになったことで、主体的に神の声のみならず、自分を取り巻く世界についても自分の目で観察し、それとの関り方をも自主的に考える「個人主義者」へと変容を遂げて行った。とはいえ、各人は「内なる光」に照らして神の声を知ろうとするが、それが真の神の声なのかどうか分からない場合があり、仲間同士で真の神の声は何なのか討議し確認し合う場所として会衆「教会」を持つことになった。こうして、アメリカに植民したプロテスタントはまず会衆「教会」を作り、そこで皆と一緒に聖書を読み真の神の声を確認し合うことの他に、生活共同体を作って行くために解決しなくてはならない諸問題についても話し合って決めて行った、という。アメリカへ植民したプロテスタントはすでにイギリス国教会への隷従の鎖をも断ち切っていたが、今や母国から離れたことで「封建制」の隷従の鎖をも切り捨てることになり、さらに新天地で自主的に生活共同体を作り出し、それを皆で討議しながら管理・運営して行くことになった。そして、忘れてはならないことは、先住民を追い払って彼らの生活共同体を建設して行くために各自が武装していた点である。従って、タウンは他面、ギリシャのポリスのように「戦士共同体」の性格を有していたのである。これがアメリカの地方自治体の基礎単位のタウンの形成過程に関する「理念型」である。タウンでは人民が行政の主体であると同時にその対象である。つまり直接民主政のタウンは人民の自治によって維持されていた。そして、社会の発展と共に解決されるべき政治的諸問題が発生した場合、隣接の複数のタウンがカウンティを結成し、そして構成するタウンの代表が随時集まって協議し問題の解決に当たり、さらにカウンティが解決できない問題が生じた場合は、すべてのカウンティの集合体の州政府の議会に各カウンティから選出された代表が集まり協議し問題の解決に当たるという方式が取られていた。このように地方自治体は「人民の、人民による、人民のための」行政が実現されていたと言えよう。ちなみに、民事・刑事事件が発生した場合は、イギリスのコモン・ローに基づいて解決するというイギリス伝来の司法・行政制度が移植されていたことで、カウンティによって任命された法律専門家の治安判事によって解決されていた。このように、アメリカの地方自治制度は、英領植民地時代に伝来されたイギリスの地方自治制度の骨格部分が温存され、アメリカの異なる環境の中で特異な形で変容し、独自に発展して行ったものである。

さて、連邦国家のアメリカを政治的に統合する役割を果たしているのは、各州において選出された大統領選挙人によって選出される行政府の長の大統領と、各州の議会選出の二名の議員から構成される上院及び全国の各選挙区から選出される議員から構成される下院から成る連邦議会である。大統領と上下院の議員の選挙は四年ごとに行われる。アクトン卿の言う「権力は腐敗する。絶対権力は絶対的に腐敗する。」という権力に対する不信がアメリカには根強く、権力分立制と公職交代制の原則が採用されている。アメリカの連邦国家の政治過程を振り返って見ると、連邦国家のアメリカを一つに纏めて統合する役割を果たしている組織がもう一つあるのに気付く。それは政党である。アメリカでは個人の基本的人権とはロックの言う自然権、すなわち「生命、自由、資産、すなわち所有権」を意味し、選挙権と被選挙権は一定の財産を持つ有産者に限定されていた。つまり、有産者のみが市民であり、「国民」であった。従って、「政治の世界」は当然名望家を中心に運営されていた。カトリック教会や君主の拘束を受けないプロテスタントの各個人はその人生の目的を自分の自然権、すなわち「生命、自由、資産、すなわち所有権」の追求に置いており、すでに利益政治が展開されていた。東北部は商工業が発達し、従って各州の政治の実権を掌握していたのは商工業者であった。それに対してヴァージニア州とその以南の州から成る南部では、黒人奴隷を使い大農経営を行う農業資本家が政治の実権を掌握していた。諸説があるが、南部を代表する政治家のジェファソンが第三代大統領選挙時にそれまで政権を掌握していた商工業の利益を推進する東北部が主導する政治勢力に対抗して政権を奪い返すために全国的な政治結社を作ったのがアメリカにおける政党の始まりである、と言われている。この政党の力を借りて第三代大統領となったジェファソンは、連邦政府の進むべき方向として彼の政治的理想の「農民共和国」の建設を政府の基本方針として確定し、西部の土地獲得へと政府の総力を傾けた。その後、西部の土地獲得はアメリカの「明白な天命」（Manifest Destiny）となった。この連邦政府の事業は連邦軍によって推進されたので、西部への土地獲得の障害となっているイギリスやその他の国および先住民を武力で排除したことで有名になった将軍が全国的にその名が知られ、後に大統領となった人が多い。連邦憲法第４条第三節には、開拓された西部において人口が６万人以上に達した地域を準州にし、そこに連邦を設立した13州と同一の政治システムを移植し、それが定着した時点で州に昇格させる原則が定められていた。それに基づいて、人間の基本的人権が保障され、自由に自力で幸福を追求できる「地上の楽園」が北米に出現したことが旧大陸に知れ渡り、イギリスはもとよりドイツや北欧の虐げられた多くの貧民や一旗揚げようとする「冒険家」が大挙アメリカに押し寄せ、19世紀末ごろにはアメリカの国境は太平洋にまで達成し、アメリカ連邦の構成国は50州に迫っていた。このように、19世紀末ごろには領土的には今日のアメリカが完成されていたのである。

それまでのアメリカの政治過程の様相を行政の観点から見るなら、幾つかの転換期が見られる。西部への領土拡張を担ったのは連邦軍であったので、大統領指揮下の常備軍が整備されて行った。そして、１８０２年に陸軍士官学校が設立され、将校団が創出されて行き、１８９８年の米西戦争を契機に行われた軍制改革を経て普通の国家となって行った。常備軍の他の外交、通商、徴税の三分野の連邦行政においてもその行政組織が整備されて行ったが、問題が生じた場合、その都度その解決に取り組む行政単位は議会によって委員会形式で創設され、その管理・運営は大統領に委ねられていた。軍隊を除き、行政組織の公職は公職交代制の原則に基づいて、大統領が変われば別の人が就任するという仕組みが取られていた。そして、毎年大量に流入してくる移民から成る中西部の農民の数が既成の諸州の人口数よりも上回るようになった１８３０年代までは名望家支配体制が続いていて、公職は名望家の名誉職とみなされていた。ところが、西部において領土拡張戦争において数々の戦闘において輝かしい勝利を挙げ国民的英雄になっていた、中西部の中小農民層を代表するジャクソン将軍が１８２８年に第七代大統領に就任した後に連邦政府の行政職人の任用において変化が表面化した。民主主義思想の拡大による制限選挙制度に対する批判が強まり、南部の多くの州では、政府設立後間もなく普通選挙制度が導入されており、１８２１年にはマサチューセッツ、ニューヨークでも普通選挙制度が導入された。そして60年代までにはすべての州において普通選挙制度が導入される。政権掌握はどの政党がより多く得票するかにかかっているので、各政党は新しく有権者となった農民大衆や流入してくる移民を支持者にするための誘因として公職を提供し、政党支持層の拡大を図るやり方が政党幹部によって徐々に確立されて行った。このやり方が表面化したのはジャクソン時代である。彼は大統領に当選した後に、連邦政府の行政職に与党の党人を積極的に任用して行った。これが「猟官制」と邦訳されているスポイルズ・システム（spoils system）である。spoilとは戦利品という意味がある。選挙に勝利した政党が公職を戦利品とみなし、それを選挙の勝利に貢献した人々に戦利品として配分したのである。こうして、連邦行政においては、行政職に必要な専門知識と能力を持たない素人が選挙への貢献度を基準に基づいて任用され、管理・運営されるシステムが生まれたのである。このスポイルズ・システムは連邦政府の行政業務があまり多くなく、素人でも仕事がこなせる時代ではある程度機能し得た。しかし、資本主義経済の急速な発展と共に社会の分業と分化が進展すると共に、機能不全を来たすことになるのは言うまでもない。

１８６０年代の初めに、東北部においては、すでに産業革命を経て産業資本主義が急速に発展していた。西部の新しい州の設立において黒人奴隷を承認すべきであると主張する南部とそれに反対する東北部と中西部の連合との対立は内戦となり、この南北戦争は東北部と中西部の連合の勝利によって決着がつけられた。戦争の副産物として、南部の奴隷の解放によって、東北部は労働者の賃金が低く抑えられることになり、産業資本主義経済の飛躍的な発展の基礎条件が整えられて行った。戦後の１８６９年には東北部から太平洋までの大陸横断鉄道が完成し、それによって東北部と中西部は一つの政治的文化圏を形成するようになり、アメリカ連邦政府をリードすることになる。次に、産業資本主義経済の飛躍的な発展に伴って出現した大企業は全国にその支店を置き、経済的には全国を自己支配組織化して行った。それまで全国を対象に活動するのは連邦政府であったが、全国を掌握する程度は微々たるものであった。そして、経済面では全国の国民を相手に事業を行う大企業の方が社会の自己組織化に努めていたので、全国を掌握する程度においては連邦政府のそれを凌駕する時代になっていた。そして、大企業間に競争が激化し、全国的レベルでの利害調整が不可欠な状況が生み出されていた。そして、この全国レベルでの利害調整に「州際通商」に当たり、連邦政府の課題であった。当然、この課題を解決するための連邦政府の行政活動の要求が高まって行ったことは言うまでもない。それと共に、連邦政府の行政組織の近代化と合理化を図る必要性が生じたのは自然の成り行きであろう。

これまでの行政の展開の歴史を振り返って見るなら、1860年代までのアメリカ連邦政府の在り方は、1830年から翌年にかけてアメリカを旅行・調査したフランスの自由主義的貴族のトクヴィルの著書『アメリカにおける民主政』の中に次のように紹介されている。各州では、東北部のニューイングランドの政治的・文化的影響が強く、タウンを中心に直接民主主義が実践されている。旧大陸の権力が中央政府に集中し、一元的な統治が行われている近代国家と比較して、連邦憲法に基づくアメリカ連邦政府の統治スタイルは異なる。つまり、アメリカ合衆国は領土が広大であり、権力が広く分散しており、さらに中央政府の組織も多く分立し、お互いに政府権力を分有し、相互に抑制・均衡しており、ハード面とソフト面でも、旧大陸の近代国家とはその様相を異にする政治的組織体の在り方を示している。その違いは、旧大陸の全国に関わる問題を解決する「政治の集中」と上からの一元的な統治の「行政の集中」が見られる近代国家と比べるなら、アメリカでは一応「政治の集中」はあるが、「行政の集中」は見られない、と分析されている。ところが、1860年代初期の南北戦争以降は、上述の通り、アメリカでも「政治の集中」に見合う形での「行政の集中」化が必要となってきたのである。産業資本主義が本格的に展開し始めていたニューイングランドを中心とする東北部と中西部諸州が奴隷労働に依拠する農業社会の南部諸州を連邦軍によって制覇して以降、上記の通り東北部から西部の果てまで結ぶ大陸横断鉄道が完成し、それに伴いまた全国をくまなく結ぶ道路の建設も行われたことで、産業資本主義が全国化して行き、さらに19世紀末に頃に、ベルによる電話の発明とその実用化が進み、全国を一つのコミュニティーに変えるコミュニケーション・システムが完備されて行った。また産業資本主義の成長・発展に不可欠な資源の鉄と石炭を産出する鉱山が西部において発見され、アメリカの産業資本主義はＧＮＰや鉄鋼生産量において19世紀後半にはイギリスやドイツを追い越し世界一へと躍進する。さらに産業の新しいエネルギー源の石油が南部で発見され、石油産業も勃興した。こうしてアメリカ全国を市場とする各種の巨大組織の大企業が、初め鉄道、次に鉱山業、製造業、石油産業において出現した。そして、利潤追求を目的とする大企業同士が話し合って経済・社会の領域において全国を支配する仕組みが連邦政府より先に作り出されていた。連邦政府が政党によって管理・運営されていることを知った大企業は、政府による利害調整活動を自社に有利な方向へと向けるために政党に献金し、さらに政治資金の提供のみならず、企業の顧問弁護士を政治家として政党に送り込み政党を実質的に支配する傾向まで生まれた。最小限の費用で最大限の成果を上げるのが経済の原則であるので、大企業は政党への献金額をなるべく少なくし、さらに肥大化し始めた連邦政府の経費の増大には批判的であり、行政の合理化と「安上がりの政府」(cheap government) を要求し始めた。それに歩調を合わせて知識人もスポイルズ・システムがもたらす汚職などの政治腐敗を批判し、イギリスでは「ノースコート・トレヴェリアン報告書」に基づいて公務員任用を公開試験制度による選抜に変えた事例を引き合いに出して、公務員任用における公開試験制度、昇進基準の設定、公職分類の採用 (classification) などの公務員制度 (civil service) の改革を要求し始めた。１８８３年にペンドルトン法の成立によって、スポイルズ・システムが改変され、資格任用制度のメリット・システム（merit system）が導入された。これによって、高等教育を受けた者などが公職に終身で徴募され、昇進と身分も保障され、大陸の諸国家の官僚制度と同じ、行政官僚制度が確立される道が開かれた。もっとも、公職交代制は完全に否定されず、幹部級の行政職種の政治任用職の制度は残された。こうして、大統領の命令で動く行政官僚団が育成されることになり、立法部に対する行政部の優位が確立される組織的条件が整備されることになったのである。また文官の徴募が公開資格試験に基づくこととなり、行政組織と大学との関係が西欧諸国並みになり、いわゆる「国家」の中核組織が連邦政府のアメリカにおいても形成されることになったのである。

世紀の転換期には、アメリカでは１８９０年代のフロンティアの消滅によって階級間の対立は、新しい領土の獲得によって解決される幸運な時代は過ぎ去り、その解決が利益集団間の利害の調整という利益政治の他に、連邦政府の主要な課題として提起されてきた。大企業の合同は、ドイツでは銀行資本を中心とする大企業の合同という形がとられていたが、アメリカでは、大企業は銀行を介せず証券を発行してその信用（trust）を社会に買ってもらう方法、つまり「証券会社」（ウォール・ストリート）を通じて資金を調達する方法を用いて巨大化し、さらにトラストの共有を通じて企業合同が行われる形式がとられていたので、大企業の連合体はトラストと言われる。19世紀末にはカルテル、トラストが経済社会を支配するようになった。農業の機械化に伴う機械購入の債務の増大、機械化による収穫量の増大による農産物価格の下落、さらに収穫物の鉄道輸送費用の負担に耐えられず、多くの中小農民層は経営破綻に陥って行った。危機に陥った中小農民層は、１８９０年代に彼らを苦しめる大企業が牛耳っている連邦政府を働く人民の手に奪還して、その権限を拡大させて一切の貧困と圧政をなくすことを目標に掲げて独占反対の人民党運動を展開した。また工業労働者層も劣悪な労働条件の改善を求めて各産業分野で労働組合の結成に動き、ついに１８８６年にアメリカ労働総同盟を立ち上げ、独占に反対する運動を展開した。こうして、社会問題の解決が連邦政府に対して緊急に解決を迫る問題として提起されたのであった。また、巨大独占体の出現によって、社会の全面的な工業化のみならず、絶え間ない大量の移民の流入も一躍買って都市化の動きが加速された。そして、大都市や産業都市では、人口の絶え間ない流入によって、住宅問題、衛生問題、交通問題、教育問題などが一挙に噴出し、それは都市中間層を悩ました。地方自治が行われる都市では、政党が市政府を掌握しており、公職交代制を利用して次の選挙での勝利を目指して、貧民や移民に公職のみならず、市の公共事業の職を与え、あるいは買収するなど得票のためには市政を悪用して政治腐敗が蔓延していたので、市政は機能不全に陥っていた。このことで苦しめられていた都市中間層は、市政の腐敗一掃のみならず、山積した都市問題の解決を求めて、連邦政治の改革を求める運動を起こし、中小農民とも連携し、革新主義運動（progressive movement）を展開した。

この革新主義運動に支援されていたセオドア・ローズベルトは１９０１年にマッキンリー大統領が暗殺され、副大統領から大統領選に就任した。彼は、連邦政府の権限を大幅に拡大し、大企業の能率を生かしつつその反社会的行為を規制し、同時に社会福祉をも実現するという「新国民主義」（new nationalism）を主張していた。そして大統領に就任するや、最初の年頭教書において次のように述べている。「18世紀末に憲法が制定されたとき、どのような叡智も、20世紀の初めに生じた工業と政治における大きな変化を予測できなかった。」従って今や「全く違った行動が求められる。」このような現状認識に基づき、彼は、「憲法もしくは法律が明示的にそれをなすことを禁じていない限りにおいて、人民の欲することをなすことは、大統領の権利であると同時に義務である」とする憲法の拡大解釈を行い、それを論拠にして、すべての行政官と同様に、人民の公僕（steward）である大統領は国民を苦しめている問題を解決するためにその権限を拡大しなくてはならない、と主張した。そして、彼はまず対外的には帝国主義政策を展開した。次に、対内的には独占資本主義経済作用がもたらす様々な弊害の改善政策を実行して行った。その際、彼は、連邦政府の権限拡大の試みを１８８７年に制定された州際通商法を用いて行った。実は、１

887年までは、連邦政府が州を跨ぐ、つまり全国レベルの経済活動を規制することはできなかった。それは州の主権に属するからである。ところが、大企業が全国を市場として経済活動を展開しており、その行き過ぎた経済活動の被害が大きい州では住民の下からの規制の要求に答えて、州政府による経済活動の規制が行われていた。こうした動きが他の州でも広がり、大企業は全国を対象とする経済活動に関して、規制を実施する州の増大はその自由な活動を妨げることになるので、全国を一つの統一市場として機能できるような法制度の改革を望んだ。一方、大企業の行き過ぎた経済活動の取り締まりを要求する人民側もそれを求めた。こうして、州際通商法が成立したのである。こうして、連邦議会の立法によって連邦政府の権限を憲法に規定された分野以外においても拡大する第一歩が踏み出されていたのである。ちなみに、ヨーロッパでは社会問題の解決については、社会主義政党が政治的課題として提起しているが、アメリカでは、革新主義運動はむしろアメリカの伝統的な価値の自由な競争と開かれた機会が独占によって損なわれているという現状認識から、伝統的価値の復活を要求して「改革」を進めていた点は注目に値しよう。ローズベルト大統領は議会を飛び越えて有権者に直接に呼び掛けて、1906年に州際通商委員会による鉄道を規制するヘプバーン法を成立させた。

このように、連邦政府の権限を拡大・強化して、それによって産業資本主義から独占資本主義への転換に伴って生じてきた一連の諸問題を解決しようとするセオドア・ローゼルト大統領の改革の動きは、1913年から1921年までのウィドロー・ウィルソン大統領時代にも継承される。ウィルソンはアメリカ現代行政学の父と言われている政治学者である。政権奪還を狙う民主党は、プリンストン大学総長を経てニュージャージー州の革新知事として令名が高かったウィルソンを担いで大統領候補に指名した。そして、1912年の大統領選挙では、ウィルソンは与党の共和党候補を破り、大統領に選出された。彼は「新しい自由」(New Freedom)を唱え、自由競争を回復するための法規制を主張した。彼はこの政策目標を実現するための新しい行政組織を次々に設立して行った。すでに、ローズベルト大統領によって、１８８７年に州際通商法に基づいて鉄道料金の審査設定に当たる州際通商委員会（ＩＣＣ）が設立されていたが、ウィルソン大統領はそれに範をとって新しい独立行政委員会を設立して行った。１９１３年に中央銀行の機能を果たす連邦準備委員会（ＦＲＢ）を、１９１４年に不公正な取引を取り締まる広範な権限を持つ連邦取引委員会（ＦＴＣ）を設立した。そしてその後に、連邦農業金融委員会、合衆国造船委員会、労使紛争の解決に当たる鉄道労働委員会を立て続けに設立して行った。大統領直属の各省庁と並んで設立された、これらの独立行政委員会は規則を制定し、行政審判を手掛けるなど、準立法、準司法の機能を果たした。各省庁および独立行政委員会を担う専門知識と情報に基づき客観的判断を下す高度の知的能力を持つ行政官は政争から中立の立場で政策の遂行に当たった。こうして、アメリカでは文官官僚制度がようやく誕生することになり、政府は小さければ小さいほど良いという夜警国家観が支配する時代から国民の生活を守るためには政府の積極的役割が期待される社会福祉国家観へと人々の考え方が１８０度転換して行政国家へと歩むことになる。それは、連邦憲法が保障する契約の自由と所有権の保障という原理を守り抜こうとする保守派と、政府による規制を通じての新しい福祉国家を実現しようとする進歩派との戦いが進歩派の勝利によって決着をつける可能性が強まったことを予兆するものである。

１９１４年８月に独墺の同盟国と英仏露伊の協商国との間に戦争が勃発した。第一次大戦である。旧大陸の国際政治に対して「孤立政策」を取っていたアメリカは、１９１５年５月、英米の間を往復する豪華客船のルシタニア号がドイツの潜水艦によって撃沈され、アメリカ市民１２８名が溺死したが、それを契機に反独感情が高まり、ついに１９１７年にそれまでの中立政策を捨てて、協商国側に加わり第一次大戦に参戦した。その際、ドイツの軍国主義から「世界を民主主義のために安全にする」という主張を参戦の理由に挙げた。本来、ヨーロッパでは、ギリシャ以来民主主義（democracy）は衆愚政治として否定的に捉えられていたのであるが、このアメリカの参戦理由を契機に民主主義が国家権力の正当性の原理として世界において受容されて行くようになる。それはさて置き、アメリカでは、参戦直後の１９１７年６月、連邦議会は食料の生産と流通を許可制にし、次に工場や鉱山を接収し、さらに物価統制を行う権限を大統領に与える食料規制法案を採択した。これによって、連邦政府はすべての産業を統制下に置くことが可能になった。さらに、議会は政府調達契約の優先的締結、軍需工場の接収と運営、鉄道運営の規制、郵便の規制、電信・電話・ラジオ放送の規制、輸出の規制などについての法律も制定した。また、選抜的兵役法によって戦時の徴兵制度も導入した。こうした総力戦体制の下で、連邦政府はその歴史上初めて国民生活のすべての側面に渡って介入し規制を行うことが可能になった。さらに、連邦政府には、戦時の特殊な例外常態下とはいえ、国民の経済活動のみならず、厳しい言論統制まで行う権限までが付与されていたのである。

ともあれ大戦はアメリカが加わった英仏の協商国の勝利で終結した。総力戦体制も戦争の終了と共に終焉し、元の正常状態へと復帰した。そして、平和と経済的繁栄を謳歌する１９２０年代に入った。ところが、１９２９年のウォール・ストリートの株式の大暴落によって大恐慌時代に突入した。銀行は倒産し、労働人口の25％が失業し、労働者は街に溢れ、農産物価格も暴落して、農民も借金で身動きが取れなくなっていた。一人の力で解決できない問題が発生した場合、皆が力を合わせて解決に当たるのが政治であるなら、連邦政府は憲法に明記された権限を越えて破産状態にある国民の生活を救うことがその任務であるという考え方がさらに強まっていた。１９３２年に大統領に当選したフランクリン・ローズベルトはウィルソン大統領の下で海軍副長官として総力戦体制を運用した経験の持ち主であったので、大恐慌によって引き起こされた社会経済の危機を克服するためには、行政府が社会や経済に積極的に介入して国民生活を破産状態に追いやった社会の構造改革を断行しなくてはならないと決意し、「新しく仕切り直しをする」という意味のニュー・ディール（New Deal）政策を展開した。政府主導による経済運営の始まりとして、１９３３年に銀行を支援する緊急銀行救済法、次に農産物の過剰生産を抑制し、価格の維持・安定を図る農業調整法（ＡＡＡ）、そして工業製品の生産制限と価格統制および企業間の過当競争の抑制を図る全国産業復興法（ＮＩＲＡ）を制定して、破産の危機にある経済生活の復活を連邦政府の権力によってその実現を目指した。次に、貧困および失業問題に対処するために、連邦緊急救済局（ＦＥＲＡ）を設立して、それを通じて州政府へ失業対策費として補助金を支出し、市事業局（ＣＷＡ）や事業促進局（ＷＰＡ）を通じて、橋、空港、道路、ダムなどの社会インフラの建設という公共事業を積極的に推進させ、約８５０万人を政府が雇用した。また１９３５年に社会保障法（Social Security Act）を制定して失業者や高齢者への年金保険と母子家庭や視覚障碍者、高齢者への公的扶助の体系化が図れた。こうしたフランクリン・ローズベルト大統領が進めたニュー・ディール政策に基づく社会福祉行政は、保守派で固められた連邦最高裁判所によって違憲の判決が下された。これに対抗して大統領は判事の入れ替え案（Court Packing Plan）を試み失敗したが、しかし、世論の動きが次第に大統領支持に向かったので、最高裁判所はその態度を１８０度変えて、連邦政府の経済活動への介入と規制を合憲とした。こうして、アメリカは「憲法革命」を経験することになり、社会福祉国家へと進むことが可能となったのである。とはいえ、この改革を実行する手段としての連邦政府の行政組織の拡大と再編成が不可欠であった。そこで、１９３９年に行政組織再編法が制定されて、大統領はこの法律によって組織再編権限が与えられた。そして、それによって、大統領の直属の組織としてホワイトハウス事務局と予算局から成る大統領府（Executive Office of the President）が設立され、さらに１００以上の行政機関が12省庁に統合されて、ようやく大統領の執政を支える行政府の組織が整備されて行ったのである。こうして組織の面でも、アメリカは「行政国家」への道を第一歩踏み出して行った。

顧みるなら、19世紀から20世紀初頭にかけて、旧大陸と同様に、いやそれより早く産業資本主義から独占資本主義への転換が始まり、社会の急速な工業化、都市化の動きによって生存の基盤が危うくされて行ったのは人口の大多数を占める農民や労働力以外は売るものを持たない工業労働者であった。彼らは、四年に一度行われる大統領選挙、連邦議会を構成する上下両院の議員選挙の機会を捉えて改革を要求し、集団的抗議運動を展開するに及んで、社会、経済問題が連邦政府の解決すべき問題として提起されるようになって行った。こうして、アメリカ連邦政府も「国民のための行政」へと駆り立てられて行ったのである。そして、その「国民のための行政」体制を確立するために、行政事務を公正、かつ能率的に処理する連邦レベルの行政組織の構築が必要となり、そのために、まず旧大陸の国家官僚制の研究や、すでに確立されている大企業という巨大組織の管理・運営に関する学問から学ぶ必要が生まれた。こうしてアメリカ現代行政学が誕生することになったのである。

4、自由民主主義国家における行政活動の類型に対応する政府機構の編成

これまで人類が共同生活を始めて以降の多様な政治的組織体の活動を概観して来た。行政とはこの政治的組織体の活動を指す。すでに述べたように、行政は政治によってその在り方が決まるので、古代奴隷制社会においては、行政はその対象の民衆にとっては「価値剥奪」的なものであった。つまり、民衆の多数は人権が無視され、少数の支配者のためにその一生が捧げられ、行政とは「苛酷な生活」を強いるものに等しいものであったと言える。とはいえ、この時代でも、政治的組織体を構成するすべての人間がその生命を存続させて行くために必要不可欠な環境整備についての活動は展開されている。例えば、対外的には防衛、外交に関する諸活動や戦争、対内的には治水・治山、水道施設の建設とその維持、外敵からの防御施設の建設とその維持、道路や通信網の建設とその維持などの活動が展開されていた。こうした活動はすべての政治的組織体の行政の基幹部分である。

次に、上記したように、絶対主義国家では、勃興しつつあった資本主義経済の発展と共に、離農を余儀なくさ

れ、かつ生活の基盤を失い、農村から都市に流れついて浮浪者へと転落して行く人々が増大して行ったが、これらの浮浪者や貧民を野放しにすると、治安が悪化して社会秩序が脅かされる恐れも高まって行った。そこで、社会秩序の安定のために彼らに対しては最低限の生活が送れるようにする配慮や、新しい生活基盤が見つけられるような職業訓練を施すなどの「ポリス」業務が実施されていた。この業務は「福祉」と称されていた。そして、この業務は、治安対策に当たる警察などが担っていたので、後にポリスは「警察」にその意味が縮減されて行ったと見られる。また、イギリスでも16世紀末にフランスに対抗して絶対主義国家の確立を目指していたエリザベス女王時代に、この「ポリス」業務は救貧法に基づく貧困対策の形で展開されていた。そして、18世紀から19世紀初期のドイツでも、各領邦君主は「ポリス」業務を実施している。すでにこの時期は資本主義経済システムが支配的になりつつあったので、商人や職人のギルドを中心とする「市民社会」が出現していた。そこで、ドイツでは浮浪者や貧民の救済事業は政府の解決すべき課題ではなく、「市民社会」の課題であるとみなされるようにもなっていた。それは、１８２１年に刊行された、ヘーゲルの著作『法の哲学―自然法と国家学』の「第二章　市民社会」の「C Polizei（ポリツァイ）と職業団体」の「a　ポリツァイ」（２３１～２４９）に反映されている。『法の哲学』の邦訳は何種類かがあるが、戦前のものにはPolizeiは「警察」と邦訳されていたが、戦後のものでは「福祉行政」という邦訳もあるが、上妻精他の岩波書店刊行の邦訳では「行政」と訳されている。ヘーゲルはここでは「ポリス」業務を市民社会の課題として論じている。そして、彼は、街頭の照明、橋梁のような公共事業や住民の健康管理、義務教育、禁治産者への後見、救貧活動、そして海外への植民などを「ポリス」業務として挙げている。なお、この「ポリス」業務は絶対主義国家やそれに準ずる国家では、行政の対象者の基本的人権が無視される形で、究極的には警察力に基づいて遂行されていたと言える。とはいえ、この「ポリス」業務は、社会秩序の維持と安定のために、環境の変化によって他律的に生活基盤を失った人々の最低限の生活について配慮する行政として、いかなる政治的組織体も、それを上記の基幹的行政活動と共に実施せざるを得ない活動である。そして、この活動は、警察という強制力によって行政の対象者の人権が無視される形で行われるのかどうかに応じて、行政の在り方が「国民のための行政」であるのかどうかを占う目安となる。実は、「国民のための行政」が実施される自由民主主義国家のアメリカ合衆国の各州は、「州民の健康、安全、道徳その他の一般福祉（general welfare）を保護・向上させるために各種の法律を制定し執行する」固有の権限を有しており、その権限はpolice power（福祉権限）と言われている（鈴木康彦『注釈　アメリカ合衆国憲法』国際書院、２０００、87頁。M・L・ベネディクト著・常本照樹訳『アメリカ憲法史』北海道大学出版会、１９９４年、62頁、１０７頁）。

以上、自由民主主義国家が出現するまでのすべての政治的組織体の行政の在り方を見てきたが、それには、第一に対外的な活動としての戦争、外交、防衛に関する諸活動、第二に社会のインフラの構築とその維持に関する諸活動、第三に「ポリス」業務の三種類が存在することが分かった。それに加えて忘れてはならないのは、政治的組織体の活動を賄う財源の調達に関わる活動が存在する。古代ではローマ帝国や近代では帝国主義国家においては、海外の植民地からの収奪、海賊行為、戦争を通じての敗戦国の富の略取などの財源の暴力的な調達方法なども存在していた。そして、そうした性格を持たない政治的組織体では、財源は課税または徴税の形で人民から徴収している。以上挙げた四つの行政活動は自由民主主義国家においても当然存在する。日本は１９４５年9月２日に連合国に降伏し、君主主権の国家から国民主権の国家へと移行した。それを象徴するのは１９４７年5月に施行された、国民主権、国民の基本的人権の保障、平和主義の三大原則に基づいて制定された日本国憲法である。この憲法に基づいて、戦前の大日本帝国の政府組織が自由民主主義の方向へと改変されたが、政治制度の形式面ではその基本構造はあまり変わっていない。今日の日本国政府の行政組織編成については、本書第一部第二章、および第二部で、取り上げることになっているが、あらかじめ紹介しておくなら、以上挙げた四つの行政活動は今日の日本政府機構の一府十二省庁において次のようにその分担が決められている。第一のすべての政治的組織体の基幹的行政の部分は、外務省、防衛省が担当している。第二の社会インフラの構築とその維持の部分は国土交通省、農林水産省が担当している。第三の「ポリス」業務は厚生労働省、文部科学省、法務省、警察庁、総務省などが担当している。第四の政治的組織体の管理・運営を賄う財源の調達業務は国税庁が担当している。

さて、多くの自由民主主義国家においては市民革命を通じて民主主義が国家権力の正当性原理として確立されたが、国民主権の近代国家が建設され始めた初期には、国民の中の「教養と財産を持つ市民階級」の名望家支配が制限選挙制によって維持されていた。しかし、産業資本主義から独占資本主義への経済システムの移行に伴い、生きて行くために自分の労働力以外には売るものを持たない大量の労働者階級の出現によって社会問題の解決を国家権力によって解決すべきであるという社会主義運動が台頭した。そして、労働者階級を代表する政党の内、穏健な社会民主主義政党は国家権力の掌握を目指して普通選挙制度の確立を求めた。第一次大戦は総力戦と言われたように国家の総力をお互いに傾けて戦ったので国民の多数を占める労働者階級の協力なしには戦争に勝てないので、普通選挙制度の導入に反対していた市民階級も譲歩せざるを得ず、大戦終了後は殆どの自由民主主義国家では普通選挙制度が導入された。こうして、国民大衆が政府に対する影響力を持つ政治制度が確立され、政府を担ういかなる政治勢力も国民の多数を占める労働者階級を無視する形での政策作成とその実施は困難となって行った。

顧みるなら、近代国家になっても、少数の名望家層は治者として多数の国民を収奪する行政を通じて獲得した価値を彼らの間で支配権力の維持に貢献した程度に応じて配分する「価値付与的」行政を彼ら自身に対しては行い、他方、他の多数の国民に対しては「価値剥奪的」行政を行って来た。しかし、普通選挙制が定着し、社会民主主義政党が議会で多数派を占めるようになった後は、多数の国民に対する「価値剥奪的」行政は減少の一路を辿り、そして、国民すべてに便益サービスを提供する「国民のための行政」が実施される割合が大きくなって行った。とはいえ、本来の「国民のための行政」は、国民が行政の主体であると同時にその対象である筈である。ところが、ルソーの理想とした、樫の木の下にお互いが見知り合いの住民が集まり問題解決に当たられる小さな政治単位では本来の「国民のための行政」は可能であっても、人口の多い大国では不可能であろう。従って、行政の主体は国民の選出した代表者が国民の代行者になり、行政の対象である「国民のために」行政を実施する間接民主主義、つまり議会制民主主義が「国民のための行政」を実施する政治体制となっている。それは、今日、自由民主主義国家が採用している政治体制である。この体制においては、国民を代表する政府が行政の主体である国民に代わって「国民のための行政」、つまり国民に対して「価値付与的」行政を実施するように義務付けられているのである。こうした国家は、政治学や行政学では「社会福祉国家」と称されている。

上述の通り、自由民主主義国家においては、政治とは全体としての社会のための希少価値の配分行為であるので、国民を代表する政府はその希少価値の配分において、平等、公正、公平の原則に基づいて行政を展開しなくてはならなくなった。帝国主義政策を取らない自由民主主義国家では、財源は基本的には国内で調達する他ない。もっとも、希少資源を有している国はそれを売却するか、あるいは世界の先端技術を駆使して優れた製品を産出している国はそれを売却して、あるいは貿易を通じて稼ぐなどの、海外からの平和的な価値の取得の方法はある。財源の調達先は国によって多様であるが、調達先が国内だけであると仮定して話を進めたい。そもそも、資本主義経済社会の独占段階においては、少数の例外はあるが、すべての人間関係が貨幣関係に還元され、次に初めから諸条件が不平等な者の間での自由競争と自由な取引の結果、経済生活においては業種によっては寡占状態ないし独占状態が出現して、少数の大企業に富が集中し、圧倒的多数の国民は、アメリカ建国時の独立自営農民のように、自力で生活できる人は皆無で、どこかの（企業などの団体の）勤め先を持たない場合、明日の糧も得られない状態に置かれている。そして、この段階では、自由民主主義国家の第一の目的が人間の基本的人権の保障であり、その根幹部分の財産権は不可侵と言われてきたが、普通の勤労者の所得と比較してその何百倍の所得を稼ぐ人が常時存在する場合、彼らに課税して、それを失業者や働くことがそもそも不可能な障碍者、高齢者、病人などに配分することが「公正」、「公平」な社会であるという考え方が「正義」論の形で高まり、国民代表の政府はこうした考え方を受け入れて全体としての社会の存続を図らなければならなくなって来ている。絶対主義国家時代の「ポリス」業務と同じ「福祉」の名称を持つが、自由民主主義国家では、失業者や働くことがそもそも不可能な障碍者、高齢者、病人などに対して、強制力を限りなく伴わないで、生活扶助を提供するシステムを構築しようとする試みが「社会福祉」行政である。そしてこの行政を賄う費用は保険料と徴税された財源で賄うことになった。そのために、国内において毎年産出される価値について、可能な限りその「公正」、「公平」な配分に努めるという名目の下に、財産権に「公共の福祉」のために一定の制限を加える形で、富める者により多く課税する「累進課税」制度が導入された。こうして「公共の福祉」の名の下に、政府が個人の生活のみならず、財産権まで介入する道が開かれたのである。次に「貧富の格差」を生み出している経済社会の在り方そのものへの政府の介入も始まったのである。つまり、「市場の失敗」は、定期的に訪れる恐慌や、労働市場における不公平な取り扱いや労働者の劣悪な労働条件に抗議する抗議活動に起因する労使の対立の激化から来る社会不安、厳しい国際経済の競争に伍することができず倒産する企業数の増大、さらに国際経済において優位性を確保する新たな事業領域の選択における失敗などの形で現れ、この「市場の失敗」に対処できる力は個々の企業にはないので、全体としての経済社会の維持・活性化・発展に努める課題は当然政府の業務とならざるを得なくなった。こうして、政府主導による経済運営の時代が始まったのである。その始まりは第一次大戦中の総力戦時代である。日本でも総力戦の形をとった第二次大戦においては、軍部独裁の形をとった政府主導の統制経済が実施されていた。なお、今日でも政治面で自由民主主義が否定され一党独裁体制の下に政府主導による官僚主義的経済運営を行っている国家は旧ソ連や現在の中国である。

政府主導による経済運営の時代における行政活動は国によって異なるが、大体次のように三つに類型化することが出来よう。第一は、社会秩序の存続・発展を図るために個人の生活の安定的な展開、つまり生存権を保障するための便益提供活動、とりわけ社会的弱者を扶助する「給付」活動である。第二は、経済活動が安定的かつ公平に行われる諸条件の整備を行う政府の「介入」として経済活動の「規制」である。例えば、公害規制、独占禁止、料金規制などの経済活動の規制や、労使関係の調整などの社会的規制などである。第三は、補助金や税の優遇など価値付与的な支援を行うことで、国際的な経済競争において自国の産業を望ましい方向へと「誘導」する活動である。

以上の三つが国民国家時代の自由民主主義国家に見られる典型的な行政の手法である。ところが、20世紀末に冷戦の崩壊と共に、世界は一つの「地球村」となるグローバル時代の到来と脱工業化の進展により、人々は従来の物質的価値とは異なる脱物質的な価値を追求する傾向が強まりつつある。こうした変化した時代潮流を背景にして、人権、環境保護、ジェンダー平等等の人類の普遍的な価値について、国連を中心とする国際機関が各国にその実現を要請しており、つまり国際社会の規範的圧力という「外からの入力」があり、それに対処する活動、つまり自国民に「普遍的価値」を受容させる方向へと誘導する「啓発」活動も重要になって来ている。こうして、第四の行政活動として、国民に対して「普遍的価値」を受容させる「啓発」行政が加わることになった。

以上述べたことを整理するなら、自由民主主義国家における行政活動はその目的や任務を基準にして類型化するなら、それは政府の行政組織の省庁の分類の形で表現されるのである。最後に、行政活動を費用対効果の観点から、また便益提供という行政サービスの受け手の国民の満足度から見て、中央政府が行った方がベターなのか、それとも末端の行政単位が行ったのがベターなのか、を基準にして、中央政府、地方政府などの政府体系間の間での行政活動の役割分担が存在し、その役割分担に応じての行政活動の類型化も見られる。それは、単一国家、連邦国家、そして中央集権的地方行政制度を確立した歴史を持つフランスや英米の地方自治制度が先に存在していた国とでは異なるが、一般に大陸の集権・融合型と英米のような分離・分権型の二の類型が見られる。

第二章　近・現代日本の行政の歴史的位相
―行政類型論から見た行政の遷移―

1、戦前日本の行政活動の類型―「君主などの支配者のための行政」―

上述の通り、1947年5月に「日本国憲法」が施行され、戦後日本は君主主権の国家から国民主権の国家への転換を果たした。とはいえ、行政組織の面を見る限り、その転換は戦前期の日本、すなわち「大日本帝国」の軍事的側面は排除されたが、その他の行政組織はその基本構造においては大きな変動はなかったと言える。というのは、戦勝連合国、とりわけアメリカは敗戦国の日本の占領統治を直接に行うのではなく、既存の日本の政府機構を通じて行う間接統治方式を採用したからである。その結果、武官官僚制と文官官僚制の二つから成る大日本帝国の行政組織の内、アメリカは自国と4年間も戦う能力を示した武官官僚制とそれを支えた諸制度及び産業の排除を行ったが、間接統治の道具として必要不可欠な文官官僚制は温存させた。従って、戦後日本の行政の在り方を知るためには、戦前期日本の行政の在り方を先に見ておく必要があろう。

顧みるなら、第二次大戦終了期までのアジアにおいて、殆どの国が欧米列強の植民地か半植民地にされており、独立国は少なく、なかでも近代国家の政治制度を確立し、欧米列強に伍していた唯一の国が日本であったことは注目に値する。それには幾つかの理由が考えられる。先にそれについて考えてみたい。

第一は、日本はアジアにおいて西欧型に類似した封建制が確立されていた唯一の国であった点にある。中国や李氏朝鮮はいわゆるアジア的専制主義国家と称されており、その理由は近代資本主義への移行の経済的な土台となる商業資本主義に立脚するとはいえマニュファクチュア工業が発達する諸条件を生み出す封建制末期の経済関係が若干は存在していたが、日本のように全面的に展開することは無かった点である。その結果、古代以来の専制主義的な国家体制がその基本において存続していたと見られる。周知のように、1867年の明治維新によって政治体制の変革が起こるまでの日本では、約二世紀半の間徳川幕藩体制が存続していた。それは、ドイツの神聖ローマ帝国と類似した国家構造であった。約270余藩に分かれていたが、各藩はドイツの領邦国家と同様に一つの国家として管理・運営されていた。中央政府の役割を果たす徳川家はその支配する領地と財政力において抜群に大きく、傘下の各藩とは主従関係を結んでいた。そして、参勤交代や全国に張り巡らされた隠密（スパイ）による各藩の動向に関する情報の一元的収集などで徳川家の方針に反する藩主や領地の取り換え、つまり国易、転封政策などの手段が用いられて、全国が統一されており、西欧型の封建制と比べて中央集権度の高い封建制であった。

徳川幕府は、西欧列強によるキリスト教の伝道を通じてのアジア各国の植民地化政策の展開を目の当りにして植民地化される危険性を避け、その自主・独立を守るためにキリスト教を禁止し有名な鎖国政策を採用した。その結果、約250余年間の平和が維持された。この鎖国政策の各藩の国家経営へ及ぼした影響の中で、注目すべき点は、各藩の支配層を形成していた武士（軍人）が文官官僚の役割をも果たすようになっていたことである。言うまでもなく、徳川幕藩体制が成立するまでの約百年間続いた戦国時代に成立した各藩は基本的には軍事国家であった。そして、平和時代の徳川幕藩体制の下でも、各藩は軍事国家としての国家体制をそのまま維持しながら、支配的になりつつあった貨幣経済の中で、各々の国家の維持・存続を図らねばならなかった。その結果、各藩の支配層の武士は軍人としてのその役割が無に等しくなったとは言え、国家を維持・存続させるためにその地位は軍人のままであるが、その役割は自国の内政の管理・運営に携わる文官の役割をも兼ねることにならざるを得なかった。こうして、各藩では、第一章ですでに述べたように、すべての政治的組織体が存続して行くために必要不可欠な四つの類型の行政を武士が遂行したのである。彼らは幼少期から軍人たるべく兵学（軍事学）を学ばされ、戦闘に備えて武術を学び、さらに軍を動かし戦闘を指揮する用兵術も体得されていた。このように軍人としての社会化をすました武士が行政を担当したが、その行政は当然軍事的合理性に基づいて行われており、効率性や成果重視、節約などの行政の価値を実行していた。そしてその過程において、君主である藩主と武士との関係は貨幣経済の浸透・拡大によって封建的主従関係から君主に忠誠を誓う単なる従者へと変容して行った。というのは、豊臣秀吉の「兵農分離」政策以降、日本では、ヨーロッパの中世のように小中領主の武士階級が土地を所有して、その生産物で生活するのではなく、藩主が支給する俸禄米、つまり給与で生活するようになり、藩主と武士との関係は封建的主従という契約関係から生活の糧の給与が与えられる代わりに、忠誠を捧げる従属的な存在に変容していたのであった。すなわち、給与生活者としての武士は藩主という君主の家産官僚団を形成していたのである。このように、日本は明治維新前に約270余藩において一種の家産官僚制が存在していた点は注目に値する。

第二は、徳川時代の各藩の支配層の中で、とりわけ開明的分子は彼らが軍人であるが故に日本の外にも関心を有し、苛烈極まる権力闘争が常態の国際政治の動向にも絶えず目を向け、西欧列強の侵略という最悪の事態に備える心構えを培っていた点にあろう。こうした心構えが他の諸藩よりも強く、それが下級武士の間にも広がっていたのは、西欧列強の争奪の的となっていた中国に近く、列強によるアジア各国の植民地化の動きに関する情報について比較的に多く接する機会の多かった西南諸藩であった。その中でも、その傾向が強かったのは九州の南端の鹿児島を領地とする薩摩藩や、本州の南端にある山口県を領地とする長州藩であった。幕末の１８６３年に薩摩藩はイギリス海軍と戦って敗北した経験を有し、また長州藩も１８６４年に英仏を中心とする四か国連合艦隊と交戦し敗北した苦い経験を共有していた。薩摩藩では下級武士が中心となって藩主を動かして君主絶対主義国家への改革が断行され、「殖産興業」、「富国強兵」政策が国家の目標に定められていた。周知のように、１８５３年に幕府はアメリカのペリー提督率いる「黒船」による軍事的圧力、つまり「軍艦外交」に屈し、不平等条約を締結し、開国政策へと１８０度の外交政策の転換を余儀なくされていた。それと共に、日本も欧米列強の植民地化の危険性が現実化する可能性が生まれた。また、中央政府の徳川家はすでに全体としての日本を管理・運営する能力を失い、内乱の危険性も高まっていた。こうして、日本は列強による植民地化の危険性に対処するためには、全人民の力を一つにして外敵と戦う新しい国家体制を構築する必要性が生まれた。この任務を遂行したのは薩長を中核にして、その動きに賛同した九州の肥後藩と四国の土佐藩の四つの、いわゆる「西南雄藩」であった。

第三は、日本は島国であるだけではなく、中国文化圏の周辺に位置する「辺境国家」であったという点にある。隣の国の李氏朝鮮は中国に近く、従ってその磁場に強く引き込まれて、国家体制も「ミニ中国」型にならざるを得なかった。それに対して、日本は中国文化圏の磁力は弱く、世界の先端を行く中国文化、そして国家体制についても自国の国情に適合する側面だけを取り入れてそれを「日本化」する歴史を持っていた。この「歴史経路依存性」の作用が働き、明治日本は世界の先端を行く西欧の近代国家の在り方を、新しい国家体制の構築に際して学びながら、それらを自国の国情に適合する仕方で導入することが客観的条件から見て可能であったと見られる。というのは、帝国主義時代が始まる１８８０年代までは世界資本主義は自由貿易主義時代であって、西欧列強はコストの掛かる直接統治を行う植民地の獲得よりも貿易のための市場の拡大を求めていたので、日本は幸いにもその国家体制の革新に要する時間が一応国際政治的に与えられていたからである。

次に、行政組織とそれを用いて展開される行政活動を通じて形成される日本的な近代国家の形成過程の側面を見ることにしたい。

西欧では中世から近代への転換期においては新しい国家像については自然法政治思想に基づく社会契約説が台頭しており、それに基づいてアメリカ合衆国が建国され、そして同時期にフランスでも大革命による近代国家が確立されて行った。日本は約250年に及ぶ鎖国政策によって医学などを除いて海外からの近代国家理論などの政治理論の輸入は禁止されていた。従って封建的な割拠体制の徳川幕藩体制を打倒した後にどのような近代国家を構築すべきかのモデルは存在していなかった。つまり、西南雄藩と言う革新勢力は倒幕後、列強の侵略に対抗して国民の総力を結集できる統一国家体制に関する政治理論的なプランを持ち合わせていなかったのである。そこで、革新勢力の間では幕藩体制に代わる統一国家に関する将来の国家像に関しては自国の歴史の中においてそれを探求する他なかった。それを成し遂げたのは長州藩の吉田松陰であった。彼は幕府の出現前には統一国家体制を持った天皇制国家が存在したので、その復活を提唱したのである。革新勢力はこの案を採用することになった。幕府時代において政治的・宗教的権威として利用されていた京都に在住する天皇を君主とするヨーロッパ列強型の近代国家の確立が模索されることになったのである。1867年に西南雄藩の軍事力による徳川幕府の廃絶という「明治維新」という革命が成功した。新しく創設された明治国家の支配勢力は言うまでもなく薩長を中心とする西南雄藩の下級武士であった。明治2年（1869年）に「版籍奉還」で封建制が廃止され、日本全国が天皇の統治下に置かれた。次に、近代国家への移行期の暫定的な措置として次のような地方行政制度と政府機構が設置されることになった。まず、明治4年（1871年）に「廃藩置県」という地方行政組織の大改革が断行された。徳川家の領地の内、大阪、京都、江戸（東京）を府に改め、その他の領地は県に改めた。そして府には知事、県には令という新しい地方官が任命された。その他の藩はそのままにして藩主を新しい国家の地方官としての知事に任命した。この制度は「府藩県」制と言われるものである。次に、新しい国家の中枢機関の政府機構として古代天皇制国家のものを復活させた。こうして政府機構の中枢官庁として太政官職が設けられた。それは太政大臣、右大臣、左大臣の三人から成る正院が執政機能を担当し、その下に政治・行政機能を担当する省が設けられた。最初は、財政担当の大蔵省と地方行政担当の民部省が、その後に工部省、兵武省、司法省、外務省、文部省が設置された。そして、それぞれの省の業務の執行を担当する長は卿と称され、省の方針を審議・決定する長は参議と称された。ところが、実際は一人が卿と参議を兼ねていたのである。正院には天皇家の臣下、つまり公家が就任し、卿・参議には薩長土肥の下級武士が就任した。

この明治国家の初期の政府機構は古代天皇制国家の復活版であるので近代世界において一国の管理・運営に適するものではなかったことは言うまでもない。アメリカとの間で不平等条約が締結された後に、イギリス、ロシア、オランダなどの国と次々に不平等条約の締結が強要され、すでに日本は半植民地に近い状態に陥っていたと言える。この状態を克服し、国の自主・独立を実現し、西欧列強と伍して行くためには、どのような近代国家を構築すべきか、という明治日本の未来の国家像はまだ定まっていなかった。そこで、政権の中枢にあった薩長の政治的リーダーは不平等条約改正予備交渉及び欧米諸国視察を目的にした右大臣の岩倉具見を団長とする遣外使節団を結成し、政府首脳の半分が明治4年から二年間欧米諸国を訪問し、近代国家と行政の在り方を学んで帰国した。つまり、明治日本の近代国家を確立するためのモデル国となり得る諸国を訪問し、各国のリーダーに会って国造りの知恵に関して諸種の教示を仰ぐという、明治日本の将来の国家像を作り上げるための最高の政治的リーダーの海外見聞旅行を断行したのである。それは世界史に類例のないことと言えよう。ところが、研修を終えて帰国した政治的リーダーの間で将来の国家像についての意見の対立が生じた。モデル国としてのアメリカ、イギリス、フランス、プロイセンの四か国の内、アメリカは君主不在の共和政の国なので論外として、君主のいる、あるいはいた英仏独（プロイセン）の内、どの国の国家体制を日本のモデルとすべきかをめぐって政争が起こり、ついに明治14年（1881年）の政変で伊藤博文をリーダーとする長州藩出身の政治家たちが望むプロイセンの国制の採用が決定された。

ところで、それまでの明治維新という日本的な近代化革命の政治過程において、この明治14年の政変は日本的な近代国家作りの点では大きな分水嶺を成す出来事であった。というのは、近代化革命の政治過程はこれを境に本格的な明治国家の確立へ向けての制度化が始まるからである。それ以前の政治過程は革新勢力が旧体制の幕府を軍事力で打倒し、新しい国家の権力核を形成する過程であった。そして、革命のエネルギーを方向づけたのは将来の国家像に関する理念である。明治6年に帰国した遣外使節団と西郷隆盛を中心とする留守政府の間で内外政問題や将来の国家像に関する理念に関して争いが生まれ、それはいわゆる「征韓論」の形をとり、対立が激化し、権力核の分裂が始まった。まず薩長勢力と土肥勢力の分裂が起こり、さらに分裂の連鎖が始まり土肥勢力の間でも分裂が起こった。明治7年に板垣退助をリーダーとする土佐藩の勢力はフランス型の近代国家建設を主張し、まずは国会開設を要求した。自由民権運動の始まりである。同年にフランス型を求める司法界のリーダーの江藤新平の佐賀の乱など、幾つかの反乱があり、ついに明治10年には薩摩勢力の権力核も分裂を起こし、西郷隆盛をリーダーとする旧士族の反乱という西南戦争が勃発した。欧米の近代国家の在り方を直接その目で見聞した遣外使節団の一員の長州藩の伊藤博文を中心とする政治的リーダーたちは、革新勢力内の分裂の結果、彼らと意見を異にして政府から去った革新勢力に内、それが武力でその主張を通そうとした場合、武力で鎮圧し、一方、言論で新しい国家の政治制度作りにおいてフランス型やイギリス型の近代国家の建設を求める勢力に対しては、それに代わる近代国家像を打ち出して、新しい明治国家の形を作って行かなくてはならなくなった。明治14年の政変ではイギリス型の近代国家の建設を主張する肥後藩出身の大蔵卿の大隈重信と争い、彼を敗者へと追い込み、大隈重信は野に下った。こうして革命過程の前期は終わり、次は、新しい近代国家作りの後期過程の段階が始まったのである。それは、明治22年の大日本帝国憲法の発布によって一応終了することになる。

さて、明治14年、政府は自由民権運動を中心とする議会開設を要求する反政府勢力の主張に応える形を取り、明治22年に憲法を公布し、それに基づいて23年に議会を設置するという約束を表明した。それによって、自由民権運動の反体制的なエネルギーを9年後に制定される政治制度へと収容する政略を展開したのであった。そして、翌年、伊藤博文は憲法取調べのために半年間プロイセンを中心にオーストリア、イギリスを訪問した。その際、政権中枢の間では内閣制度の調査に関して次の一般方針が纏められていた。「①一般に憲法制定、国会組織に関してプロシアの制度を参考にすること、②内閣組織は議院の左右するところにまかせざること。③大臣執政の責任は原則として非連帯たること、蓋し連帯責任は議院内閣制乃至政党内閣制の原理たるが故なり。」（辻清明、101―102頁）伊藤はこの方針に従って、プロイセンの首都のベルリンではビスマルク宰相に会い、国家経営の秘伝を授かり、また新しい近代国家の構築に際して必要不可欠な条件については、ベルリン大学のグナイスト教授やオーストリアのウィーン大学のシュタイン教授の指導を受け、イギリスに寄り帰国の途に就いた。その後、伊藤はお雇い外人の憲法問題の専門家のドイツ人のヘルマン・レスラー（Herman Rössler）の助言を得ながら、井上毅、伊藤巳代治、金子健太郎と共に憲法制定に取り掛かり、明治22年に完成させている。

明治23年に議会が開設されるなら、かつての革新勢力の土肥系の政治的リーダーが下からの民衆の政府に対する不満を代弁して政党を結成し、議会に拠って政権獲得に動くことが予想されるので、そうした動きを未然に防ぐ制度作りを憲法発布前に行う必要があった。まず、明治17年に華族令が発布され、公卿、旧大名、維新以来の文武の功臣など五百四家から構成される五階級にランク付けされる華族制度が再編された。二院制を取る議会の上院に当たる「貴族院」の議員の母体を創出するためである。次いで、翌年の明治18年に「内閣職権法」を発布して、近代的な内閣制度を発足させた。「内閣職権法」の第一条には政治的リーダーとしての内閣総理大臣職の創設、第二条から第七条までは内閣総理大臣が他の閣員を「総督」し、国政のリーダーシップを発揮できる強力な権限が定められている。政府の行政機構としての省は宮内省、外務省、内務省、大蔵省、陸軍省、海軍省、司法省、文部省、農商務省、逓信省の10省であるが、内閣は宮内大臣を除く9省の国務大臣から構成された。後で触れるが宮中と府中の明確な区別を行い、天皇の側近の政治への介入を防止するために取られた制度である。次に各省の国務大臣は拒当省の行政長官を兼ねることになっており、この方式は太政官制の方式を踏襲したものである。伊藤博文が初代内閣総理大臣に就任し、九名の国務大臣が薩長出身者である。要するに薩長閥の政権が近代的な内閣という形式をまとっており、当時「藩閥政権」と批判された所以であろう。この内閣総理大臣を中心とする政府の最高の執政機関を規定した「内閣職権法」はナポレオンに敗北した後にプロイセンの国制の近代化を推進したシュタイン・ハルデンベルク改革の一つとして新設された内閣制から学んだものである。ちなみにプロイセン国において宰相が国政の基本方針を決定し、自分の責任においてその実現に努めるために各省大臣を「総督」する大権に関する規定は、ワイマール憲法第56条（ライヒ首相は政治の基本方針を決定し、…）、そしてボン基本法第65条（連邦首相は政治の基本方針を定め、それについて責任を負う」という形で継承されている。そして、「内閣職権法」第一条「内閣総理大臣ハ各大臣ノ首班トシテ機務ヲ奏宣シ旨ヲ承テ大政ノ方向ヲ指示シ行政各部ヲ総督ス」の規定はその内容から見て、このプロイセン国の宰相権限を翻案したものと推量される。ところが、明治22年憲法の発布後に新しい「内閣官制」が制定され、「内閣職権法」第一条「内閣総理大臣ハ各大臣ノ首班トシテ機務ヲ奏宣シ旨ヲ承テ大政ノ方向ヲ指示シ行政各部ヲ総督ス」の《大政ノ方向ヲ指示シ行政各部ヲ総督ス》の文の内「大政ノ方向ヲ指示シ」の部分が削除され、さらに「行政各部ヲ総督ス」が「行政各部ノ統一ヲ保持ス」に変更されている。つまり、最高の政治的リーダーとしての総理大臣の地位が消極的に規定されているのである。「内閣官制」制定までの約3年間の間に憲法における天皇の地位との兼ね合いやその他の事情によって変更せざるを得なかったと見られる。この点については憲法を検討した後に考察することにする。

明治22年（1889年）2月11日に発布された大日本帝国憲法（以下、明治憲法と略す）は、日本国の特殊事情（天皇制国家）を前提にしてプロイセン国憲法をモデルにして制定されている。プロイセン国憲法は、本書第一章で述べているように、「半立憲主義的国家」の憲法であり、国民主権に基づく人間の基本的人権を保障する国家の基本法の近代憲法ではない。プロイセンが「半立憲主義的国家」であると言われるのは、立憲主義という用語の前の「半」が君主の絶対的な支配権とそれを究極的に支えている武官官僚制が憲法の制約を受けない憲法外的存在になっていることを意味するからである。すなわち、国民の代表機関の議会の影響力を限りなく極小化して、政府が議会のコントロールを可能な限り受けないようにした政治制度となっていることである。例えば、近代国家では当然議会が有している立法権はなく、議会は法律発案権および政府提出法案の賛成権と、予算協賛権しか与えられていなかった。さらに君主の「私兵」的性格を持つ常備軍については議会にはそのコントロールが及ばないようにしている。これは君主の「帷幄権」と称されている。明治憲法では、このプロイセン国憲法の「半」立憲主主義的特徴が受け継がれているばかりでなく、むしろその「半」の程度がプロイセンよりはるかに強い傾向を示している。というのは、武官官僚制の常備軍のみならず、文官官僚制も憲法外存在にしているからである。日本の憲法学会では、こうした君主の統治権が憲法の制約を受けない状態を「超然主義」と定義されている。内閣総理大臣の執政権に話を戻すと、明治憲法第4条に「天皇は、国の元首であって、統治権を総覧し、この憲法の条規により、これを行使する。」（現代語訳）に示されているように、国政の基本方針を決定し、それを自分の責任において各大臣を指揮して実現に努める権限とも言える執政権能は天皇に帰属されている。従って、総理大臣が執政に関して政治的リーダーシップを発揮する余地が明治憲法には消えて無くなっており、内閣に関する規定も存在しないのである。明治22年初めに明治憲法が発布された後の同年末に制定された「内閣官制」にはこのことが反映されていたのであった。すなわち、内閣総理大臣は「各大臣の首班」であり、そして「同輩中の首席」として「行政各部の統一を保持する」任務しか与えられていないのである。それに反して、各大臣は天皇に任免され、かつ担当省の方針や業務遂行に関しては天皇に対して単独で「輔弼」を行う「大臣単独輔弼制」が採用されている。このように、内閣総理大臣は「内閣職権」で規定されていた国政の政治的指導権は憲法規定や「内閣官制」には見当たらず、内閣を構成する各省大臣の首班として内閣の統一に努める役割しか認められていない。要するに、内閣は最高の執政機関ではなく、あくまでも天皇に対する各大臣の輔弼の任を全うするための方針を調整し統一すべく協議する統治組織となっていた。また内閣総理大臣の執政権に関する権限は天皇の統治権の総攬と相いいれないばかりでなく、上記のように、多元的な政治勢力の均衡の上に成立している当時の政府においては、強大な権限を持つ内閣総理大臣の存在はかえって諸勢力内の抗争を招く原因ともなり得るものと考えられたからであろう。

では、「内閣職権」において内閣総理大臣に与えられていた国政の執政権は天皇に帰属されているが、果たして天皇が実際にこの執政権を行使できるのか、の問題が提起される。薩長のリーダーは天皇を「玉」と称して、彼らの政治運営の正当化の手段としか考えていなかった。そこで、国政の執政権を実質的に彼らが行使するための迂回ルートを設置したのである。それは上記した「宮中と府中の明確な区別」と関連している。明治憲法では天皇の権力を絶対化し、その存在を神格化することによって、天皇の名の下に薩長のリーダーが「専制政治」を行うために、国政に関して天皇に助言し「輔弼」する人間と、侍補と称された「君徳培養」の重務を掌る天皇の側近とを明確に区別する必要があった。そこで明治10年に侍補制度が設置されるが、侍補の政治介入が見られ、12年に侍補制度が廃止になり、それに代わって大臣、参議が近侍輔翼の任に当たることになっていた。これを憲法上の制度にしたのが「天皇の諮詢に応え重要の国務を審議する」権限を持つ「枢密院」である。明治憲法制定当時において、初代内閣の各省の大臣の出身地を見ると、総理を含めて、宮内、外務、内務、司法の各省大臣は長州藩出身、大蔵、陸軍、海軍、文部の各省大臣は薩摩藩出身であり、農商務大臣が土佐、逓信大臣が旧幕臣である。政府の中枢において「大臣単独輔弼制」の採用によって社会における各権力集団が各省に拠って互いに自己の利益を貫徹するために権力闘争を展開し、この闘争を調整する役割しか総理大臣にはなく、その結果、国政の基本方針の決定とその執行という「執政権」について見るなら、それは「無力な」総理を頂点に頂く「空白地帯」に等しく、従ってそれはその中で権力闘争が展開される無責任な流動状態であったと言えよう。つまり、明治国家では政治的中枢が多元的に分裂し、国政においてはその時々において権力闘争に勝利したいずれかの権力集団が天皇の権威を利用して自分たちの利益を、国家権力を用いて実現する、諸権力の割拠主義が生まれる政治制度的仕組みが作り出されていたのである。

明治憲法によって以上のような特徴を持った内閣という行政権の頂点が形成されたが、立法権を担うはずの議会、すなわち下院（衆議院）は明治日本の「半立憲主義的国家」において、天皇の「超然主義」によってその本来の機能が閉塞状態に置かれていた。さらに衆議院の選挙制度としてプロイセンの悪名高い「三級選挙制度」が導入されていた。「三級選挙制度」は明治日本では「等級選挙制度」と言われ、一定額以上の納税者のみに選挙権が付与され、さらに人口の数パーセントの高額納税者が衆議院の多数を制するように設計されていた。こうした無力な議会はプロイセンではアダムとイヴの陰部を隠す「無花果の葉」と批判されていたが、明治日本でも同じく国民代表機関の衆議院はその構成において国民からはるかに遠く離れた存在であるのみならず、さらに貴族院によって制約されており、専制的な行政府の「立憲主義的」な装飾品に擬せられていたと言えよう。ともあれ、こうした明治憲法に基づいて創出された政府の各省大臣の指揮下にある行政組織、つまり官僚制度はどのような特徴を持ったものとして作り出されたのであろうか。

上記の太政官政府の下の各省はその業務を遂行する行政組織を各々創出して行ったが、大臣の命令を執行する官吏には士族（明治になって武士階級は士族と言われた）が採用された。例えば、明治４年の中央官庁の９省の官吏の約87％、そして十年後の明治13年の中央・地方の官吏の約74％が士族出身であった（辻　清明、１９５頁）。士族はすでに各藩において家産官僚としての経験を積んでいたので、統一国家の明治政府は、第二次大戦後に植民地から解放された発展途上国の未成熟な行政組織と比較するなら、まがりなりにもその行政活動においては順当に機能したと言えよう。上記のように、明治19年（１８８９年）の本格的な内閣制度の発足と共に、各省官制が整備され、中央官庁が完成した。その際、任用される官吏の身分は天皇との距離を基準にして勅任官（そのうち特に位の高い者が親任官と呼ばれる）、奏任官、判任官の三つに分類された。勅任官は天皇が自ら任命する官吏である。局長級以上の総理大臣の秘書官などの官吏である。奏任官は総理大臣が天皇に上奏して任命する官吏である。部課長級の高級官僚である。最後の判任官は各省大臣が総理大臣を通じて上奏し、任命される下級官僚である。このように、官吏の間には厳格な身分序列が設けられ、勅任官と奏任官は高等官と称され、官僚制度の中枢を占めるエリート層を形成した。この三つに分類された官吏の下に、行政組織の第一線の末端に置かれた雇人、傭人がいる。雇人は高等小学校（今日の中学に相当する）程度の学歴で官吏と共に行政事務に従事する事務員であり、傭人は義務教育（小学校）終了後、単純業務に従事する現業員である。次に各省の職務上の指揮命令系統は、スタッフ機能を担当する機関の創設や廃止などの若干の変更があったが、基本的に上から、局、部、課、係という審級秩序となっていた。

明治20年（１８８７年）に「文官試験試補及見習規則」並びに「官吏服務規則」が公布された。それまで官吏の登用はいわゆる「情実人事」であったが、文官は高等試験と普通試験に合格した者が任用されることになった。資格者の公開試験による採用、つまり「資格任用」制度（メリット・システム）が導入されたのである。第一章で紹介したように、アメリカではメリット・システムを定めたペンドルトン法が成立したのは１８８３年であるので、明治日本では約五年遅れて導入されており、注目に値する。もっとも、この時点では、官立大学、官立中学の卒業生は無試験で官吏に登用される一種の抜け道が用意されており、完全なメリット・システムの採用ではなかった。ともあれ、このように官吏の資格任用制度が導入された以上、専門の能力を有する人材を公開試験で任用する方向へと進まざるを得なかった。ナポレオンがフランスにおける近代官僚制度の確立事業において、専門能力を持つ人材を養成する特別の専門学校を創設したように、近代官僚制度の確立はそれを運用する専門能力を持った人材の育成と表裏の関係にあり、どの国も高級官僚養成を目的とする学校を官僚制の確立と同時に作り出しているのである。明治日本もその例外ではなかった。高級官僚養成を目的とする学校の役割を果たしたのは明治10年に創立された東京大学である。

明治日本の国家目標は、その自主・独立を守るために西洋列強の近代国家システムをまず導入し、その後に一部侵害されている国家の自主・独立を回復させた後、西欧列強に伍して東アジアにおけるヘゲモニー闘争に一定の地位を確保することであったと推量される。この目標を実現するために、欧米列強の発展の歴史から学んで「殖産興業」「富国強兵」の目標が設定された。この目標達成のためには、それぞれの分野において専門知識と能力を持つ人材が不可欠であった。そこで人材確保の両面作戦が展開された。第一面は各分野において欧米から専門家を招いてまずはその指導の下に業務を始めること。第二面は欧米から招いた、いわゆる「お雇い外人」の専門家の指導の下に業務が軌道に乗る間の期間を利用して、海外に優秀な学生を欧米に留学させ、専門家を養成し、彼らが帰国して「お雇い外人」が指導している業務を引き継ぎ、自立化することであった。この人材確保の両面作戦は中央官庁の各省のみならず、社会のあらゆる分野において展開された。このように、明治日本における近代国家確立事業は、一言で言い表すなら、「欧化政策」の実現そのものであったと言えよう。

教育分野におけるその成り行きを見てみよう。幕府の外国事情に関する調査・研究機関であった「蕃所調所」に所属していた欧米事情に関する知識を持つ幕臣の学識者は、明治日本では啓蒙思想家として政府に登用され、明治国家の確立において重要な役割を演じている。東京帝国大学の前身は、実はこの「蕃所調所」であった。明治10年に「蕃所調所」を母体として、この調所出身で、明治天皇にドイツ国家学を教授し、その講義録を『国家汎論』という著作で公刊している著名な加藤弘之を学長とする東京大学が創設された。教授陣は雇われ外人の教師が多数であった。例えば、政治学は明治14年からアメリカ人のフェノロッサが教え、行政学はドイツ人のラートゲンが教えた。お雇い外人の教授は英語で講義した。従って、学生達は二・三年間「予備校」と称されていた英語学校で英語を学んだ後に入学している。明治30年代頃に日本人の研究者が海外留学から帰国して教授陣に漸次加わることで、講義も日本語で行われるようになった。明治19年に内閣制度の導入と各省の整備の段階に入り、欧米の国家運営に関する学識を持つ専門家の官吏の養成が国家的課題となり、この課題を遂行する大学として東京大学が選ばれ、同校は官吏養成の専門大学として改組されることになった。そして名称も「東京帝国大学」に変えられ、高級官僚養成の専門学校としてそのカリキュラムも大幅に変更された。プロイセンにおいて官僚の統治技術とされている「法律学」が最重要視されるようになっていた。プロイセンでは、英米の近代国家の形式的な側面は採用されても、その実態は官僚が統治する国家である。というのは、英米では近代国家の基本は国民代表が制定した「法の支配」であると言われていたので、プロイセンではこの形式的側面のみを取り入れて、「法の支配」は「法治国家」(Rechtsstaat)と言い換えられた。「法治国家」とは法律を制定するものが君主であれ、あるいは議会であれ、とにかく制定された法律に基づいて統治される国家を意味した。従って、国家の統治、つまり行政は法律に基づいて行われることになる。こうして「法治国家」は「法律に基づく行政」と解釈され、法律学が官僚支配の「技術」とされるようになったのである。このプロイセンの官僚統治のやり方が模倣され、東京帝国大学では法学部が高級官僚養成機関として最重要視されるようになった。上記の通り、東京帝国大学が創立された翌年の、つまり明治20年に公布された「文官試験試補見習規則」では、東京帝国大学卒業生は高等試験が免除され、官吏に任用されることになっていたのである。それまで薩長藩閥の「情実人事」(patronage) によって官吏は主に士族から採用されていたが、公開試験による合格者のみが官吏に採用されるメリット・システムが導入される方向が定められた。これに伴って、これまでの藩閥的構成から学閥的構成への転換が図られて行くことになるのである。

明治日本が欧米流の近代国家の確立を目指している以上、社会構造も当然西欧化へと転換を図らざるを得ないので、その転換を指導する西欧の学識を持った新しいエリートの養成が国家的な喫緊の歴史的課題として提起されていたと見られよう。この歴史課題を果たすことが期待されていたのが東京帝国大学をはじめ、その後創設される官立大学であったことは言うまでもない。行政の分野に限って見るなら、こうした新しいエリート養成の教育制度の整備と並行して、新しいエリートを官吏に登用する制度の完備も急がれた。上記の通り、明治22年（１８８９年）に明治憲法が公布されたが、憲法第10条には天皇に行政各部の官制及び文武官の俸給を定め、そして文武官の任免を行う「官制・任官大権」が付与された。そして第19条には「日本臣民は法律命令の定める資格に応じ均しく文武官に任ぜられ、およびその他の公務に就くことができる（現代語訳）。」と規定されているように、すべての国民も資格試験に合格さえすれば身分を問わず誰でも文武官およびその他の公務に就くことが可能となった。それまで作られていた官吏登用制度はこうした憲法の規定と適合させる必要性が生じ改められて、明治26年（１８９３年）に「文官任用令」と「文官試験規則」が新たに制定された。それによってそれまで取られていた官立大学卒業生の無試験任用やその他の「情実人事」的規則は廃止され、奏任官以上の官吏の任用に関しては公開試験によることが原則となった。奏任官は高等文官試験、判任官は普通文官試験に合格した者を各省が採用するルールが確定された。

但し、勅任官は自由任用とされた。高等文官試験合格者は「高文組」と称され、東京帝国大学法学部卒業生が多数を占めた。試験委員が法学部教授であったので、法学部卒業生が多数合格するのは当然の結果であったと言えよう。こうして、今日でも行われている、官界でスピード出世する「キャリア組」が誕生することになった。高級官僚は、その地位にふさわしい俸給が支給された。例えば、局長と末端官吏との給与の差は47対1ぐらいであった（辻　清明、57頁）。今日の観点から見ると想像もできないぐらいの超高額の給料が保障されていたのである。こうして、高級官吏となった学識エリートは社会的特権と超高額の給料が保障され、新しい支配層を形成することになった。つまり、東京帝国大学法学部に入学さえすれば誰でも社会的「栄誉の源泉」である天皇の忠実な臣下になり、富貴栄華を享受することが可能となり、それへの入り口が一般国民に開かれることになったのである。それと共に、明治日本では社会的身分上昇への道が庶民にも開かれ、このルートを通じて中産層の「立身出世」を望む人材が政府に吸引されることになる。こうして国家の欧化政策と個人の「立身出世」とがリンクして一定の社会的流動性が生み出されて行った。つまり、封建的な身分制は学識的身分制へと切り替わり、国家の最高のエリートへの道は官僚技術としての法律学を修得した東京帝国大学法学部出身者という学識エリートとなる道であり、その道は一応志のあるすべての臣民に開かれていたのである。とはいえ、この新しいエリートになる仕組みを熟知している長州藩の山口県はいち早く奨学金制度を設けて同県出身者を帝大へ入学させる制度作りを始めているところから見ると、明治維新を成功させた「西南諸藩」の地域の出身者がより多く帝大に入学する比率が高い理由の一端が垣間見られるのである。

これまで文官官僚制の形成過程を見てきたが、それと対を成す武官官僚制の形成過程を見ておきたい。明治維新が西南諸藩の軍事力による徳川幕府政府の制覇であったことから考えるなら、武官官僚制の形成が明治初期であったことは容易に推量されよう。明治の新政府は西欧諸国が常備軍の兵卒を徴兵制度によって調達していることを知って、まず明治6年（1873年）に徴兵令を発布し、それに基づいて20歳以上の男子を兵卒として徴募し、近代的な軍隊の創出に取り掛かった。次に軍隊を指揮する将校団が当然必要であったので、翌年（1874年）に陸軍士官学校を東京の市ヶ谷に創設した。三年後の西南戦争において強兵の名高い武士団の西郷軍を打ち負かしたのはこの百姓が主体の近代軍隊であったことは語り草になっている。ここにすでに近代的に編成された軍隊の威力が証明されているのである。次に海軍であるが、維新以降も、幕府の海軍を主体とする残党が北海道の函館を拠点に抵抗を続けていた状況の中で、明治2年（1869年）に海軍将校を養成する「海軍操練所」が開設され、それは翌年（1870年）に海軍兵学校と改称された。このように、明治の初期にすでに近代的な常備軍の創出とその幹部の将校団を養成する陸海の専門学校が創立されていたのである。言うまでもなく、常備軍の指導権を掌握していたのは薩長であった。両藩の間で分業が合意され、陸軍は長州閥が、海軍は薩摩閥がそれぞれ指導権を掌握した。そして、軍隊の近代化のモデルとして、海軍はイギリス海軍を選び、陸軍はフランス陸軍を選んだ。ところが、陸軍に関して言えば、上述のように、明治14年の政変で明治国家の採択される近代国家モデルとしてプロイセン型が決定された後に、長州閥の陸軍指導部の間で陸軍の軍制をプロイセン軍制に変えるべきであると主張する勢力が台頭し、最終的にプロイセン軍制がモデルとなった。その過程においてプロイセン軍の特徴である参謀本部が設置され、参謀将校を養成する専門学校として陸軍大学が明治15年（1882年）末に設立された。こうして武官官僚制の中核部分が誕生したが、それを掌握したのは薩長の下級武士出身の新興政治エリートであった。従って彼らが管理・運営する明治国家は、常備軍によって支配されている「軍事国家」という側面をも有していた点は忘れたらないであろう。上記のように、常備軍は天皇の「私兵」として憲法外的存在になっており、天皇の統帥権は絶対的な権限とみなされていた。このような特権を有する陸海軍は内閣においてそれぞれを代表する陸軍大臣と海軍大臣は現役軍人であるべきであるという主張が通り、政府の方針が軍の考えと異なる場合、内閣に大臣を出さないという出来事がしばしば起こり、一種の「拒否権」集団と化していた。そして、後に、東アジアにおいて欧米列強とヘゲモニー争いに参加し始めると共に、軍隊の発言権がさらに強まり、軍国主義国家へと変性して行くのは明治国家における常備軍の形成過程においてすでに胚胎していたと見られよう。

近代国家の行政組織の確立過程における最後の事業は、言うまでもなく全国を統治する中央集権的な地方行政制度の確立であろう。明治４年（１８７１年）に廃藩置県後に、上記の通り、徳川幕府領は京都、大阪、東京は府、その他は県と名称を改め、さらに他の藩もすべて県に改められた。末端の行政区はそれまで多様であったので、順次に整理・統合されて今日の市町村の形に近くなるのであるが、それまでは幾多の改革があった。廃藩置県と同時に、戸籍法の近代化、新貨幣の発行が行われ、そして徴税組織の整備も行われた。その一環として明治６年に地租改正条例が公布された。地租とは、田、畑、宅地、山林その他の土地から生じる収益に課する税である。封建制の廃止に伴い土地の所有関係が近代的な所有関係に変換され、土地を持つ地主層と、当時は主たる産業が農業であったので、田、畑を借りて農業に従事する小作人層に人口が二分されるようになった。こうして。末端の行政区においては、かつての村落の名主、庄屋、年寄が藩の徴税や上からの藩の命令に対してそれを執行する家産官僚の行政行為に協力する形の「自治」が行われていたが、そうした「自治」、つまり中央政府の事務の処理に参与し、その経費を負担する形の「自治」が継続された。そのこともあって、府県郡市を国の行政区画とし、村落は町村に改め、「自治」の区画にした。明治11年（１８７８年）に、郡区町村編成法、府県会規則、地方税規則が公布され、それに基づいて地方行政制度のさらなる整備が行われた。国税と地方税を分けたことで、地方税で支弁する経費の予算とその徴収方法を議定する議会を新たに設置することになり、各段階の地方行政機関に議会が設置されることになった。明治14年の政変以降、明治国家のモデルとしてプロイセンが選択されるや、地方行政制度もプロイセンの型に改められることになる。こうして地方行政組織の改組が必要になり、ベルリン大学のグナイスト教授の弟子のアルベルト・モッセ（Albert Mosse）が招聘され、プロイセンの地方行政制度の導入が図られた。当然、明治憲法の公布に備えて、地方行政制度の整備も急ピッチで長州藩出身の山県有朋内務大臣の下で進められた。こうして、明治21年に市町村制を、次に23年に国会開設を前にして府県制と郡制が制定された。国会の関与できない勅令で地方官の制度が定められ、府県知事には内務省の指揮命令下にある地方官が任命された。地方自治体に対する国政事務の委任は法律に基づくべきであるというモッセの主張が退けられ、法律以外に勅令・命令で中央官僚が一方的に委任できる体制も作られた。次に、各段階の議会の権限が大幅に制限され、さらに等級選挙制で議員が選出された。知事以下の地方官は中央政府の各省の下位機関に位置付けられ上下の階統制が形成された。プロイセンの地方行政制度の特徴は府県と末端の市町村との中間段階に末端の市町村を直接に統制できる機関として郡長を置いているが、この制度も導入された。国会開設以降、漸次政党政治の勢いが盛んになり始めると共に、官界に政党の侵入を防ぐ目的で、明治32年には文官任用令を改正して、官吏の自由任用が可能な勅任官の任用は判任官から昇進した官吏に限定する制度に改められた。これによって、政党員の知事就任の道を閉ざした。その後も府県会、郡会に政党勢力の進出に対抗して知事や郡長の権限を強化する方向で、府県制、郡制、文官任用令の改正が続けられた。

以上、明治国家という日本的な近代国家の行政組織の形成過程について概観した。では、次にこのような行政組織体制を整えた明治日本はどのような行政活動を展開したのだろうか。その軌跡を簡単にフォローすることにしたい。以上見てきたように、「半立憲主義的国家」と言われている明治国家は、その実態はプロイセン国よりも天皇という君主が絶対的権力を保持する半絶対主義国家として形作られていたと見られる。従って、行政の目的とその在り方は政治によって決まるわけだから、戦前期の近代日本が展開した行政の類型は、基本的には「君主などの支配者のための行政」であったことは言うまでもなかろう。すでに第一章で述べたように、すべての政治的組織体はそれが存続して行くために経済的基盤の確立・維持及び社会インフラの構築・維持に関する行政活動を展開する。

これは基幹的な行政活動である。明治日本も欧米列強による植民地化の脅威という強迫観念から欧米列強に対抗できる近代国家体制を確立すべく明治維新以降「上からの近代化」政策として「殖産興業」、「富国強兵」を断行した。その際、政策策定・実行を担う政府機構の構築と並行して政治的組織体の基幹的な行政活動が展開されている。まず、経済的基盤の確立の面では後発国の利点を大いに活用している。つまり、後発国は、産業政策の観点から見るなら、先進国の基幹産業、並びに技術革新によってその後の未来の基幹産業となり得る業種——特許は得ているが未だ実現されていない産業——を取り入れて短期間の内に先進国に経済的には追い付くことができる利点を有している。当時の欧米の基幹産業は石炭採掘と製鉄業であった。明治３年（１８７０年）末、工部省が設立され、それが司令塔となって、鉄道、鉱山、電信、製鉄などに関する当時の先端技術の導入が図られた。注目すべきことは、約30年遅れることになったが、明治34年（１９０１年）にようやく石炭の埋蔵量が豊富な北九州の八幡の地に製鉄所を創設することに成功した点であろう。「鉄は国家なり」の時代に八幡製鉄所の創設は明治日本が飛躍的に経済発展する土台となったことは言うまでもない。

ところで、石炭採掘・製鉄業の他に造船業などの経済基盤の確立と社会インフラの構築のみならず、農業社会から工業社会への資本主義経済を離陸させるためにも膨大な資金が必要であり、その資金は当然徴税、公債発行で賄うが、それでは十分ではないので外国から借款も得ている。次に、当時欧米が欲しがっている絹糸の生産など繊維産業の育成・保護にも努め、絹糸の輸出によって資金の調達に努めている。諸業種の官営企業の経営が軌道に乗り出し始めた明治13年に「官業払下げ規則」が制定されて、「官業官営」の産業は漸次民間に払い下げる方針が決定された。明治６年（１８７３年）に設置された内務省は工部省の事業を引き継いでいたが、行政業務の分業が進み、内政の総轄官庁として、つまり「ポリス」業務の担当省として、労働、衛生、治安担当の警察、地方行政、土木などの行政分野を主宰するようになった。次に、社会インフラの構築は農商務省、通信網の確立と拡大は逓信省がおのおの担当した。徴税業務と金融業務は大蔵省が担当した。こうして、軍事部門以外は、一応、政治的組織体としての明治国家の基幹的な行政活動がおのおの専門分野の各省大臣の指揮命令下において展開された。軍事部門を別にするなら、経済基盤の確立と社会インフラの構築は「殖産興業」政策の成果として一応完成へと向かう。そして明治27年（１８９４年）から翌年にかけての日清戦争、および明治37年（１９０４年）から翌年にかけての日露戦争を前後して勃発した産業革命を契機に、明治日本は資本主義経済システムの確立に成功することになり、経済的にも欧米列強と並ぶ地位に迫った。

明治日本は、上記したように、欧米列強による植民地化の危険性を避けるために可能な限り一日でも早く「上からの近代化」を図り、体制が整い次第東アジアにおける欧米列強の間の覇権争いに加わり一定の地位を確保することを目指していたと見られる。そのために、ナポレオンに敗北したプロイセンが国家再建を目指して軍隊をナポレオン軍と同様に「国民軍」にすべく徴兵制を導入したように、上述の通り、明治初期に徴兵制を導入している。そして軍艦をはじめ近代的武器は八幡製鉄所が稼働して自前で武器製造が可能になるまでは欧米から購入している。例えば、日清、日露の両戦争に使った軍艦はイギリスから借款で購入したものであった。モーゲンソーが『国際政治』(H. J. Morgenthau, Politics among Nations. The Struggle for Power and Peace, Fifth Edition, 1978.)〔現代平和研究会訳、福村出版、１９８６年、71頁。〕の中で、一国がその独立を維持するために、権力政治が常態の国際社会において、まず軍備、次に仮想敵国との戦争に備えての内外における基地の設営、最後に仮想敵国を同じくする諸国との同盟、この三つを国防政策として挙げている。このモーゲンソーの主張通り、明治日本も、軍備拡大、国内の軍事基地の設営、ロシアの南進政策に対抗する点で共通の利益を有するイギリスとの同盟の締結、という国防政策を展開している。

ところで、こうした国防政策を展開するにあたって前提条件が整ってなければならない。その前提条件とは国家を守りたいと思う「国民」の創出である。西欧を見るなら、絶対主義国家がその支配領域内の諸人種から成る住民に国王の命令が到達し、彼らが国王の命令に従って行動できるようにするために、国王と末端の人民との間の意思疎通が可能なコミュニケーション手段が創り出されていなくてはならなかった。共通の言語の創出、つまり「国語」の制定である。次に、この「国語」を介して人民の間に国王を中心とする「国家生活」を「経験」しながら、「国家生活」に関する共通の「物語」を作り出して文化共同体を作り出すことである。このように、絶対主義国家は幼児から成人に至るまでの社会化を担う教育制度を完備させて「国民」の前提となる「文化共同体」の創出に力を注いだのである。明治日本の初期には、日本に居住する住民の帰属先はそれぞれ生まれ育った藩であった。これから創出されようとする「大日本帝国国民」ではなかったのである。従って、明治政府は、帰属意識の異なる住民を、天皇を「家長」とする大家族という「国家」の「国民」に仕立て上げる必要があった。その手段は、西欧の絶対主義国家から学んで言語の統一政策、つまり東京の山の手の言葉を「国語」とする政策の実施であった。次に、この統一された言語を通じて、「大日本帝国国民」であるとの意識を上から教化する手段としての近代的な教育システムの構築であった。幼児から青少年になるまでの期間は義務教育として、その後はその能力に応じて進学できる中・高等学校、大学校が設置された。

上述したように、伊藤博文は明治15年に半年間「憲法取調べ」のためにプロイセンでビスマルク宰相やウィーン大学でシュタイン教授などから国家創設の秘策の伝授を受けていた。シュタイン教授などは次のように伊藤に語ったという。国家の安定・発展の基礎は社会の安定であり、社会の安定は人民が道徳律を遵守することにある。言うまでもなく、西欧では人民の行動をその内面から反社会的にならないようにさせている道徳律はキリスト教会が幼児の段階からキリスト教の教義を教え込み、反社会的な行動をとらないように社会化させる任務を遂行している。日本にはいかなる宗教があるのか?と問われた、という。伊藤は西欧のキリスト教のような一神教が存在しないので、人民をその幼年期から道徳律を植え付け、それを人民すべてに遵守させて社会の安定に資するような西欧のキリスト教が果たしている機能を担う、つまり「機能的等価物」(functional equivalent) が日本には存在しないのか、と自問し、天皇が人民に道徳律を授ける形で人民を幼児期から道徳律で教化させる一種の「天皇教」の創出を思いついたという。こうして、明治23年（１８９０年）憲法の施行と同時に、天皇の名で国民道徳の根源、国民教育の基本理念となる「教育勅語」が発布されたのである。

それを作成したのは明治憲起草者の一人の井上毅と天皇の侍補であった儒学者の元田永孚であった（両人ともに熊本藩出身である）。永田は儒教を基本とすべきであると主張したが、井上は道徳律の内容は儒教で良いが、明治憲法では信教の自由が保障されているので、宗教色は一切取り除くべきであると主張し、それが受け入れられて出来上がったのが「教育勅語」である。その内容は儒学の「三綱五常」を基本にしつつ、あわせて資本主義経済を基盤とする近代国家において国民が守るべき最低の道徳律を加味して合成されたものである。「三綱五常」とは、まず「三綱」とは「君臣、父子、夫婦の道」であり、「五常」とは孟子の言う「父子の親、君臣の義、夫婦の別、長幼の序、朋友の信」である。勅語の第一段では、天皇の有徳と臣民の忠誠が「国体の精華」であり、「教育の淵源」である点を示し、第二段では、まず「三綱五常」の一連の徳目を挙げ、次に共倹（謙遜）、博愛、就学就労、知能啓発、徳器成業、公益世務、遵法、就労の14の徳目を列挙して、この徳目を守って「天壌無窮ノ皇運ヲ扶翼スベシ」と命じ、第三段では、これらの徳が「皇祖皇宗ノ遺訓」に発し、永遠に遵守される普遍性を有している、と結んでいる。要するに、明治政府は人民に対してこれだけの徳目は最低でも守って欲しいと考えて教示したものである。この「教育勅語」は天皇を家長とする「家族国家」としての「大日本帝国」の正当性原理の表明でもある。

従って、その後、この「教育勅語」は天皇制国家の正当性を人民に教化する主要な役割を果たすことになる。国の祝祭日にはこれを人民が朗読することを義務付け、さらに学校には教育勅語の写しが天皇の「御真影」（天皇・皇后の写真〕と共に奉安殿・奉安庫などと呼ばれる場所に保管され、毎日礼拝することが義務付けられ、さらに小学校では歴代天皇の名前と教育勅語が暗記させられることになった。こうして、上から「大日本帝国」の「国民」意識が植え付けられ、あわせて天皇を中心とした国家生活の「物語」が作られて「愛国心」が人民の心の中に漸次埋め込まれて行ったのである。西欧では、絶対主義国家において多様な人種が共通の歴史的経験、共通の言語、共通の文化を共有することで「文化共同体」が生み出され、この「文化共同体」は「民族」と称されるようになるが、それがフランスの場合、大革命を契機に外国の干渉に対抗して政治的に行動するようになり、新しい国家の主体としての「国民」へと変性して行った。通常、この民族が自ら政治的に自覚して行動して国家の主体となって行く現象はナショナリズムと称されているが、明治日本では事情が異なっていた。明治日本では、国家が国語の制定、義務教育制度の確立、最後に天皇が直接国民に発する言葉の形をとった「教育勅語」を人民に教化することによって、上から「国民」を作り出して行った。従って、西欧では、絶対主義国家が自由主義、民主主義、そしてナショナリズムによってオーバーホールされて近代国家へと脱皮することになるが、明治日本では半絶対主義国家それ自体が上から「国民」を作り出し、絶えず「国民意識」の育成・強化を図っており、ナショナリズムは自由主義、民主主義と切断されて、国家主義、国粋主義という歪な形態をとるようになった。そして、それは国家の正当性原理ともなって行ったのである。

こうした「大日本帝国」の「国民」を作り出す業務は文部省の担当である。日本の教育制度の考案者は森有礼であった。彼は幕末期に薩摩藩からハーバード大学に留学生として派遣され、維新後に帰国した人である。啓蒙思想家の団体の明六社を設立し、明治15年当時ロンドン駐在公使であった。「憲法取調べ」を終えて帰国途中にロンドンに寄った伊藤博文に対して、彼は日本が西洋列強と張り合う近代国家になるためには、日本のエリートも列強の政治的リーダーと張り合える力量を持つ必要があるが、そのような力量を持つリーダーを養成する大学と「国民」

を作る小中等学校の二本立ての教育システムの構築を進言したという。森は、小学校から中学までの教育は天皇の命令なら喜んでおのが命を捧げられるような忠実な臣下として社会化させること、この基礎教育体系の上にある高等教育体系は、西欧型をそのまま取り入れるべきである。つまり、三年間の高等学校では「リベラル・アーツ」の教育、つまり、哲学、歴史、思想、文学、外国語を教授し、教養の面で西欧のリーダーと比肩できるように教育する。次に三年間の大学では専門教育を施すが、学問の自由は保障する。おそらく、大学を卒業した時点では、反体制的な考えを持つ者も出る可能性は排除できないが、小・中学時代に天皇制教育が魂の奥、骨の髄まで浸み込んでいるので、責任ある地位に就けば、天皇の忠実な臣下の日本のリーダーとして西欧の相手方と張り合うことができるであろう。この森有礼の日本の教育制度の設計案が採用されたことは忘れてはならないであろう。この森有礼と井上毅の二人が文部大臣として明治日本の教育体系を作り出し、彼らの指導の下に「大日本帝国」の「国民」が作り出されるが、彼らが大臣を務めた文部省は、「天皇教」の教化、それに基づく国民の心理的統合の主要な機関となったのである。

さて、明治憲法が施行された明治23年は西暦１８９０年である。世界資本主義は独占資本主義段階へと突入し、その前後に欧米列強は自由貿易政策から植民地獲得へ進む帝国主義政策を展開する。上述のように、明治初期には日本は半植民地状態にあったと見られる。欧米列強によって強要された不平等条約によって、外国人の居留する地域の治外法権、領事裁判権によって国家の主権の一部が侵され、不平等な関税制度が強いられていた。明治日本は、こうした不平等条約を撤廃させるための条約改正を国家目標に掲げていたが、欧米列強は条約改正の条件として三権分立制の立憲主義体制の確立を要求していた。明治20年代初めに明治憲法の制定とそれに基づく「三権分立制」の政府機構の整備によって政治制度面においては一応条約改正の条件が整うことになった。列強もそれを認め、条約改正に応じてくれたので、明治日本もようやくその自主・独立を守る体制を完成することになった。こうして、明治日本は、国内では新しい国家体制の確立に成功した。鎌倉幕府以降日本において政権を担当してきたのは武人、すなわち軍人であったが、こうした新しい近代国家体制の確立のリーダーシップを取った政治的エリートは、その軍人に属していたので、軍事的リアリズムに徹して、未だ対外的にその力を示す国内体制が確立していない明治初期にすでに新しい国家体制の整備と同時並行して、将来の仮想敵国のロシアの脅威に対抗する国防政策を模索し始めていたのであった。そして、ロシアとの戦争を想定した場合の戦線の基地となり得る隣国の李氏朝鮮をその影響下に置く外交方針が論議されていた。その現れが明治６年（１８７３年）の征韓論争である。欧米視察から帰国したばかりの指導者達は外征への国内体制がいまだ未熟であるとの理由で反対し、李氏朝鮮へのアプローチは中止になった。とはいえ、外征の目標は合意されていたのであった。従って、近代国家体制の確立と並行して李氏朝鮮を基地化する構想は堅持し、国内体制が少しでも整い次第実行に移す準備を怠っていなかった。

李氏朝鮮はその安全保障を宗主国の清に依存していた。その帰結として国家を守る軍隊、そしてそれを指揮する将校団の武官は政府内において力がなく、その代わりに支配層を形成したのは儒学の修得度をテストする科挙という国家試験合格者の文官であった。この儒学を国家の正当性原理とする「ミニ中国」がその国防体制においていかに脆弱であったかは16世紀末ごろの豊臣秀吉の侵攻が証明している。国防体制の脆弱性の原因はその宗主国へ依存性ばかりではなく、その国家の正当性原理の儒学そのものにもあった。儒学では、価値序列として国王への忠よりも親への孝が最上位に置かれていたので、君主を中心に一つの「国民」として外敵と戦い、国を守る「愛国心」が生まれようがなかったからである。明治日本も、徳川時代に李氏朝鮮から儒学を受容した際、この個人の忠誠の対象の分裂問題を回避するために君主への忠を親への孝より上に置くように日本的な儒学の解釈を施していたので、それが教育勅語に反映されている。国防体制の脆弱な隣国の李氏朝鮮への影響力の拡大政策は、欧米列強が日本に対して行った開国と不平等条約の強要という手段を今度は明治日本も李氏朝鮮に対して行使し、不平等条約の「日朝修好条規」を早くも明治9年（1876年）に軍艦外交で強要し、受諾させた。こうして李氏朝鮮は開国することになった。これを契機に李氏朝鮮内部でもようやくナショナリズムが知識人の間において自覚されるようになった。それと共に社会が動き出した。西南地方の農民蜂起の鎮圧を李氏朝鮮王朝は宗主国の清に懇請し、明治政府は座視せず、1894年に李氏朝鮮の支配権をめぐって清国との戦争へと突入した。日清戦争である。明治日本は一年後戦争に勝利し講和条約で朝鮮から清の影響力の排除、ならびに台湾の日本の植民地化に成功した。文字通り明治日本は帝国となったのである。こうして、明治日本は東アジアにおける欧米列強のヘゲモニー争いに一定の地位を確保することに成功したのであった。李氏朝鮮王朝内では対外政策を巡って支配層の内部で争いが生じ、深く入り込んでいる日本に対抗するためにロシアを引き入れようとする動きがあり、それが切掛けとなって、明治日本はロシアの南下政策に反対する点で共通の利害を有するイギリスと1902年に同盟を締結し、1904年にロシアとの戦争状態に入った。辛勝し、アメリカの仲介で一年後に講和条約を締結し、樺太の半分を日本が手に入れた。同時に李氏朝鮮を日本の保護国にすることをロシアのみならずアメリカも承認した。5年後に明治日本は李王朝の王族を日本の皇族として待遇し、日韓併合を推進した支配層のトップは華族にすると同時に巨額の賄賂を与え、李氏朝鮮を日本に併合することに成功した。そのやり方は戦国時代に大国が小国を併合する際によく使った調略の外国版であったと言えよう。こうして、明治日本も欧米列強と同様に植民地獲得に成功し、帝国主義国家の仲間入りを果たした。それと同時に、その地位を列強も認めて不平等条約の破棄に同意したので、明治日本はようやく半世紀ぶりに国際政治の中でその自主・独立性を確保することに成功したのである。

1912年は明治45年に当たるが、明治天皇が死去し、大正時代に入った。産業革命は進行中であり、欧米と比べて時間を短縮させて、近代日本は資本主義社会の確立を強行したために「圧縮した近代化」の歪みが現われた。農村から徴税しその資金を工業化に重点的に投下したために、農村は極度に疲弊し、小作人を中心とする貧農の農地改革運動や、工業化の成功と共に中間層と並んで膨大な労働者層も出現し、社会問題が一挙に噴出した。二年後の1914年8月に第一次大戦が勃発した。日本は日英同盟の関係上連合国側に加わり、ドイツ帝国と戦った。大戦中、日本はヨーロッパ戦線への軍事物資の供給で幼稚産業を成長させる好機に恵まれた。そればかりではない。1917年初めに中立国アメリカが参戦し、さらに同年末にロシアで社会主義革命が勃発し、その影響を受けたドイツ帝国内の社会主義運動の蠢動もあり、ドイツは敗戦した。パリ講和会議で戦勝国日本はドイツの中国における租借地の山東省の青島を手に入れ、さらに南洋のビスマルク諸島の委任統治権を得た。また将来にわたって戦争を阻止する国際機構としての国際連盟が設立されたが、日本は大国の地位が認められ理事会の理事国になった。こうして日本の国威は高まり、それと共に日本はアジアにおける唯一の近代国家としてのその存在感を示すことができた。歴史において「もしも」(if)という他の選択肢を考えるなら、それまで取って来た英米との協調路線を続けていたなら、日本は敗戦の憂き目を見ないで済んでいたかもしれないと見られよう。ところが、ロシア革命によってロシア帝国の力が中国の東北部、つまり満州から撤退し、力の空白が生まれた。日本の軍部も僥倖のように生まれたこの力の空白を埋めようという誘惑に駆られたのである。

ところで、さらなる植民地帝国へと発展する原動力の役割を果たしたのは軍事力である。1912年から始まった15年間の大正時代、そして、1926年から始まる昭和にかけて軍部の国内政治における発言権は巨大となり、政府は実質的に軍部によって動かされていた。とはいえ、日本の外では別の風が吹いていたのである。ロシア革命の成功による社会主義思想の世界大の拡大、そして第一次大戦後にアメリカが主唱する民主主義思想の全世界への拡大。こうした新しい未来を示す風が日本にも波及してきた。それは日本ではいわゆる「大正デモクラシー」の形態を一時とったことがある。ともあれ、日本では民衆は重なる戦勝に一方では酔い、その国粋主義的な心情を強める反面、戦勝を重ねても生活の苦しさは増すばかりであったので、現状批判の声を上げるようになった。それを背景に民衆の声を代弁する政党が力を持つようになり、一時政党内閣も出現し、さらに政党は普通選挙制度の実施を要求した。藩閥政府はその主張に応える形で西欧においても第一次大戦後に普通選挙制が導入されていたので、その先例に従って1925年に男子のみの普通選挙制を導入した。しかし、それと抱き合わせの形で民衆の現状批判の声が天皇制国家の変革へと導く可能性のある自由主義とその左のすべての政治勢力を禁圧する悪名高い「治安維持法」を公布した。それに基づき内務省内にいわゆる「特高警察」が設けられ、民衆の現状批判の声はそれによって抑圧されて行った。なかでも軍部の対外膨張政策、つまり軍国主義に反対する勢力は根こそぎ弾圧され、こうして日本は力の空白状態の満州へと軍事力を拡大し、ついに満州を大日本帝国の衛星国にした。その後さらに中国本土へと進出を図った。それと共に中国に既得権を持つ英米との間に対立が生まれ、1941年（昭和16年）末に日本軍のホノルルの東にある真珠湾急襲によって日米開戦へと進んだ。

軍部はすでに第一次大戦中、ドイツ帝国を中心とする同盟側のみならず、連合国側も総力戦体制を取っていることを知り、その実態を調査・研究するために調査団を欧州に派遣し、その調査・研究を基に日本における総力戦体制確立に関して研究を続けていた。さらに1920年代の中期から末期にかけて、ドイツに調査団を派遣して戦中の総力戦体制に関する研究も重ねていた。1931年（昭和6年）から満州国の創設が始まり、そこでは総力戦体制の考え方が実行に移され、商工省の「革新官僚」と称された文官官僚と武官との協力体制が創り出されていた。翌年の1932年から日中戦争が本格化すると共に、政府機構も戦時体制への編成が行われ、「総合国力の拡充運用に関する重要国策の審議や予算統制、総動員計画の設定・調整」を担当する省庁横断的な企画院が設置された。そして翌年、この企画院が策定した「国家総動員法」が成立した。同法は戦時における人的・物的資源の統制・運用、国民の徴用、総動員業務への個人・団体の協力、労働力の動員・労働条件の設定、価格統制、物資の生産、修理、配給、譲渡、消費などに関する命令、輸出入の規制、総動員業務に属する工場、事業所、船舶などの施設の転用・管理、新聞・出版物の掲載制限などを規定している。そして、同法の実施に際しては、各省に武官が文官を兼務する形で任用され、実質的に軍部が政府を動かす体制が敷かれた。ついに１９４０年（昭和15年）に軍部とそれと協調する改革派の官僚（新官僚または革新官僚と呼ばれた）を中心に「新体制運動」と称する総力戦体制への政治体制の再編が企てられた。それは、ドイツの第一大戦中のルーデンドルフ軍部独裁とナチ全体主義体制から学んだ軍・官テクノクラートによる「戦時社会主義」体制であった。政府の中枢部に陣取った軍・官テクノクラートは国民の総力を戦争目的へと集中させるために産業界と労働団体を再編し、それらをそのコントロール下に置くと同時に、一般大衆の最低限の生存を確保するために、一種の社会福祉政策をも実施した。言うまでもなく、それは一般兵士が銃後の憂いなく従軍できるようにすることが目的であった。とはいえ、この時期に導入された小作地の農地耕作権の保障やその収入の補填、借地・借家人の保護、疾病保険や年金制度の導入などの社会福祉制度は、戦後においても、その目的の点では変化したが、その実質は維持・拡充され、今日に至っている。次に、総力戦体制を確立するために、その他に行政面でも内閣総理大臣への権力集中を図る五相会議や首相の各省大臣の兼務制——東條英機首相は陸軍大臣を兼ねて軍部独裁制を敷いた——などが試みられた。特に上意下達の行政執行の能率を上げるために、昭和18年（１９４３年）には市長は内務大臣による任命制に切り替えられた。そしてそれまで東京府、大阪府、京都府は市と町村に分離されていたが、東京府に限ってそれが首都であるという性格を鑑みて、東京市の廃止及び東京府への吸収合併による東京都が設置された。

１９４５年8月14日に、日本がポツダム宣言を受諾し、敗戦を迎えるまで、この戦時体制は続いた。ヘーゲルが「ポリス」業務の一つとして貧民の海外への移民を挙げているが、この間、日本の多くの貧しい人々が一旗揚げようとして満州へ移民し、国内では食料も軍の統制下にあり、末期には配給の食料が不足し、豆かすが配給されてそれで飢えをしのぐ有様であった。さらに軍部は市町村を行政の補助的下部組織に変え、その末端の部落会、町内会、隣組を通じて「国民精神総動員」を実施し、一般民衆はその心まで統制され、戦争の道具扱いされた。さらに物資不足を理由に、貴金属や家庭で使われていた金属製品の供出も強要された。その一例として蚊帳をつるす真鍮の輪まで政府に供出を命じられたのである。

以上、日本が明治維新を契機に欧米列強による植民地化の脅威に対抗して近代国家の確立に向かい、その行政組織の確立と、それによって展開された行政活動の主要な側面を見てきた。日本は少なくとも百年か二百年がかかる近代化を30年ないし40年の短い期間内に成就している。その間に政治的組織体としての国家の経済的基盤の確立や社会インフラの構築、さらには対外的に戦争を繰り返しており、膨大な資金が必要であったことは言うまでもなかろう。経済史では資本主義経済が離陸する前提として、その資金的基盤作りの「原始的蓄積」、つまり「原蓄」段階が存在すると教えている。明治日本はこの「原蓄」は、国内の農民からの徴税では間に合わないので、まず未来の世代から借りる公債発行、次に外国からの借款で賄った。次いで、初めは台湾、次に李氏朝鮮を植民地にするに及んでローマ帝国が行ったように征服地からの収奪に資金源を求めた。その後、中国への戦争の拡大、そして日米戦争へ進み、巨額の戦費が使われ、その結果、本来政治的組織体の国家の維持・発展のための基幹的行政業務を賄う資金の戦費への流用によって、「入りより出の方が多くなり」、国民は、日本が帝国として大国化すればするほど貧しくなり、敗戦間際には、上述の通り、豆粕で飢えをしのぎ、さらに米軍の空襲によって命を絶たれるか、あるいは家を焼かれ、疎開せざるを得ない地獄を味あった。従って、戦前期日本は国内では民衆の収奪行政、そして外国においても収奪行政を展開したと見ても間違いなかろう。このように、半絶対主義国家となった戦前期の日本の行政は「君主などの支配者のための行政」がメインであると同時に、その末期には一種の収奪行政の展開があったと言っても過言ではなかろう。

2、戦後日本の行政の類型―「国民のための行政」―

歴史を振り返って見ると、日本社会の構造の持続力は極めて強靭であり、内部からの改革ないしは「内部からの入力」による革新の例は稀である。従って、世界の潮流が変わり、それへの適合において不都合な構造の改革ないしは革新の動きは内部からはなかなか起こらないように見られる。但し、外からの衝撃ないしは「外からの入力」があった場合には、不都合な構造の改革ないしは革新が実現されることもある。1945年9月2日、日本は連合国に降伏し、敗戦を迎えた。日本を統治することになったのはアメリカ軍を主体とする連合軍であった。その最高指揮官のアメリカのマッカーサー将軍が実質的に日本国の最高指導者の地位に就任した。アメリカの占領目的は日本の「非軍事化」と「民主化」であった。明治維新の時は、日本は外からの衝撃を受け、変化した世界の潮流への適合において自国の不都合な構造の改革ないしは革新を主体的かつ積極的に行った。ところが、「第二の開国」と称される敗戦に伴う改革ないしは革新、つまり占領軍による「非軍事化」と「民主化」という「外からの入力」によるそれまで築いてきた大日本帝国の構造の改革ないしは革新は止むを得ず他律的にかつ受動的に進められたと見てよかろう。

アメリカによって進められた日本の「非軍事化」と「民主化」という二つの占領目的は、敗戦二年後の1947年に公布された現行憲法の「日本国憲法」に反映された。もっとも、新憲法は、敗戦国日本の政治指導者による大日本帝国の基本構造を「民主化」の形式は受け入れながらも可能な限り存続させようとする最大限かつ必死の抵抗とアメリカの要求とのギリギリの妥協の産物であったと見られる。初めに国家構造の「民主化」の具体的な改革について見るなら、憲法論的に表現するなら、「民主化」とは君主主権の廃止、それに代わる国民主権の導入である。そしてそれに拠って専制主義的な天皇制国家制度を民主化することであった。その具体的な例は象徴天皇制の導入である。本来なら、国民主権の導入とは国家形態として共和政ということになろう。ところが、日本は天皇の存在を残すという条件を付けてポツダム宣言を受諾しており、天皇を残さなければならないという難題を解決する方法としてはイギリス、オランダ、デンマークなどの現代自由民主主義国家が採用している立憲君主制の導入も考えられた。しかし、イギリスの場合、国王の政治的影響力が極めて大きく、オランダ、デンマークでもイギリス国と比べるならそれほどは大きくはないが、ゼロではない。従って、立憲君主制では運用次第では君主が大きな政治的影響力を行使することもあり得る。さらに連合国の中のソ連は天皇制の廃止を主張しており、そのことを考慮するなら、立憲君主制の採用は避けた方がベターと考えられたと見られる。そこで、限りなく共和制に近い国家形態の中に天皇の存在を組み込む離れ業とも言える方策が採用された。それは、「天皇は、日本国の象徴であり、日本国民統合の象徴であって、その地位は、主権の存する日本国民の総意に基づく」という憲法第1条に具現されている。次に、立憲君主制では君主が「国事行為」を行うことになっているが、憲法第7条に天皇は「内閣の助言と承認により」行うことができるようにしてある。これにより機能面では立憲君主制が裏口から採用されたことになったと言えよう。次に「民主化」の第二の具体的な表現形態は、20歳以上の男女に普通選挙権が付与されたこと、そして三権分立制の導入に伴い、天皇が有していた「統治権」、つまり国家の最高権力は国民によって選出された議員から構成される議会に移り、さらに国家権力の内の行政権が議会によって選出され、議会にコントロールされる内閣に帰属されることになった点である。ただし、内閣の行政権は中央政府の行政活動に限定され、地方政府には及ばないことになった。というのは、行政面では戦前と比べて大きく異なる特徴の一つは、都道府県以下の地方公共団体に自治権が憲法第8章で認められた点である。その帰結として、憲法第94条には地方公共団体は「行政を執行する権能」を有することが規定されているのである。

「民主化」の第三点は、国民の基本的人権の尊重とそれを制度面で保障する三権分立制の採用であり、憲法第41条には、上記の通り、議会が主権者である国民の代表機関として「国権の最高機関であって、国の唯一の立法機関である」と規定されている。戦前と比べるなら瞠目すべき革新である。議会は、衆議院と参議院の両院で構成される。参議院は上院に当たり、戦前の貴族院を改組したものである。その選挙基盤は下院の衆議院と変わらない。とはいえ、両院制をとる以上、その利点を生かす趣旨から、参議院の場合、選挙区は全国区と都道府県の広域であるのに反して、衆議院の場合、２００１年に小選挙区比例代表並立制の導入までは中選挙区制が採用されていた。議員の任期も参議院は六年で三年ごとにその半数が改選されるが、国政の継続性を担保する機能を果たす意味では解散はない。それに対して、衆議院は主権者の意見を聞くべく重要な争点が発生した場合、内閣総理大臣は解散することができる。また不信任決議が議会で通過した場合、内閣総理大臣は、それに応ぜず、辞職せず、衆議院を解散することができる。衆議院の任期は4年である。最後に、「民主化」の第四の表われは三権分立制の採用によって、戦前には司法権が天皇にあったが、憲法76条に規定されているように、すべての司法権は裁判所に帰属するようになった。さらに、裁判所にはアメリカの例に倣って違憲立法審査権が付与されたのである。

次に、アメリカの日本占領政策の二つの目的の内の「非軍事化」は、まず実態面では、上記したように、戦前の武官官僚制とそれを支えた政治制度及び社会経済制度のすべてが廃絶されることによって実現され、次に、将来にわたって二度とアメリカに挑戦できないように憲法第9条の中に、次のように普通の国家ならどの国家も持つことが当然の筈の、自国を外敵から守るための「自衛」戦争の禁止をも約束させられている。すなわち、それは、憲法第9条第1項「日本国民は、正義と秩序を基調とする国際平和を誠実に希求し、国権の発動たる戦争と、武力よる威嚇または武力の行使は、国際紛争を解決する手段としては、永久にこれを放棄する。」および第2項「前項の目的を達するため、陸海空軍その他の戦力は、これを保持しない。国の交戦権は、これを認めない。」の中に示されていると見られよう。日本国憲法が「平和憲法」と称されるのはこの条文の故であり、そしてこの「平和憲法」を運用せざるを得ない現実が戦後日本という国家の姿である。実際、苛烈極まりない権力闘争が常態の国際社会においてこの「平和憲法」が指し示す通りに戦前の日本を革新した場合、日本は国際政治における権力の空白空間となるのは必至であろう。そこで、1951年にサンフランシスコで日米講和条約が締結され、一応日本は主権を回復し、独立国家となった。そして防衛の面では、武官官僚制の欠如の故にそれを代替する機制が必要となったので、第一に日米安全保障条約の締結で、それに基づいてアメリカ占領軍が引き続き駐留し、外国からの侵略についてはアメリカが代わって日本を守ることが取り決められた。次に、国内における内乱など、自由にして民主的な秩序の破壊をもくろむ勢力を抑止する任務は日本が担うことで了解された。それに基づいて、警察予備隊が創設された。ところが、その以前にすでに大戦終了後二年も経たずして冷戦が勃発しており、1950年6月には朝鮮半島では冷戦は熱戦へと転換していた。それと共にアメリカの対日政策も180度転換したのである。モーゲンソーが言うように、戦前の日本は、日本を守るために仮想敵国に備えて、第一に国内で軍備を充実させ、第二は内外に軍事基地を設け、第三に仮想敵国を同じくする諸国との軍事同盟の締結という国防政策を展開してきたが、アメリカも世界支配をめぐって覇権を争うソ連を仮想敵国と定め、東アジアにおける主要な基地国家として日本を選定し、その上講和条約の締結を契機に日米安全保障条約の形で軍事同盟体制を作り出した。こうして、日米関係はアメリカによる日本占領統治から、講和による日本の独立、そして国際政治の中では、日本はアメリの基地国家に位置付けられ、さらにアメリカの同盟国家の地位まで授けられたのである。

朝鮮戦争が休戦の形で一応終了した後に、国際政治の変化と共に戦後日本は、憲法第9条が指し示す「平和国家」への道と、アメリカの同盟国として果たすべき役割との矛盾を解決すべく解釈改憲を繰り返し、警察予備隊を保安隊から自衛隊へと模様替えし、事実上の再軍備を進め、今や軍事力では軍事大国の地位を築き、今日に至っている。その結果、アメリカの対日占領目的の一つの「非軍事化」は実質的には形骸化しており、政府機構、とりわけ行政組織の面でも戦前の陸軍省、海軍省は解体されたが、その代わりに今日防衛省がそれを継承している。

すでに第一章において、西欧諸国の多くにおいても国民主権の確立に伴い第一次大戦後に普通選挙制が導入され、それと共に自由民主主義国家へと変容を遂げ、さらに1929年の世界大不況後は社会福祉国家へと発展し、それに伴って、行政の在り方も「君主などの支配者のための行政」から「国民のための行政」へと転換して行った様相を見て来た。戦後日本でも、国民主権の確立とそれに伴う普通選挙制の導入によって、天皇半絶対主義的国家から自由民主主義国家への転換が「外からの入力」によって不本意ながら成し遂げられた。それに伴い行政の在り方も「君主などの支配者のための行政」から「国民のための行政」への転換が実現された。次に、この「国民のための行政」を担当する行政組織とそれを担う行政職員について、戦前の日本で確立されたものがどの点が「民主化」され、あるいはされずに継承されているのか、について見て行きたい。

戦前と違って三権分立制が採用された新憲法下では、国権の最高機関が国会であるために、国政の基本方針を決定し、それを実行する行政業務を遂行する行政府の首長の内閣総理大臣（以下、首相と略する）は、国会で選出され、この手続きを媒介にして国会の有する最高の国権を国会に代わって行使する仕組みが構築された。それはいわゆる議院内閣制である。バジョットがその典型のイギリスの議院内閣制の特質について、内閣とは「国権の最高機関の議会」の最高委員会であると述べているように、議院内閣は主権者たる国民の代表機関の議会の意思を実行する機関である。従って、その存続は議会の意向にかかっていると言えよう。国民の多様な意見は各種政党によって代表されるので、議会は通常主要な政党によって運営される。その結果、議会の多数の議席を持つ政党ないしは政党連合の代表が首相となり、政権を担当するので議院内閣制は政党内閣制ともと言われている。戦後日本では、講和条約の締結によって独立後は冷戦という国際政治の動向が国内政治にも反映され、その影響が強く作用して、１９５５年には自由民主主義体制を擁護し、国防は日米安保条約に依存する国政の方向を支持する保守勢力の合同政党の自由民主党（以下、自民党と略す）と、非武装中立、平和憲法擁護、将来の国の在り方としての社会主義を掲げる社会党の二大政党が出現し、両党による議会運営が進められた。この議会運営体制は「55年体制」と称されている。両院の議席差が大きくなく、両党間で政権交代が可能であるなら、イギリスのような議会制民主主義が機能する筈であったが、社会党の議席占有率が三分の一前後の状態が続き、その結果、自民党一党優位体制が定着した。それに伴い行政府、すなわち政府は自民党政権が継続し、その状態は20世紀末まで続いた。自民党内では憲法を改正し、戦前の日本のような「普通の国家」への回帰を目指す右派と、現行憲法は一応保持しながら、吉田茂首相が定めた「軽武装、経済成長」を国家目標に掲げる穏健中道派に分かれ、それぞれが派閥を形成して党内主導権を巡る権力闘争を展開した。有権者の動向や国際情勢の変化と連動して党内の権力闘争における派閥間の力関係が移動し、それに対応して首相を取り換える疑似政権交代が繰り返された。しかし、冷戦の崩壊や英米における新自由主義の台頭、その日本への伝播によって世紀の転換期には外の変化に対応して日本国を存続させるために「55年体制」の改革が必要であるという声が高まり、それを強く主張する勢力が自民党内にも広がった。その結果、「55年体制」も一時綻び、自民党に代わって共産党を除く非自民諸政党による細川政権などが誕生した。その衝撃を受けた自民党も新しい世界の潮流に適合するために体制の立て直しを行い、復権の兆しを見せ始めた。それは、社会党党首の村山を首相とする自民・社会党連立政権後を引き継いだ橋本内閣である。その間、非自民の諸政党間の離合集散があったが、自民党の復権を見て非自民の諸政党もそれに対抗すべく２００７年に民主党に合流した。そして２００９年の総選挙で民主党が圧勝し、再び政権交代が起こった。しかし統治経験の乏しい政治家の集まりの民主党政権は沖縄の軍事基地の移設問題や消費税引き上げなどで躓き、２０１２年末に解散・総選挙で、自民党が圧勝し、今日に至っている。その後、何回か総選挙があったが、民主党が分裂を重ね、野党は弱体化し、野党全体の議席数も総議席の三分の一以下に縮小し、再び新たな衣装をまとった「55年体制」の復活が始まった。与大野弱状態が続き、二大政党による政権交代の可能性は乏しくなり、その結果、自民党内の擬似政権交代劇が繰り返され、自公連立政権の行政府の存続が維持されている。

以上、大急ぎで戦後日本の政治過程を概観して来た。政治過程の動力の役割を果たす内閣は戦前の内閣制度が「民主化」の洗礼を受け、形式面では変容を遂げているが、しかしその実態においては継続面の方が大きい。換言するなら、内閣を頂点とする行政組織、つまり文武官僚制はアメリカの「非軍事化」・「民主化」の要求によってオーバーホールされたが、その際、その内の武官官僚制とそれを管理・経営する陸軍省、海軍省、および国民主権、平和主義と並んで憲法の三大政治原理となった国民の基本的人権の尊重を実現するために、戦前において自由主義やその左の政治勢力を弾圧し、さらに国民の基本的人権を軽視、抑圧して来た警察制度を管轄する内務省は解体された。従って、アメリカによる占領統治の権力手段に使われた文官官僚制は内務省や軍需省を除き温存されたのである。但し、残された行政組織も「民主化」の原理に基づいて再編されることになった。

まず、内閣制度から見るなら、内閣は、上述の通り、主権者の代表機関の議会からその有する「国権」の行使を委託される形でそれを行使することになった。主権者は変わったが、内閣制度は不変のままである。議会の多数によって指名・任命された首相は、14名から17名までの国務大臣を任命し、彼らと共に内閣を構成する。首相が主宰する内閣は、国政の基本方針を審議・決定し、それを実行する。戦前の内閣では国務大臣が行政長官を兼ねていたが、戦後の内閣制度でもそれは踏襲されている。「行政事務を分担管理する」行政長官を兼ねる国務大臣は「主任の大臣」と称され、行政長官を兼ねない国務大臣は無任所大臣と称される。次に、国務大臣は文民であること、そしてその半数は国会議員から選出されなければならない。戦前の内閣では各藩閥勢力がいずれかの省を掌握し、政府内で権力闘争が展開され、その最終決着の空間が内閣であったと見られる。従って、首相は閣内の統一、つまり藩閥間の利害の調整を図る任務を遂行するのが精一杯であった。それは、本章一ですでに指摘したように、戦前では統治権の総攬者が天皇であるために、首相には政治的リーダーシップを発揮できる権限が与えられていなかったからである。つまり、戦前では首相は内閣の「首班」に過ぎなかったのである。ところが、新憲法下では、首相は内閣の「首長」となった。そして、首相は国務大臣の任免権を有し、かつ行政各部を指揮・監督する権限も付与されている。さらに、戦後の首相はこのように強力な権限が付与されることになり、それに伴う首相の執政を補佐する機関も設置された。勿論、戦前でも、内閣秘書官制や幾つかの内部付属部局は存在していた。そして、敗戦後、新憲法実施時までは、内閣付属機関として戦後処理のための行政需要、つまり、戦災復興、物価安定、経済安定、新聞出版用紙割当、公職追放などの多くの業務を処理する部局が次々に設立された。それらの部局は１９４７年に新憲法施行と同時に総理庁に統合される。そしてそれは二年後の１９４９年6月に首相を「主任の大臣」とする総理府に生まれ変わることになった。総理府は、内閣総理大臣官房、恩給局、統計局、新聞出版用紙割当局、などから成るが、その他に、外庁には警察予備隊を手始めに既設の省庁で対応できない新たに発生・増大した行政業務を処理する官庁を次々に設置して行った。その数は増大の一度を辿り、本書第二部で取り扱う、２００１年に森内閣によって行政改革が実施された時に整理統合されることになる。なお、この総理府の外庁の長は国務大臣が就任し、それは大臣秘書室を除き省の行政組織と変わらないので、「大臣庁」と称された。また、省庁間の調整や政府の公報を担う、首相の執政を直接に補佐する内閣書記官制を受け継いだ内閣官房も創設された。それは国務大臣の内閣官房長官、副内閣官房長官から構成されている。内閣官房の事務は総理府内閣総理大臣官房が担当していたが、昭和32年（１９５７年）に内閣官房に専任の職人を置くことになり、総理府と内閣官房の事務分離が実施された。以上のような憲法上与えられた強大な権限を行使できる制度的条件を有する首相は今や議会においてその支持基盤さえ強固であるなら、政治的リーダーとして国政の基本方針を決定し、各省庁の行政組織を指揮・監督して、それを実現することが制度的には可能となったのである。ところが、上記の通り、自民党一党優位体制の下では、首相は党内派閥間の力関係の中で妥協の産物として選ばれるので、その自主性は「現実政治」的には大いに制約される。加えて閣議の決定方式として全員一致性が採用されているので、派閥間の権力政治の中で選ばれた首相は、各派閥の利害の妥協の産物の政策しか決定できない「弱い」首相にならざるを得ない状況も生まれている。憲法上の制度の上では「強い」首相がこのように「弱い」首相にならざるを得ないのには、また内閣を頂点とする文官官僚制との関係においても、もう一つの原因が存在するが、その点については後で述べることにしたい。次に、文官官僚制も「民主化」の波にさらされる過程について見よう。

行政職員は主権者への奉仕者、つまり主権者の使用人（servant）である。戦前では文官官僚は主権者の天皇への奉仕者として「官吏」と称された。そして天皇の官吏の集合体の文官官僚制は敗戦に伴って一時日本の主権者の地位に収まっていたアメリカ占領軍司令官マッカーサー将軍の使用人であった。そしてアメリカによる日本占領目的の「民主化」の推進においてその手足となった。それは、戦前の支配権力を構成した政界、財界、地主層の中の軍国主義に加担した勢力の一掃を目指すアメリカ占領軍の先兵となって公職追放、財閥解体、農地改革などを断行した。その後に、このアメリカ占領軍の権力手段に使われていたこの文官官僚制に対しても、アメリカは「民主化」に着手したのである。連合国のフーバー（Blain Hoover）を団長とする合衆国対日人事顧問団が作成した原案に基づく国家公務員法が昭和22年（１９４７年）10月に公布された。勿論、それは、原案に対しては文官官僚制が「面従腹背」の姿勢で臨み、表面的にはそれを受け入れながら、戦前日本の行政組織の根幹部分は残せるものは最大限残す形で対応されていた。とは言っても、原案はアメリカの行政組織の基本原則が適応されていた。国家公務員法は憲法、内閣法と同時に公布されており、憲法には行政職員については次のような新しい地位が規定された。

憲法第15条第1項には公務員（civil servant）の任免権は「国民固有の権利」であること、そして第2項では「すべての公務員は、全体の奉仕者であって、一部の奉仕者ではない。」となっている。つまり、行政職員はもはや天皇の官吏ではなく、国民全体の奉仕者であり、使用人（servant）であることが宣言されているのである。この憲法の公務員規定を受けて国家公務員法では、戦前の官僚制の非民主的な人事行政を民主化するために、公務員の人事管理を担当する新しい行政組織として内閣から独立した行政委員会の「人事委員会」が導入されていた。本書第一章においてすでに紹介したように、アメリカでは今日の連邦政府の行政組織は１９３０年代にニューディール政策を実行するために創出されており、それまでは大きな行政需要があった場合に、議会が「独立行政委員会」を設置し、大統領が行政職員を任命して行政需要に対応していた。そしてそれは与えられた分担事務の処理に際して必要な場合、準立法権と準司法権も付与されていたが、議会のコントロール下にあった。実は、この独立行政委員会制度が国家公務員法の中に導入されていたのである。その一つが公務員の統一的な人事管理を担当する行政機関が内閣から独立した独立行政委員会として設置されていたのである。その他にも行政の民主的統制が強く求められる分野でも、この行政委員会制度が導入されていた。国家公務員法には、第二に、アメリカの人事管理の手法の職階制（job classification）が導入された。職階制とはすべての行政職務をその種類と複雑さ及び責任の程度に応じて分類する人事管理の手法である。それは、要言するなら、職種を横軸、職級を縦軸にしたマトリクスを作成し、個々の職務についてその内容とそれを遂行する技能及び責任の程度を明らかにしたものである。従って、それは公務員の分類ではなく、職務の分類である。つまり、それは局長、課長、係長という地位の序列という行政職員の分類とは無縁の機能的な分類である。アメリカでは、上述の通り、スポイルズ・システムの弊害を克服し、行政の民主化と効率化を図るために、この職階制が創出されており、１９２３年には連邦政府職員の人事管理の手法として用いられていたものである。第三は、国家公務員法には局長、事務次官が政治任命職に組み入れられている。戦前日本では高等官、つまり課長、局長、事務次官は身分が保証された終身職の一般職に属した。それに対して、政務次官や国務大臣などは政治任命職で、一般職と区別して特別職と言われている。アメリカでは政権交代と共に、政治任命職の中央省庁の幹部級の局長、事務次官なども辞職する。このアメリカの考え方が取り入れられ、局長、事務次官が特別職の中に入れられていた。国家公務員法の第四の特徴は公務員も労働者とみなされ、公務員組合の結成、団結権、団体交渉権、ストライキ権など労働基本権が保障されている点である。最後に第五の特徴として、不良公務員に対する弾劾制度の創設である。こうした特徴を持つ国家公務員法はアメリカ・ヴァージョンの民主的な公務員制度の基本的原則によって戦前日本の官僚制度を「民主化」する方向を示した法律であり、もしそれが実施されておれば、半絶対主義国家の官僚制の特徴を持っていた文官官僚制の民主化になっていたであろう。ところが、国内外情勢の急変によって、この国家公務員法は改正されることになった。

国家公務員法の成立の間、フーバーは一時帰国していたが、再度来日して国会で成立した国家公務員法を見て、自分の原案に忠実ではなかったことに激怒した。彼は、日本では各省庁が独自に職員を採用し、年功序列型の運用を行い、それに伴い各省庁間の割拠主義（セクショナリズム）の弊害が常態化していたことを知り、それを克服する手段として統一的な人事行政が行われるべきであると考えて、独立行政組織として人事委員会の設置を原案に盛り込んでいたのに、その人事委員会の独立性とその権限が弱められている点、および公務員の争議行為禁止規定が削除されている点、この二点について改正を要求した。この要求を受けて同法の改正作業が始まった。ところが、その過程において、改正国家公務員法の内容はフーバーの原案から大幅に後退することになった。どうしてこのような事態が生まれたのだろうか。冷戦の勃発と共に、アメリカは将来の対ソ戦の基地国家としての日本の軍事戦略上の重要性を次第に強く認識するようになり、この時期に日本のより一層の「民主化」は国内の共産主義勢力を利することになると判断するようになっていたのである。その現れの一つは、昭和22年2月1日に日本共産党の主導するゼネストがマッカーサー元帥によって禁止された点であろう。治安維持法によって投獄されていた日本共産党の幹部はアメリカ占領軍によって解放され、アメリカが進める日本の「非軍事化」と「民主化」の恩恵を受け、急速にその勢力を拡大していたからである。アメリカによる日本の「民主化」の動きを見ると、その勢いはゼネスト禁止を境に次第に弱まり、それに歩調を合わせるかのように、外圧を撥ね退ける日本の復元力も少しずつ作用し始めるのである。このような世界の潮流の激変という内外の環境の出現によって、昭和23年（１９４８年）11月末に国家公務員法は制定後僅か一年余りで次のように改正された。第一は、人事委員会は、内閣の所轄とされるが、他の行政組織から独立した地位が与えられ、名称も「人事院」に改められた。そしてそれは国家公務員法の実施のための規則を独自に定める権限やそれ自体の組織の運営及び改廃の権限も与えられた。そしてその他人事財政面でもかなりの独立性が保障された。第二は、国家公務員の労働基本権は制約されることになった。第三は、特別職の範囲の縮小である。各省庁の局長、事務次官は元のように一般職へ戻された。こうして公式の行政組織は原則としてすべて一般職公務員によって構成されることになり、戦前の文官官僚制の基幹部分は温存されたのである。

この国家公務員法の改正と時を同じくして「国家行政組織法」も公布された。これによって戦前日本の行政組織は一応「民主化」の波に晒されたとはいえ、その基本構造は温存された。以上のような経過を辿って、アメリカによる日本の「非軍事化」と「民主化」という二つの占領目的実現の権力手段の役割を担わされた文官官僚制も皮肉にもそれ自体をも「民主化」の波に洗われた。しかし冷戦勃発という外からの「幸運」の女神の微笑に助けられて、戦前の文官官僚制にアメリカ連邦政府の行政組織の中の「独立行政委員会」という制度が接木されることになったが、その根幹部分は温存され、今日に至っている。

１９５０年6月25日、朝鮮戦争の勃発、そしてその翌年の講和条約の締結を経て、現代日本においては、戦前の国家の基本的構造は「民主化」の波に洗われ、改革されて行ったが、「行き過ぎた」と思われる部分においては

「復元力」が働き、その根幹部分は元へ戻す方向へと制度の調整が企てられて行ったのである。第一は、人事院の他に、行政の民主的統制の趣旨から設置された幾つかの行政委員会も改組された。その典型は国家公安委員会である。戦前の日本では特高などに象徴される警察権力による人権侵害が常態化していたが、憲法の政治的原則の国民の基本的人権の尊重を実現するためにも人権蹂躙の象徴であった警察制度の構造的改革が断行され、アメリカに倣って国家（＝連邦）警察と地方警察に分割され、さらにそれらは国民によって選出された代表から構成される国家公安委員会の監督下に置かれることになった。戦前日本の政府機構の根幹的部分の復元の方向――当時は、「逆コース」と称されていた――の中で、一時期、二つに分割されていた警察制度は国家公安委員会の監督下の警察庁に一元化され再編されて行った。そして国家公安委員会は内閣が任命した委員によって構成されることになった。その他の行政委員会も、例えば中央労働委員会は労働省に、公安調査委員会は法務省に、それぞれが各省の外庁の地位に組み入れられた。ちなみに、上記の通り、警察業務を分担管理していた内務省は昭和22年（１９４７年）12月に解体されていたが、昭和27年に自治庁として復活し、昭和35年に自治省に昇格した。同省は旧内務省出身者によって占められた。第二は、職階制の死文化である。職階制を実施する業務は人事院に属していた。ある行政組織の職種の中で、ある職務に勤務する職員がそれに見合う専門技能の所持者かどうかを基準にして管理を行う人事行政の手法はジェネラリストとして一括採用した後、各省庁が現場で職員の専門技能の養成を行う、それまでの日本の行政職員の人事管理の手法とはなじまないので、一応実施の努力はなされたが、実現されなかった。さらに、人事院の廃止案が何回か提案されたが、実現しなかった。そしてついに１９６５年の国家公務員法の改正によって、人事政策を遂行する業務は総理府に新たに設置された人事局に移管され、人事院それ自体の権限も縮小された。こうして人事院はその任務が国家公務員の毎年の給与水準を大企業のそれとの比較で調整する作業とその成果を内閣に勧告すること、国家公務員試験の実施という二大業務に縮小されて行った。第三は、戦前の文官官僚制は一応「民主化」の波に晒されたにせよ、それが従来持っていた政策形成・決定・執行の基幹的組織としての機能は温存された点である。一言で言えば、文官官僚制においては、アメリカと違って「国政の基本方針の決定」に関してはボトムアップ方式が採用され、内閣は下から各省庁において積み上げられて来た「決定」に拘束されているのである。それによって首相の政治的リーダーシップの発揮が大きく制約を受ける場合がある。第四は、「キャリア組」の存続である。戦前日本では、行政職員は天皇の官吏として勅任官、奏任官、判任官というような身分によって分けられており、奏任官以上の官吏は高等文官試験の合格者のみが就任することができた。高等文官試験合格者は任官された後、短期間で課長、局長、次官へと昇進するコースを進むことができた。このコースを歩む人を「キャリア組」と言われた。この「キャリア組」は退官後には「天下る」ことで栄華を極めた。新憲法下では身分制は廃止になり、国民すべてが平等となったことから、高等文官試験、普通文官試験は廃止になり、それに代わって国家公務員試験制度が導入された。こうして、国家公務員は人事院が毎年実施するこの国家公務員試験制度によって採用されることになった。この国家公務員試験は第一種、第二種、第三種に分類され、受験資格者は、第一種は大卒程度、第二種は高卒程度、第三種は中卒程度となった。これはキャリアとノンキャリアを試験の種類に応じてあらかじめ決める公務員採用時における入口選別方式であるが、言うまでもなく、それは公務員のライフ・チャンスの差別化である。この方式が受け継がれたのである。実際、第一種試験合格者は「キャリア組」と言われ、戦前と同じような人生経路を辿る慣例はそのまま残されたのである。次に、人事院が国家公務員試験合格者を各省庁に配置するのではなく、合格者の任用は従来通り、各省庁が合格者の中で入省を希望する候補者について独自に試験を行い、採用するシステムも温存された。そして採用さると同一省庁に終身勤務することになり、官吏にとっては、省庁は「本籍」と言われるようになる戦前の慣例を踏襲している。その帰結として、各省庁の割拠主義（セクショナリズム）もまた存続することになった。ちなみに、「エリート官僚」と言われるキャリアの国家公務員の昇進過程を一瞥しておきたい。多くは今なお東大法学部出身者の彼らは、各省庁で毎年10～30人採用され、末端の職種に就くが、1～3年間の短期間で人事異動を繰り返し、およそ10年で出先や外郭団体の課長クラスに、そして20年で本省の課長クラスに到達する。つまり彼らは原則将来の幹部要員として比較的短期間の移動を繰り返しながら昇進し、同年次採用者数に見合うだけのポストがある段階まで進む。ここまではほぼ全員が昇進するが、その後はポストの数が減るので、選抜が始まる。それに勝ち抜いた者はおよそ30年で本省の局長に到達する。選抜に漏れた者は外郭団体や民間企業などに天下り、第二の職場で退職時まで働くことになる。局長にまで上り詰めた者の間に最終段階の次官レースが始まり、そして最終的に一人だけが次官としての栄冠を手に入れる。戦前では、その次に大臣の椅子が待っていたのである。戦後では、このコースは閉ざされているので、大臣になりたい野望を持つ官僚は課長クラスになった後、辞めて政治家に転身する者もいる。

行政組織に関して、最後に中央集権的な地方行政制度の変容について考察しておきたい。それも「民主化」の波に洗われた。憲法第8章（第92条から第95条まで）には、従来の中央集権制が改められ、地方分権制を導入する地方自治の基本原則が規定されている。内務省の統括下にあった都道府県と市町村は地方自治体に変わったのである。そして、これらの地方自治体は地方公共団体として団体自治権が付与され、さらに各級自治体の住民も自治権が付与された。それは、アメリカの地方自治体がモデルとされている。団体自治を行う各級地方公共団体の政府の組織原理としては、中央政府が議院内閣制であるのに対して、大統領制に近い原理が採用された。まず都道府県知事及び市長村長は直接普通選挙で選出される。次に、村を除く各級地方自治体の議会議員も直接普通選挙で選ばれる。従ってこの仕組みは二元代表制と称される。アメリカ大統領制と異なる点は、第一に、首長には条例案や予算案を議会に提出する権限が付与されている。第二に、首長に条例案拒否権が付与されている。第三に、首長は議会解散権をも有する。議会が首長の不信任案を決議した場合、首長は10日以内に議会を解散することができる。解散しない場合、首長は失職する。こうした特徴を持つ各級地方自治体の政府はその行政業務を実行するためにそれぞれ行政組織を整備し、公開試験によって毎年行政職員を採用して、その行政事務を遂行している。地方自治体に勤務する公務員は地方公務員と称される。その人数は国家公務員の約三倍である。次に、住民自治の原理としては、アメリカの基礎自治体と同様に直接民主政が導入されている。住民には、直接・普通選挙で行政を担当する首長と条例制定を担当する議会議員を選出して、地方公共団体の管理・運営を委任するばかりなく、もし首長および議員が住民の意思に反する行為を行った場合、いつでもコントロールできる権限、例えば条例の制定・改廃の請求権、役員の解職請求権、議会の解散請求権、事務監査請求権が付与されている。

こうして、戦後日本においては、制度的には「地域住民のための、地域住民による政治」、つまり自治が可能となったのである。ところが、憲法が実施されてすでに八十年近くになるのに、憲法で保障されている地域住民による直接民主政は実現されているのかと言えば、そうではないという部分が多い。それは、主権者としての自覚を持つ市民の数が増大していないところに起因しているのではないかと思う。現在、主権者である国民は、幕末まではお上に服従することしか教えられてこなかった。そして、明治期に入っては、さらに天皇制国家の確立と共に「教育勅語」によって臣民教育を骨の髄まで受けさせられて来たので、多くの国民が一夜にして主権者へと生まれかわることは不可能に近い難事と言えよう。アメリカの場合、市民は幼少の頃より主権者教育を受けているが、戦後日本では主権者教育の試みはあったが、「逆コース」が始まると共に、立ち消えになっており、直接民主主義を使いこなすまでには主権者としての市民の民主主義教育は進んでいないのが現実であり、その結果、地方自治制度が制度創設の趣旨に沿って十分に運用されていないのが現状である。そのこともあって、「逆コース」の進行と共に、地方自治制度の運用過程において実質的に中央主権的傾向が強まっていると見られる。実は、憲法第８章の「地方自治」の条文を制度化するための設計図としての「地方自治法」が新憲法施行と共に施行された。ところが、それは「逆コース」の進行と共に、昭和30年代初め、つまり1950年代後半期までに幾度かの改正を経て、実質的に中央政府の一元的な統制下に置かれるようになった。まず、憲法の趣旨によるなら、国家の行政と地方自治体の行政は分離されることになっていたが、自治体を国の下部機構として活用する方式が取られるようになったのである。「民主化」によって戦前の中央集権的な地方行政組織は無くなり、それを埋める形で地方公共団体の行政組織が新設された。そのために、中央政府の各省庁は全国を対象とする行政事務の遂行において、広域的な管轄区域（ブロック）、都道府県単位、その他（支局・事務所・支所・出張所など）に分けて、そこに地方出先機関（地方支分部局）、特殊法人、付属施設を設けて対応した。しかし、行政業務の中にはそれで対応できない部分は、戦前行っていた市町村長に国の事務権限を委任するやり方が復活され、自治体の長などを国の機関として、この長などに国の事務権限を委任する機関委任事務方式が採用されたのである。そして、その後、この方式が都道府県知事にも拡大適用されて行った。それに伴い、機関委任事務の処理の点では、各級自治体の長は各省庁の指揮下に置かれることになるので、その統制を受けることになった。また、都道府県と市町村の関係も、両者は、それぞれ分担業務を異にするが。上下関係にあるわけではないのに、戦前と同様に、都道府県と市町村との指揮監督のヒエラルキーが復活した。初めは基礎自治団体として市町村が自治の主体と考えられており、警察制度、教育制度の改革に伴い、自治警察や義務教育人事などでは住民によって選ばれた公安委員会や教育委員会によって管理・運営されていた。ところが、上述の通り、自治体警察は都道府県警察とされ、義務教育人事も市町村教育委員会から都道府県の教育委員会に移管された。こうして、市町村は基礎公共団体として一般に地方公共の事務を、都道府県は市町村を包括する広域の地方公共団体として統一的処理を必要とする事務、市町村の連絡調整に関する事務を処理するようになった。また財政面でも、アメリカのように自治体が固有の税源が保障されず、市民税、県民税などの住民税と所得税などの国税を分担する対象は同じ国民なので、その割合が約3対7となっているので、3割自治と称されるようになった。同じ国民はどこに住もうと同じ行政の便益を受けるべきであるとの考え方から、国は地方交付税制度を設けて自治体間の財政のバランスの維持に努めているが、それを通じて、中央政府、つまり国は地方自治体を財政面においてもコントロールできるシステムが確立された。また自治体は起債においても国の許可が必要となり、ますます国の支配下に組みいれられている。こうして、戦前日本では、西欧のフランスを典型とする集権・融合型であったが、戦後日本では、英米のような分離・分権型に変移した。しかし、次第に集権・融合型の方向へと傾斜しつつあると見られる。

以上、戦前日本の行政組織が「外からの入力」、つまり第二次大戦における大日本帝国の敗戦に伴う、アメリカ占領軍の「非軍事化」と「民主化」の要求によって革新された様相を概観して来た。改革された行政組織も１９８９年に始まったソ連の崩壊を契機とする冷戦の終焉及びアメリカによる世界覇権体制の確立、そしてそれを正当化する新自由主義イデオロギーの拡大などの外部環境の変化に対応すべく、日本も世紀末から21世紀初めにかけて政治改革とそれと連動する形での中央省庁の改革が断行された。こうして行政組織が再び改革されて、政治主導の内閣制度の確立や中央省庁の再編が行われるが、それについては、第二部第一章において取り扱うので、ここでは20世紀末までの中央省庁の変移について概観しておきたい。

言うまでもなく、政治的組織体としての国家は、内外の環境の変化に対応してその存続を図る行政活動を遂行するために適時に最適の行政組織の編成を行う。そして、それが存続し続けている間は、政治的組織体の行政活動の四つの根幹部分は基本的には不変のままである。この政治的組織体の行政活動の四つの根幹部分についてはすでに前章で述べたが、ここでもう一度確認して置くなら、次の通りである。第一類型の戦争、外交、防衛に関する行政活動、第二類型の社会のインフラの構築とその維持の行政活動、第三類型の「ポリス」業務に関連する行政活動、第四類型の政治的組織体の管理・運営を賄う財源の調達と支出に関わる行政活動、の四つである。本書の「はじめに」のところで行政活動（類型）論を取り上げた教科書として言及した、片岡寛光・辻　隆夫『現代行政』（1988年）には、片岡教授は、現代自由民主主義国家の行政活動の類型を社会秩序行政、国際関係行政、国土基盤行政、経済産業行政、国民生活行政、教育文化行政、の六つに大別している（32頁）。経済産業行政を除くと、残りの五つは、名称は異なるが私が挙げたものと変わらない。すなわち、国際関係行政は、私の挙げた第一類型に当たり、国土基盤行政は第二類型に当たり、社会秩序行政、国民生活行政、教育文化行政の三つは第三類型の「ポリス」業務に関連する行政活動に包括される。そして、すでに第一章において、この四つの類型の他の新しい類型として、経済社会が独占資本主義段階にある自由民主主義国家において行われている「政府主導による経済運営に関わる行政活動」について言及しているが、この第五類型の「政府主導による経済運営に関わる行政活動」が片岡教授の挙げている「産業経済行政」である。ちなみに、片岡教授の分類には私の上げた第四類型が欠けている。本章一ですでに述べたように、戦前の日本が近代国家としての体制をようやく整え始めた明治18（1885年）に創立された内閣制度は宮内省を除き、次の九省であった。すなわち、外務省、内務省、大蔵省、陸軍省、海軍省、司法省、文部省、農商務省、逓信省である。各省を行政活動の諸類型に当てはめると、外務省、陸軍省、海軍省の三省は第一類型の行政活動を担当する行政機構であった。内務省、司法省、文部省は第三類型の行政を担当した。もっとも、内務省の守備範囲は広く、国土局を擁し、社会インフラの構築とその維持をも担当しており、内務省、逓信省は第二類型の行政を担当した。資本主義経済の後発国の当時の日本は先進国にキャッチアップするための「上からの近代化」、つまり政府による基幹産業の育成を行っており、この行政活動は、一般に政府の経済への介入の質と程度や政治体制の性格に関係なく捉えられるなら、第五類型の「政府主導による社会・経済運営に関わる行政活動」に当たる。後で説明するが、この第五類型は独占段階に入った自由民主主義諸国がとる新しい類型の行政活動であるが、後発国家やファシズム国家、そしてソ連などの社会主義国家も一種の「国家資本主義」のような政府主導の社会・経済指導体制を採用しており、これらもこの第五類型に含まれるものと解釈するなら、明治日本の農商務省はこの第五類型の行政活動を担当していたと言えよう、最後に大蔵省は第四類型の行政活動を担当した。明治末期まではこの九省体制であったが、その後、大正九年（１９２０年）に鉄道省が設置された。そして、大正14年（１９２５年）には農商務省が農林省と商工省に分離された。

そもそも商工省のような政府主導による経済運営の任務を担当する行政組織は、先進自由民主主義国家では経済システムの独占資本主義への転換に伴い、国内では自由競争が失われ、その弊害が著しくなったので「市場の失敗」を補完し、かつ国際経済の厳しい競争の中での自国の経済生活の存続を図るための課題を処理する必要から新設されている。つまり、それは競争の激しい国際経済の中での自国経済の生き残りの課題を処理し、かつ「市場の失敗」を経済的領域において補完する任務を遂行しているのである。また「市場の失敗」の副作用を社会的領域において緩和する課題は社会福祉業務であるが、それも当然政府が遂行すべき課題となり、「社会福祉国家」の成立となっている。従って、経済的領域の「市場の失敗」とその副作用は一体的なものであり、その副作用の手当てを担当する行政機関として「厚生省」が設置されていたのである。こうした先進自由民主主義国家における新しい行政活動の第五類型はすでに経済システムの独占資本主義段階に入っていた戦時中の日本でも、まずはそれを担当する行政機関としての商工省が設置されていたのである。次に、昭和4年（１９２９年）に植民地経営を担当する拓務省（昭和17年（１９４２年）に大東亜省に改称）が設けられた。昭和13年（１９３８年）に内務省からその「社会局・衛生局」が分離され、社会福祉業務を担当する厚生省が創設された。時期を同じくして日本は総力戦体制に入っており、それに伴って政府機構の中で、軍事関係省庁と「政府主導による経済運営に関わる行政活動」を担当する省庁に国政の指導権が移り――この省庁を指導する官僚は上記の通り「革新官僚または新官僚」と称されていた――、さらにそれらの間での政治主導権をめぐる権力闘争に起因する第五類型の行政活動を担当する各省の再編が何回も試みられている。すなわち、昭和18年（１９４３年）に農林省、商工省、逓信省、鉄道省が廃止され、軍需省、運輸通信省、農商省へと再編された。そしてさらに昭和20年（１９４５年）初めに運輸通信省は運輸省に変えられ、さらに敗戦時に大東亜省・農商省・軍需省が廃止され、それらは農林省、商工省に再編された。

昭和20年（１９４５年）８月15日に日本は敗戦を迎えるが、当時の内閣は、外務省、内務省、大蔵省、司法省、文部省、厚生省、農林省、商工省、運輸省の11省から構成されていた。同年末に陸軍省と海軍省が廃止になり、その代りに第一復員省、第二復員省が設けられた。以上が敗戦時の戦前日本の政府機構であった。

さて、戦前日本の政府機構がアメリカによる日本の占領政策の二大目的の「非軍事化」と「民主化」によって改革されて行った様相や、しかし冷戦勃発とその激化を契機にアメリカの対日政策が１８０度転換し始めると共に「非軍事化」と「民主化」によって改革された部分が修正されて行った側面については、すでに上で見て来た通りである。昭和24年（１９４９）年６月１日に国家行政組織法が施行され、それに基づいて国民主権の日本国憲法下の中央政府の機構は次第に整備されて行った。そして「55年体制」が成立する昭和30年（１９５５年）までの間、上記の通り、省名の変更や省庁の再編統合があったが、一応この時期の中央政府の機構は戦後日本の行政組織の基本となるので、次に見ておきたい。総理府、法務省、外務省、大蔵省、文部省、厚生省、労働省、建設省、自治省、農林水産省、通商産業省、運輸省、郵政省の一府12省であった。昭和20年度の編成と比べると、労働省、建設省、郵政省、自治省が新たに加えられている。また司法省が法務省に名称を変えているが、実は上において言及しなかったが、昭和23年に司法省と法制局が廃止になり、法務庁が設置され、それが昭和27年に法務省に昇格したのである。次に、昭和24年に商工省と貿易庁が統合され通商産業省に模様替えした。そして、農林省も農林水産省に変わっている。労働省、建設省は昭和22年に、郵政省は昭和24年に設けられている。自治省は上記の通り、昭和30年に自治庁から省に昇格している。10年前の敗戦時の政府機構と比べて一つ目立つ存在は新設の労働省である。すでに第一章で述べたように、行政の目的とその在り方は政治によって決まる。従って、戦後日本の行政も、その目的が主権者である国民の人権保障と福利であり、この目的は国民の代表機関の国会の「最高委員会」である内閣の首長の首相が行政組織を指揮・監督し、かつ運営して実行に移されることになったので、戦前のような「君主などの支配者のための行政」から「国民のための行政」へと転換せざるを得なくなったのである。そのために、国民の多数を占める勤労者の職場における人権を守ることが政府の主要な任務の一つになった。それは労働時間、職場環境、報酬などの労働者の勤務条件の決定に関して労働者の主張が考慮されることや、労働者と雇用者間の団体交渉権、労働者のストライキ権なの労働者の基本権が雇用者によって不当に無視されないように、監視し、不正が見つけられた場合に是正措置をとることで勤労者の職場における基本的人権を守る行政活動である。戦前日本では勤労者の基本的人権が無視され、抑圧されていたので、労働省の設置は国家の勤労者に対する態度が「価値剥奪」的なものから「価値付与」的なものへと１８０度に転換したことを意味する。つまり、「君主などの支配者のための行政」から「国民のための行政」への転換を象徴する何よりの証拠である。次に、行政が「価値付与」的なものに変わった分野は、景気変動や技術革新などによって働く者の失業が必然的に生じざるを得ない資本主義経済社会において、生活の手段を他律的に失った人々の生存を保障することは、かつてフランスの絶対主義時代でも「ポリス」業務の一つであったが――それは「福祉」と言われた――、自由民主主義国家においても「ポリス」業務の主要な部分を構成しており、従って、日本国憲法第25条（「すべての国民は、健康で文化的な最低限度の生活を営む権利を有する。②国は、すべての生活面について、社会福祉、社会保障及び公衆衛生の向上及び増進に努めなければならない。」）にも、それが国民の「社会権」であると明記されているように、すべての国民の「健康で文化的な最低限度の生活」を保障する行政活動である。この国民の「生存権」の保障を行う行政活動を分担管理するのが厚生省である。この分野は第三類型の「ポリス」業務の中の一部であるので、戦前では内務省の管轄下にあり、１９４０

年の「総力戦」体制の構築に際して急速に重視され、この部分は新設された厚生省が引き継ぐことになった。とはいえ、その時代はあくまでもその目的が国民の生存権の保障というよりも、戦争目的遂行のために、つまり「銃後の憂い」を抱かないようにさせて兵士を前線へと駆り出すという「冷たい計算」から行った行政であったが、戦後では、それは国民にとって「価値付与」的で有難い恵沢的な行政活動となり、その活動は国家の正当性の根拠ともなっている。そしてこの行政を担当する厚生省は政府内におけるその地位も大きく上昇して行ったのは言うまでもない。

こうして、国民主権が実現され、戦後日本において歴史上初めて一般国民にとって「価値付与」的行政活動の恵沢に恵まれる「幸せな世の中」が到来することになったのである。もっとも、憲法第25条に規定されてある「社会保障、社会福祉及び公衆衛生の向上及び増進」を図る行政活動を進めるには、まず巨額の財源が必要であることは言うまでもなかろう。昭和30年当時の日本は、5年前に勃発した隣国の朝鮮戦争の特需で経済再生の糸口を掴み、やっと経済的に息を吹き返すことができた。とはいえ、「社会保障、社会福祉及び公衆衛生の向上及び増進」に回す財源は潤沢とは言えなかった。つまり、それは「絵に描いた餅」に近い状態であったと言えよう。憲法学ではそうしたことを「プログラム規定」と称しているが。吉田茂首相が戦後日本の国家目標として掲げた「軽武装・経済成長」政策は、昭和35年（１９６０年）のいわゆる「安保闘争」に象徴される政治的対立を鎮静化させ、国民世論を転換させるために、日米安全保障条約の改正を進めた岸信介首相に代って登場した、吉田茂の薫陶を受けた経済官僚出身の池田勇人首相の掲げた「国民所得倍増」計画によって実現されることになった。つまり約20年後の１９８０年代には日本は世界第二位の経済大国に伸し上がって行くのである。

池田勇人首相の掲げた「国民所得倍増」政策を遂行したのは第五類型の「政府主導による経済運営に関わる行政活動」を担当する通商産業省（通産省と略す）である。昭和20年末の日本は、戦時中のアメリカ空軍による工業地帯に対する集中的な爆撃や、京都を除く都市の空爆によってその全土が殆ど廃墟と化していた。またアメリカ軍が上陸した沖縄諸島はアメリカ軍の直接統治下にあった。国家の総力を傾けて戦った四年間の太平洋戦争で国富はほぼ使い果たされた。またその間、戦費を調達するために、国富も国債という形で吸い上げられていたが、その価格は戦後の大インフレでゼロに近くなった。国民にとっては大損害であるが、そのお陰で「塞翁の馬」の例え通りに政府は借金なしの状態になり、再出発が可能となったのである。こうして、日本は「後発国」に逆戻りして、先進国にキャッチアップすることを再び始めることになった。「後発国」の強みは体制させ整えられるならキャッチアップする未来が開かれている点であろう。戦後日本は戦前日本が「後発国」から先進国にキャッチアップした経験とノウハウを持っていた。このノウハウの持ち主は通産省である。こうして、通産省が先導役を務めて関係省庁や経済界と協力して、廃墟となっていた日本は１９６０年代から20年間の間に高度経済成長の軌道に乗ることに成功したのである。その際、幸運にもそれを可能にした内外の幾つかの条件が揃っていた。

その第一は、生産設備などが廃墟と化していたが故に、生産装置の再構築においては先進国がまだ導入していない最新の先端技術に基づく生産設備の創出が可能であった点である。戦時中も技術革新が続いていたが、戦後、戦勝国はそれに基づく生産設備の最新化を行っていなかった。その理由は二つ考えられる。革新された新しい先端技術に基づく生産設備の更新には巨額の費用が掛かるので、既設のもので十分稼げるなら強いて変える必要もなく、新しい技術の特許権はしまい込んだままであった点である。もう一つは、戦勝国も、敗戦国ほどではないが、戦争で経済力は疲弊しており、その上戦費も公債で賄っていたため、公債の償還を行わざるを得ず、国際的な経済競争力をつけさせるために企業の技術革新に基づく生産設備の更新に補助金を出せる余裕がなかったのである。敗戦国の日本とドイツは、最近の中国の経済大国への躍進から推し量れるように、戦勝国の有する生産設備よりも一歩も二歩も進んだ最先端技術に基づく生産体制を築き、戦勝国より先に戦後の大衆社会の旺盛な需要にマッチする新しい商品を大量生産することに成功したのである。第二は、日本は止むを得ず小型自動車を作らざるを得なかった点である。アメリカでは１９２０年代から30年代にかけて、かつての金持ちの象徴であった自動車の大量生産が始まり、戦後はその価格が下がり、憧れの商品が一般大衆によって大量消費される時代になっていた。アメリカでは大型自動車の生産が主流であった。占領時代、アメリカは、日本が自国の物と経済競争になる可能性のある製品や戦争用に転化できる航空機などの生産に対しては抑止的な態度を示していたので、自動車の生産は自国の物と競争の可能性が低い小型自動車なら黙認したような事情が与かっていた。また、一般道路の幅も狭いこともあり、日本は小型自動車の生産を行うことになったのである。１９７３年の「石油ショック」により石油価格は一挙に約四倍に急騰すると、大型車は敬遠され、経済的に安上がりの小型の日本車が世界的に求められ、日本車はアメリカでも売れるようになったのである。次に、大衆の需要の高い電化製品やカメラなども安くて質の良い日本製品が世界を席巻するようになったのである。こうして日本経済の再生の道が大きく開かれて行ったのである。第三は、経済の「民主化」に伴い、財閥が解体され、そして資本と経営も分離されて、優れた経営才能の持ち主が大企業の経営を担当するようになり、また企業家精神が旺盛でかつ優れた経営才能の持ち主が大挙して世界市場向けの新しい商品開発と生産に乗り出すチャンスが生まれ点であろう。その典型は松下電機やソーニであろう。第四は、農地改革によって国内に巨大な市場が誕生した点である。戦前日本では、国民の多数を占める農民は土地を持たぬ小作人であった。アメリカによる日本の「民主化」の一環として大地主制度が解体され、森林を除く農地は、フランス大革命時代と同様に耕作者に与えられた。フランスより約１６０年遅れての「革命」であった。農業においても、工業においてと同様に、世界最先端の農業技術が導入された。化学肥料や省力的な農機具が使用され、農業生産は飛躍的に増大し、農民は工夫と努力次第で豊かになれる条件に恵まれることになった。さらに、ある一部の農民を飛躍的に豊かにしたのは大都市の再建と各地方での工業団地の造成であった。とりわけ東京、大阪などの大都市の近郊農家はその所有する土地の価格が急騰してにわか長者になった者も多い。こうして、国民の多数の農民が購買力を持つようになり、国内に巨大な消費市場が出現し、この市場において世界最先端技術によって生産された製品が大量消費される過程で、さらに製品の価格も下がることになった。こうした好循環のサイクルを経た商品は世界市場に送り出された場合、依然として古い生産設備で生産される商品と比べて価格競争に勝てるのは必至であり、「メイド・イン・ジャパン」製品は世界に溢れるようになった。こうして１９８０年代には「ジャパン・アズ・ナンバーワン」と言われたように、日本は世界第二位の経済大国へと躍進を遂げたのである。つまり、「富国強兵」「殖産興業」が明治日本の国家目標であったが、それは戦後日本では「強兵」は憲法第９条の故に追求することはできないので、「軽武装」「経済成長」と言い換えられ、達成することに成功したのである。それと共に、日本は「総中流社会」と定義できるまでに豊かな国へと発展を遂げていたのである。以上のような次第で国民の生活は底上げされ、社会保障・社会福祉・公衆衛生に潤沢な資金が回されるようになり、「国民のための行政」の「価値付与」的恵沢に恵まれることになった。

最後に、敗戦当時にはなかった建設省は、上記の通り昭和23年に設置されている。廃墟になった社会インフラの再構築を担当する省であり、戦後日本政治の「55年体制」を支える重要な支柱となった行政組織である。言うまでもなく、社会インフラの再構築は、鉄道の最新化、各地の道路と橋の再整備、通信網の最新化、ダムの建設、港湾の再整備、河川の整備、上下水道、公営住宅、学校、病院など多岐にわたっているが、これらの事業は「公共事業」と称されていた。そして、その事業企画は政府が行うが、しかし事業を実際に行うのは民間業者、とりわけゼネコンと称される大建設業者である。そして、各地方で労働力を提供するのは、主に農民であった。そして、「公共事業」を担当する建設省やそれと関係する他の省庁の官僚は、政府の企画段階で、企画の立案を担当するが、「公共事業」はいつ、どのような規模で、どこで行うかは国民代表の議会の政治家が決めることになっていた。そこで、政治家たちは選挙民の支持を調達するために、公共事業を自分の選挙区で実施してもらえるよう動く。次に企画を立案した官僚は自分たちの案を実現するために政治家に働きかけ、両者の利害の一致が生まれる。さらにゼネコンは巨大な収益が見込まれる公共事業の施工者に選定してもらうために政治家や官僚に近づき、三者の間でネットワークが作られるようになったのは必然の成り行きと言えよう。こうして公共事業の選定と実行においては「官僚・政治家・民間業者」の「鉄の三角形」と言われる政策共同体が生まれた。これは「55年体制」下の自民党の利権政治の温床であったと言えよう。

そもそも、一般に一国の行政活動の性格を判断する最も簡便な方法は毎年のその国の歳出構造を見ることであると考えられる。というのは、行政活動には費用が掛かり、どの行政活動に全体の中でどの様な割合で資金が投入されているのかを見るなら、その割合が大きい順位にその国の政治の在り方及び政治によって規定さる行政活動のどれかが重視されているのかが一目瞭然であるからである。もし、毎年の歳出の三分の一ないしは二分の一が軍事費に割り当てられているなら、その国は軍事国家と言えよう。また、もし歳出の三分の一ないしは二分の一が社会福祉関係に割り当てられているなら、その国は社会福祉国家であると見られよう。実は、戦前日本は苛烈な権力闘争が常態の国際政治の中で欧米列強による植民地化の危険性に対処し、自国の独立と自主的な国家生活を存続させていくために、軍事国家たらざるを得なかったと見られよう。従って、明治国家創設以後、軍事費が毎年増大し、歳出の中の比率は約30％に上り、それは太平洋戦争中には約60％にまで膨れ上がっていた。それに対して、社会福祉関係は一貫して約1％以下であった。ところが、戦後日本の、例えば１９８０年時の歳出の19・３％が社会保障関係費であった。そして「平和国家」の故ではあるが、防衛関係費は５・２％であった。このような戦前と戦後の日本の歳出構造の簡単な比較からも、国民主権下の戦後の日本では「国民のための行政」が展開されていることが理解されよう。従って、自由民主主義国家では政治によって規定される行政が国民の基本的人権尊重を志向することが義務付けられているが故に、省庁の名称は戦前のそれと変わらなくても、それが展開する行政活動はその性格が180度変わっているのである。従って、威圧的なイメージのあった戦前日本の警察は戦後には民衆に優しい「民主警察」へと大変貌を遂げている。また司法省から名を変えた法務省も国民相互の間に発生する人権侵害や、そして国家機関の国民に対して行う人権侵害を防止し、そうしたことが起こらないような、人権を守る行政活動を展開している。上の第一章ですでに述べたように、自由民主主義国家においては、行政活動の類型が五種類あり、それらを分担・管理する省庁について紹介してきた。またその戦後日本における在り方についても、これまで述べてきたが、これらの類型はすべて一国単位の行政活動である。ところが、20世紀後半期にはかつて列強の植民地であった発展途上国も近代化を目指して工業化を目指しており、世界規模の石炭・石油などのエネルギー消費が飛躍的に膨れ上がり、また先進国での原子力発電所、さらに経済のグローバル化の進展も相まって、地球の生態系が壊れ始め、地球温暖化などの気候変動などの生態系の異常現象による我々人類の住む地球が「病み」出したのである。そこで、世界的に環境保護が人類の生き残りの最大の課題に浮上し、この課題の解決に努める行政機関が先進諸国において新設されるようになった。わが国でも昭和46年（1971年）に国内だけではなく、世界の関係諸国と協力して環境問題に取り組む行政機関として環境庁が設けられた。

以上、戦後10年経った後の1955年時点の中央省庁の編成を見て来た。その後に新たな行政需要の発生・増大に伴い機構再編が行われて来た（環境庁や国土庁の新設）。1970年の沖縄の日本への返還に伴い沖縄開発庁が設置された。そして昭和59年（1984年）の総務庁の設置（総理府内局と行政管理庁の統合再編）、1988年には中央労働委員会と国営企業労働委員会が統合された。こうして、1994年時点で、国務大臣を長とする庁・委員会は次の八つに膨れ上がっている。総務庁、防衛庁、経済企画庁、環境庁、沖縄開発庁、国土庁、科学技術庁、北海道開発庁。そして、2001年の中央政府機構再編時までに、総理府の外局には、公正取引委員会、国家

図１　国の行政機構（1994 年現在）

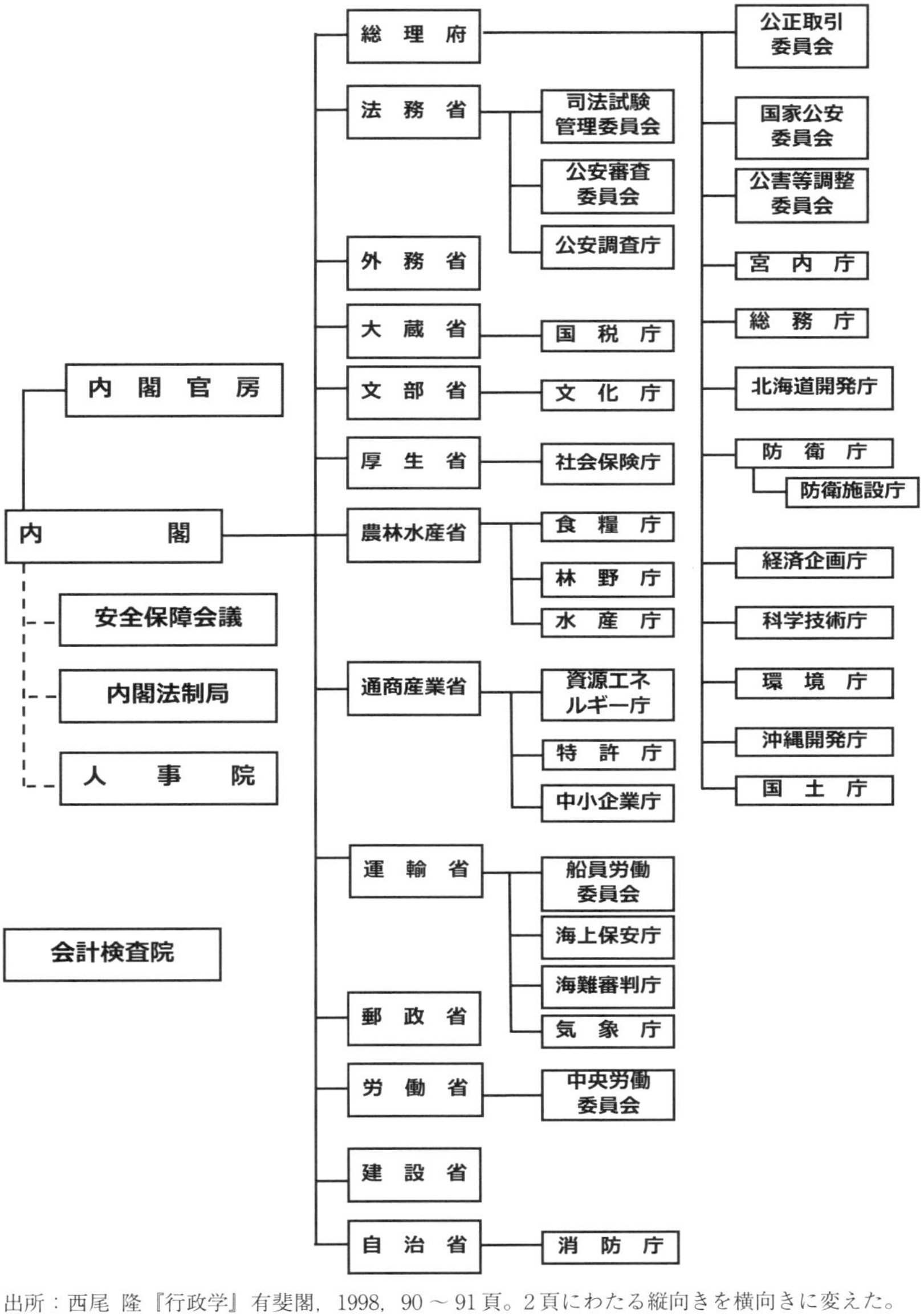

出所：西尾 隆『行政学』有斐閣，1998，90 ～ 91 頁。２頁にわたる縦向きを横向きに変えた。

公安委員会、公害等調整委員会、宮内庁が加わり、十二となった（参照：図1　国の行政機構）。

21世紀の初めに我が国の中央省庁の行政組織が内外の環境の変化に対応するべく政治改革、そしてこの政治改革と連動する行政改革が実施されるが、それについては、本書第二部において見ることにしたい。

第三章　行政学の成立とその展開

序

国家の活動を研究対象とする学問は政治学と行政学である。政治学は国家の活動を起動させる政策策定過程に関わる諸事象を研究対象にするのに対して、行政学は策定された政策が国家の権力機構を通じて実現され、かつその政策のフィードバックを通じての修正過程のすべての流れを研究対象とする。西洋の古代において、政治学は国家の政策策定を担う統治者が国家の在り方に関する知恵や、国家を運営する統治術という秘伝から構成されていた。ギリシャのアテネでは王制から貴族制を経て民主制になった時点で、政治的組織体の構成員が政策策定過程に参画するようになり、その透明化が求められた。その結果、国家が解決を迫られた諸問題の解決に際して下からの民衆の意見が取り入れられ、下からの入力による伝来の統治術の透明化、すなわち「科学化」が試みられた。その成果がアリストテレスの『政治学』である。17、8世紀になり、西欧では資本主義経済システムの成立によって市民階級が台頭し、フランス大革命を転機に国民主権の近代国家が誕生した。政権を担当した市民階級は古代アテネの

「政治学」の伝統を復活させ、その上に経験科学としての政治学を発展させた。それに対応して、行政学も絶対主義国家の統治層の国家の管理・運営の学問として広義の政治学とは未分化の形で誕生した。そして、近代国家の成立と多様な展開と共に、国家の政策策定過程という政治と、その策定された政策の執行という行政が分化し始めると共に、行政学は広義の政治学（ドイツでは「国家諸科学」（Staatswissenschaften）と称された）から分離・独立し、学問としても自立するようになった。

本書の第一章においては、古代から第二次大戦前までの欧米諸国の国家活動に関して、それらの諸国の国家の管理・運営に関する活動の変遷を追跡し、それには五つの類型の行政活動が存在することを明らかにした。本書では、第一章の記述を踏まえて、この五つの類型の行政活動の変遷について、それらを研究対象に取り上げた行政学の歴史を辿ることにしたい。

1、ドイツにおける「君主などの支配者のための行政」に関する学問の成立とその変容

①ドイツ官房学―絶対主義国家の「ポリツァイ学」―

国家の行政活動を学問の対象に取り上げてそれを研究することが積極的に行なわれるようになったのはドイツである。では、何故に、ドイツで行政を対象とする研究活動が積極的になったのであろうか。上述の通り、近代国家の前身は、絶対主義国家である。絶対主義国家の確立は、その手段の側面から見るなら、文武官僚制の確立であっ

たと言える。そして、それは、その目的の観点から見るなら、絶対君主がその一族の支配権の維持・発展にあった。しかし、広大な領土内の臣民を統治するに及んで、君主一族の繁栄という私的目的では、国家の長期的な存続は望めないので、新たに公的目的を設定し、権力の正当性を積極的に調達して行かなければならなかった。その際、持ち出された国家目標が、国家と臣民の「福祉」や「安寧・秩序」の確保であった。とは言うものの、国家のすべてが君主の私有財産、すなわち「家産」であったので、当然、臣民も君主から見ると、その家産の一部であった。そして、この家産の維持・存続のために、その家産を管理・運営し、そして上からの君三の命令を忠実に執行する手足が必要であった。この手足として創出されたのが文官官僚制である。そもそも官僚制を意味する英語のbureaucracyは、フランス語のbureau（机、部屋）に由来する。君主の執務室近くの部屋には、君主の家産を管理・運営する役人が控えていた。役人らは君主の指示に従って君主の家産を管理・運営すると同時に、臣民の統治に際しては君主の命令を忠実に執行していた。こうして、bureau、すなわち「役人の執務室」という「官庁」が生まれ、この「官庁」のcracy（権力・支配）を意味するbureau-cracy、すなわち「官僚制」は、君主に仕える役人たちによる絶対主義国家の管理・運営と君主の命令を執行するための組織体を指すようになった。

　ところで、家産官僚制とその活動を学問の対象として取り上げて、主にそれを研究し、かつその研究成果を官僚育成のための教育に用いたのは、西欧においては典型的な絶対主義国家を確立したフランスではなく、ドイツ諸邦の方が先であった。15世紀以降、主にドイツ人から成る神聖ローマ帝国は約３００の諸邦から成る緩やかな連合国家であった。しかし、１６１８年に勃発した30年間の宗教戦争でその土台が崩れ国家連合を統一する力が弱くなった。この戦争を終結させた１６４８年のウェストファリア条約締結以降、それを構成する各邦は、フランスの絶対主義国家をモデルにしてそれぞれ絶対主義国家を確立して行った。その際、モデル国のフランスの国家構造やその作用についての研究を行い、その成果に基づいてそれぞれの国情に合う形で絶対主義国家を作り出して行った。こうしてドイツ官房学が誕生したのである。

各邦において絶対主義国家を管理運営する家産官僚制とその活動を研究する学問は官房学(Kammeralwissenschaft, Kammeralismus) と称されている。Kammer (官房) とは、フランス語の bureau のドイツ語訳である。それは、君主を補佐した少数の官僚が執務した小室に起源する。すなわち、そこでは王室の収入の管理と共に、行政、財政、外交などの国家の枢機の事務が掌られていた。つまり、ドイツ諸邦では、当時の官房は国家活動全般を管理・運営していたのである。ところで、ドイツの隣国のフランスは、ヨーロッパの中央に強大な強国の出現を阻止することがその外交政策の最大の目標であったので、ドイツ諸邦を意図的に分裂させ、互いに拮抗させる政策を展開した。こうした大国フランスに対峙していたドイツの各邦の最大の関心事は当然、対外的に自国の存続を図る外交であったということは言うまでもない。つまり、外交は国家の死活問題となったので、外交を君主自ら掌るようになり、それは君主の主要な活動領域となり、家産の管理・運営から切り離されて行った。その結果、家産の管理・運営は、主として国家の経済や財政の管理・運営の他に、国家活動の中の、とりわけ政府による社会の安寧・秩序の維持を意味するようになった。このように、国家活動の分化と共に、官房学も分化し、後述するが、そこから財政学や経済学が分離し、政府による社会の安寧と秩序の維持はフランスに倣って、「ポリス」業務、つまりそのドイツ語の Polizei (ポリツァイ) と称されるようになった。それと共に、ドイツ官房学はまたポリツァイ学 (Polizeiwissenschaft) とも称されるようにもなったのである。ちなみに、日本ではこのポリツァイ学は「警察科学」または「警察学」と邦訳されているが、それはポリツァイ学の一部を示しているが、適切な邦訳ではないと言えよう。

さて、官房学は絶対主義国家の展開と共に、国家活動も変化して行ったので、その研究対象の変化と共にその内容も変化し、前期と後期に分類される。すなわち、絶対主義国家の勃興期の国家活動を取り扱うそれと、「上からの近代化」政策によって資本主義経済が一定の発達を遂げた時代のそれとである。

まず前期官房学から見て行こう。官房学は、一般に18世紀初めにプロイセンの官僚制の創設者であり、「兵隊王」と言われていたヴィルヘルム・フリードリヒ一世が創設したフランクフルト・アム・オーデル大学やハレ大学において官僚養成の学問として導入されていた。この時期を境に官房学は一般に前期と後期に分類される。絶対主義国家もその成立初期には国家の活動範囲が狭く、主に常備軍を賄う費用を調達する徴税と君主の家産の管理、つまり財政が官房学の主要な対象であった。それ故に、前期の官房学には徴税された国家歳入をどのように節約して使うかという財政学と、君主が自由に処分し得る権力資源の管理と配分とをいかに合理化するか、の学問であったと言える。官房学の初期の代表的な学者はフェイト・ルートヴィヒ・フォン・ゼッケンドルフ（Veit Ludwig von Seckendorff, 1626～1692）である。小国ゴータ領邦の枢密顧問官であった彼は、国内の商工業の育成・発展もさることながら、健全なる財政管理を優先させるべきであると主張し、他方、臣民を統治するに際して家父長主義を推奨した。

30年戦争終了以降、すなわち１６４８年以降、各大学ではアリストテレスの『政治学』と自然法思想が教授され、自然法による絶対主義国家の正当化が試みられた。すなわち、絶対主義国家の発展と共に、国家の歳入と歳出の管理という実践的な財政政策への関心と並んで、国家の正当化論が必要となり、ハレ大学教授クリスチャン・ヴォルフやハイデルベルク大学教授プーフェンドルフによって自然法論による国家の正当化論が展開されることになったのである。プーフェンドルフは１６８８年からプロイセンの宮中顧問官を務め、自然法を援用して国家契約説による絶対主義国家の正当化を試みた。その後、自然法学者のトマジウスとヴォルフによって、国家の目的は臣民の福祉と幸福にあると主張され、「幸福促進主義」を絶対主義国家の指導理念とする国家正当化論が展開されたのである。

後期官房学の最も著名な学者はユスティとゾンネンフェルズである。ヨハン・フリードリヒ・ゴットロップ・フォン・ユスティ（Johan Friedrich Gottlob von Justi, 1720~1771）は、ウィーン大学及びゲッチンゲン大学で教えた後に、プロイセンの鉱山担当大臣になった経歴の持ち主であるが、１７５６年に公刊した『ポリツァイ学原理』の中で、国家活動の包括的理論を展開し、とりわけヴォルフの福祉国家観を継承して、最高の権力は「その究極の目的、つまり共通の幸福の達成のために、国家の全体の資源（Vermögen）と力を用いることに存する」と主張した。ここで資源とは物質的な資材のみならず、国民の能力や技量を含むものであり、ポリツァイの本質は「国家の一般的な資材が継続的に創設され、増殖され、国家の力がより良く使用され、一般に共同の福祉が促進されるように国家の一切の内務業務を処理することである」と主張した。このように、彼はフランスの「ポリス業務」のドイツ語での言い換えのポリツァイに関する学問を提唱することによって、当時すでに「国家諸科学」とも称されていた官房学を分解させて、狭義の官房学である財政学や対外的に国家の安寧を保持する術策の国家経略学（Staatskunst）から「ポリツァイ学」を分離・独立させて、行政学の原型を作り出したのである。それ故に、彼は「行政学の父」と言われるようになった。

ユスティに続く後期官房学の著名な学者はゾンネンフェルズ（Sonnenfels, 1732~1817）である。彼は、ウィーン大学ポリツァイ学講座の最初の教授であり、ハプスブルク家のマリア・テレジア、ヨゼフ二世、レオポルト二世の顧問として三人の皇帝の啓蒙絶対主義国家の整備のための理論としてポリツァイ学を展開した。彼は、ユスティの資源の増進という国家目標を退け、臣民に安全を保障し、生存のための基本的「必要」を充足させ、余暇・安楽を提供することが国家の目的であるという福祉国家論を展開した。そして、彼は、ポリツァイ、すなわち行政の機能として国家の安寧と秩序を初めて主張したのであった。さらに、彼の理論の特徴は、人口の増大が国民経済の緊急課題であり、従って経済政策の良否は人口の増大に尽きると主張して、人口を増加させること、すなわち臣民が生きていける雇用の機会を増大させる工業を奨励し、次に農村人口の増大に役立つ小作所有制度を奨励し、従来のギルドや独占を批判した点にある。要言するなら、後期絶対主義国家において資本主義経済の一定の展開が見られたが、そのさらなる発展を、上から促進する経済政策を主張した点が彼の理論のもう一つの特徴である。

さて、プロイセンでは「上からの近代化」政策が功を奏して、資本主義経済が根を下ろし、次第に社会全体のシステムとなっていた。それと共に、資本主義経済のさらなる発展のための条件として社会秩序の予算可能性を保障する近代国家の整備が必要不可欠な課題として提起された。すでに第一章で述べたように、１８４８年２月に隣国フランスで革命が勃発し、それはドイツにも飛び火し、三月にはベルリンやウィーンでも市民革命が勃発した。しかし、市民階級は、資本主義経済の発展が遅れていたために、政府による「上からの近代化」政策によって保護・育成されたが、しかし、その際、同時に政府によって政治的に去勢されていたので、革命の課題を完全に成就することには失敗した。しかし近代憲法の導入や、それに基づく近代国家の政治制度の導入には漕ぎつけることができた。とはいえ、市民階級の力不足のために近代国家の政治制度の導入は形式的側面のみに終わった。例えば、三権分立制は導入されたが、その運用においては本来の三権分立制が形骸化される形での運用が目指されていたのである。というのは、本来の近代国家では、民主主義と自由主義の原理からするなら、三権の内、立法権が他の二権に対して優位に置かれるべきである筈であるのに、プロイセンでは三権は同格に位置付けられ、それによって、市民階級の代表機関たる議会の権力はその比重が相対的に下げられていたからである。それのみではない。第一章で詳述したように、勃興中の市民階級の政策決定過程への参画を抑制するために、以下のような対応がなされた。すなわち、社会秩序の予算可能性を確保するために、近代国家では国家の意思は議会で制定された法律の形で文書化され、すべての国家活動をそれに依拠させる「法の支配」の体制が取られるのであったが、プロイセンは、この「法の支配」という考え方は形式的に導入され、それを君主の執政・執行権を抑制するためではなく、むしろそれを温存させるような運用方式が編み出されていたのである。言うまでもなく、イギリスで確立された「法の支配」としての近代国家の根幹部分は、もしそれがプロイセンに導入されるなら、主権者の国王とそれを頂点に頂く支配階級のユンカーは、市民階級が議会の多数を占めるようになった場合、議会のコントロールを受ける危険性があった。従って、こうした危険をあらかじめ防止するために、「法の支配」が行われているかのように外観だけを装うが、その実態においては君主主権が貫徹されるような工夫として、法の中身、つまりその実質は問わず、とにかく形式的には合法的な手続きに基づいて制定された「法律による行政」という仕組みが創り出されていたのである。これがいわゆる「法治国家（Rechtsstaat）」論である。この「法治国家」論は、プロイセン以外の他の諸邦国にも導入された。そして、１８７１年に成立したドイツ民族の統一国家としてプロイセン主導のドイツ帝国でも、それが１９１９年にワイマール共和国が成立するまで、形式的には合法的に制定された法律による行政を意味する「法治国家」論が支配的になっていたのであった。それと共に、国家活動の中の行政を対象とする学問も、当然変化して行かざるを得なかった。つまり、形式的な制度面ではあっても、近代国家の出現によって、絶対主義時代の国家活動を研究対象とする学問の「ドイツ官房学」は時代の波に洗われることになったのである。

半立憲主義国家においては、第一章においてすでに指摘したように、ハイブリット型の行政が展開されていた。議会の開設と共にまがりなりにも政党政治が始まり、政策決定過程に対する世論の影響が強まって行く。ドイツでは、行政活動は法律に適合した形で遂行されるべしという「法治国家」論の定着と共に、行政活動が法律に適合せず、その結果、臣民がその行政活動によってその権利や利益が侵害された場合、それにいかに対処すべきか、という問題が提起された。この問題には「行政の実質的合理化」と「行政の形式的合理化」の二つの方向が考えられる。まず、「行政の実質的合理化」とは、そもそも行政の目的は何かを問う方向である。従って、それを突き詰めると、国家の在り方、つまり国家行政の正当性の問題と関連し、「国民のための行政」へと行き着くことになる。

この方向は国民主権が確立されるまで実現不可能な方向であった。そこで、「法治国家」論はその実質においては「行政の形式的合理化」の方向を志向するものなので、市民階級はこの「行政の形式的合理化」の中において彼らの権利と利益を実現させる方向において問題の解決方策を目指すことになった。それが他ならぬ「行政法学」である。

ドイツ帝国は、近代国家の政治制度の導入に際してはフランスのそれを模倣して自国の国情に合わせて取捨選択して導入した。フランスでは、行政は各官庁の官吏養成学校で専門知識と技能を教育された官僚によって遂行されていたので、行政が主権者の意思たる法律に適合して行われているのかどうか、行政の対象である国民は問う権利を有していた。従って、国民の権利が行政によって侵害された場合、民事裁判所の他に特別に設置された行政裁判所においてその権利を回復する制度が確立されていた。ドイツでも、この行政裁判所制度が導入されて、国家官僚による恣意的な行政活動に対して、市民階級はその是正を行政裁判所に訴え出て侵害された権利を回復するような制度作りがなされたのである。こうして、行政する国家とその対象の国民という二つの法主体間の法律関係が公法の一部分としての行政法体系が創り出された。そして、これらの法を研究する学問がドイツ帝国の弁証学としての国法学（憲法学）の創設者のゲルバーやラーバントの法実証主義的公法学の一環として、つまり、法解釈学の技術を駆使して国家権力の濫用から市民階級の利益を守る方法として行政法学が誕生した。そして、19世紀末には、オットー・マイヤーによって、①法律による法規創造力、②法律の優位、③法律の留保、この三つの原理から成る「法律による行政」に関する行政法学が体系化されたのである。それは明治日本の近代国家建設に際して、日本にも導入されている。本題から外れるが、ドイツでは、君主権力の濫用から市民階級の権利を擁護するために国家法人説がゲオルク・イェリネクによって唱えられていた。そして、それと連関して「国家自己制限説」も主張された。国家自己制限説とは、国家は主権者であるが、主権者の意思の表現である法律がいったん成立されると、主権者といえどもその法律によって拘束されるという考え方である。近代国家の法律は、その構成要素として少なくとも最低限の普遍的原則が含まれていなくてはならないので、ドイツでも法律の中にはそのような普遍的な要素が含まれているので、それに依拠して法解釈の優れた技術を駆使して市民階級の権利を国家官僚の恣意的な行政から守るために国法学が用いられ、その一環として行政法学も展開されたのである。このように、ドイツ帝国においては、官房学の形でその姿を現わした「行政学」は、「法治国家」論と歩調を合わせる形で「行政の形式的合理化」の方向において定着するに従って、政治学と表裏をなすその実質を問わない行政法へと変質して行ったのである。

②R・v・シュタインの行政学──ハイブリット型の「行政の類型」を研究対象とする学問──

シュタインはプロイセン・ドイツの中心で活躍した学者でなく、その周部で活躍したので、ドイツ市民階級の差し迫った具体的な要求に答える形で学問を展開する必要はなく、それ故に、プロイセン・ドイツの在り方を周辺部から客観的に捉え、ある一面では「行政の実質的な合理化」を図る方向において学問を展開したと見られる。彼は、自由主義に基づくドイツ国民国家の確立を希求していた。というのは、彼はデンマーク王国の一部となっているシュレスヴィッヒ・ホルシュタイン侯領の貴族であり、同侯領の人口の大部分がドイツ人であったので、デンマークから分離して、将来統一されるであろうドイツ民族国家に加わることを望んでいたからである。実際、１８５４年のプロイセンおよびオーストリアが中心のドイツ同盟とデンマーク間の戦争の結果、シュレスヴィッヒ・ホルシュタイン侯領はドイツ同盟に帰属することになり、１８７１年のドイツ帝国創立時にはその一部となった。これで、彼の望みは一応達成されたのであるが、ドイツ帝国ではビスマルクによって自由主義が抑制されていたので、彼の望みの一部しか実現されなかったと言えよう。彼は、自由主義を市民階級の政治参加として捉え、三権の内、議会の強化を目指していたことは言うまでもない。とはいえ、外見的立憲主義国家での議会の強化は、それが実現されれば、市民階級が支配する自由主義国家となるが、彼はその方向を望まなかった。というのは、彼はヘーゲルの国家論の信奉者であったからである。

ヘーゲルは国家を「倫理的理念の実現体」として捉えていた。彼はこの国家論に基づいて、国家の発展・強化こそが個人の自由と権利の拡大に繋がるという国家と個人の一体的な関係と同時的な発展論を展開していた。ヘーゲルのこの国家論は、その実質において国家を倫理的に聖化し、その発展・強化を個人の自由と権利の拡大よりも先に置いたために、プロイセン啓蒙絶対主義的君主権力の正当化論として機能し、「国家優位の政治体」の弁証論であったし、またそれは実際には、個人の自由と権利の抑制に利用されていた。ところが、シュタインは、このヘーゲルの国家論を継承して、以下のように、ある一面では「行政の実質的合理化」論、すなわち「ハイブリット型の行政」に関する学問を展開したのである。

彼は、１８４８年の革命の前にフランスに約一年間留学した。資本主義経済発展の結果、その否定的側面として生み出された労働者階級の貧困化という社会問題がフランスに発生しており、国家の安定的発展のために、早急にその問題の解決に取り組むべきであるということを、彼は認識するようになっていた。市民社会の問題の解決は、ヘーゲルの国家論によると、国家の任務であるとされている。そこで、シュタインはフランスにおける社会主義や共産主義運動の研究から、国家は、資本主義経済の弊害の是正を旗印にして生み出された社会主義や共産主義が既存の政治体制を打倒し、無秩序をもたらすことが無いようにするために社会問題の解決に積極的に介入すべきである、と主張した。その際、彼は、既存の啓蒙絶対主義君主が統治する国家を前提にして、その国家による社会問題の解決を行政（Verwaltung）と定義したのである。他方、彼は、自由主義全盛期の19世紀中葉において、国家意思の形成に市民階級の意思を反映させることが国家の安定につながると考えて、市民階級の議会への参加を憲政（Verfassung）として定義したのであった。そして、彼は、国政には憲政と行政の二面があり、憲政を通じて全体としての資本主義社会をリードする市民階級の意見を取り入れてそれを尊重し、他方、普遍的な理性的意思に基づいて市民社会の問題を解決するために国家が介入する行政を展開すべきである、と主張したのである。

このように、シュタインは19世紀末から20世紀初めにかけて、すべての近代国家がその解決を迫られることになった社会問題を先進諸国に数十年先駆けて「行政」という概念によってその解決を図ろうとしたのである。それは、君主主権を前提とした社会問題の解決のための「行政」国家観の展開に他ならなかったと言えよう。20世紀に入って、国民主権を前提とした行政国家が出現するが、それは社会福祉国家と称される。シュタインの行政学はこの社会福祉国家論ではなく、「社会王政論」と言われている。というのは、社会問題の解決を君主に求めているからである。そのことは時代的制約であるとはいえ、啓蒙絶対主義的君主主権の立場から社会問題の解決を図ることによって国家の安定的発展を図る「行政の実質的な合理化」を一面では企図していたという点では学問的には評価されるであろう。このように、プロイセン・ドイツでは、外見的立憲主義が支配し、「行政の形式的合理化」が追求され、行政の研究は「行政法学」へと変容していた時代において、シュタインの行政学はある一面において「行政の実質的な合理化」を目指していたので、あまり注目されることはなかった。そればかりか、ドイツ帝国成立後、彼はオーストリア・ハンガリー帝国のウィーン大学教授として活躍していたので、行政法学が支配的なドイツ帝国では彼の行政学を受容する余地はなかったと見られよう。つまり、彼自身がドイツの周辺部で位置していたのと同じように、彼の行政学もドイツ帝国では周辺部に位置づけられていたと見られよう。

2、「国民のための行政」への移行過程における官僚制の近代化傾向に関するマックス・ウェーバーの官僚制研究―現代行政学への序曲―

ビスマルクによって政治的に去勢されたドイツ市民階級出身のマックス・ウェーバーは20世紀初頭においてドイツ帝国を帝国主義的権力国家へと脱皮させるためにそのモデルとしてのイギリスから学び、「ブルジョアジーのマルクス」と言われると同時に「ドイツのマキャヴェリ」とも称されることに象徴されているように、権力リアリズムに立脚して国家を客観的に考察し、「国家の社会学」の樹立を目指した。そして創出された彼の「国家社会学」は「支配の社会学」とも言われている。マルクスに対抗して、資本主義社会の科学的解明のみならず、普遍史の中で人間の共同生活の形態を類型化して、資本主義社会の独自性をそれに先行する社会との比較研究において捉え直して、資本主義社会を多面的な視角から解明しようとした20世紀における社会科学の巨人とも言われている。行政学の分野では、彼の「支配の社会学」の一部としての官僚制論はアメリカ行政学に影響を与え、現代行政学は彼の官僚制論を抜きにしては語れないほどその中心的部分を形成している。

彼によると、いかなる支配もその手段たる官僚制なしには存立し得ないという。すなわち、支配（Herrschaft）は主人（Herr）が誰であっても、「人的行政スタッフと物的行政手段」から成る官僚制なしには一日たりとも存続し得ないという。彼は支配を正当性の観点から社会学的に三つに分類し、それぞれ伝統的支配、カリスマ的支配、合法的支配と類型化した。君主国の正当性原理は伝統であり、その主人は君主で、その支配の手段の官僚制は家産官僚制である。次に、近代国家の正当性原理は合法性であり、その主人は人民または国民という集合体であり、その支配の手段としての官僚制は近代官僚制であると捉えていた。彼は資本主義社会を人間関係の合理化の産物として捉え、資本主義経済の経営体としての企業も合理化の観点から捉え直し、また近代国家もこの合理化の観点から捉える。普通選挙制の導入に伴い大衆が政治の世界に登場すると共に、国家業務、つまり行政が分化し、その量的拡大が始まって行くと共にその合理化が必要となり、その結果生まれた組織が近代官僚制であると捉えている。つまり近代官僚制を現代の大衆民主主義の普遍的な随伴現象として捉えているのである。彼は、官僚制国家であったドイツ帝国の行政の実態を社会学的に考察し、そこから近代官僚制の特徴を抽出してそれを次のように六点挙げている。

1、規則に基づく権限配分の原則
2、上下命令関係のヒエラルキーの原則
3、職務執行の文書主義
4、職務活動は専門的訓練を経た一定の資格を持つ専門職官僚によって遂行される。
5、職務専念と生涯に渡る身分保障
6、職務執行は一般的規則に基づいて行う。

マックス・ウェーバーは、以上のような特徴を持った近代官僚制を「支配関心の用に供された精密機械」と規定し、それ故に、それには機械の一部、つまり歯車となる官僚は身分が保障される代わりに、組織の秘密を厳守し、上司の命令に対してはそれが恰も自分の良心の声であるかのように従う従順さを持つべきである、という規範で律される点を付け加えている。

このように、マックス・ウェーバーは、近代官僚制を組織の一つとして社会学的に捉え直し、近代国家の行政組織の編成原理と組織構成員の行動規範を当時のドイツの官僚制の実態から抽出した。確かに、近代国家も支配組織である以上、国民を主人としてその命令によって動かされる官僚制を持つのは当然であり、政治によって決定される国家の活動方針を具体化する行政は、まず組織として編成され、そしてこの組織を支える専門能力を持つ行政人によって運営されるのは言うまでもない。その実態を、マックス・ウェーバーは社会学的に考察して、以上のような近代官僚制の六つの特徴を抽出したのであった。第二次大戦後、マックス・ウェーバーの「支配の社会学」がアメリカに受容され、社会学のみならず、行政学においても大きな影響力を与えるようになった。次に、アメリカ現代行政学を取り上げて検討する前に、マックス・ウェーバーの官僚制論から行政学の学問的構成に関して幾つかの示唆を得ることができるので、それに触れて置きたいと思う。

彼の官僚制の特徴づけは二つに分けることができる。一つは、行政組織の編成原理である。もう一つは行政人がいかに行動すべきかの行動規範の原理である。行政学の主要な対象は、言うまでもなく、行政機能を担当する近代官僚制の研究であるので、行政学はまず初めに行政とは何かという定義を明確にし、時代と共に行政の内容が変化するので、基幹的類型の行政と時代の変化と共に新しく出現した行政需要に対応する類型等を明確にした後、行政組織の編成が研究されることになる。従って、それは「行政組織論」と言われる部分である。次に、その組織を合理的に運営するために組織の構成員である行政人はいかなる行動をとるべきかを研究することになる。この部分が「人事管理論」である。それは、行政人の管理方法として、スポイルズ・システムかメリット・システムかの問題のみならず、行政人の訓練機関の問題、行政人を職務に専念させるための身分保障の問題、最後に、組織人としていかにその能力を組織目的に沿う形で発揮させることができるのかの人間能力の開発の問題、行政人の行政の対象との関係における責任問題、など多数である。従って、マックス・ウェーバーの官僚制論は行政学の主要な構成内容の行政組織論と人事管理理論を包含しているということになろう。さらに、彼は国家の官庁組織と企業組織は本質的に同種であり、社会学的に見て近代国家は工場と同様に一つの「経営体」（Betrieb）である、と主張しているように、官庁も企業と同種であるとその共通性をすでに喝破している点は慧眼という他なかろう。このことから明らかなように、アメリカにおいては、企業体の経営の合理化に関する学問としての「経営学」の知識体系が、後に見るように、アメリカの行政学に大きな影響を与えていることになった点は良く理解できよう。すなわち、国民主権のアメリカでは、「国民のための行政」が連邦国家成立後に実施されており、それはドイツ流に言えば「行政の実質的合理化」に等しく、従って、残された課題は「行政の形式的合理化」の追求ということになるので、それは「技術的行政学」の形をとることになるのは必然であろう。

以上述べたドイツの行政学の歴史から推論されるように、行政学が「行政の実質的合理化」を追求する方向へと進むと、それは限りなく政治学へと接近し、他方、「行政の形式的合理化」を目指す方向へと進むと、それは限りなく経営学に接近する性格をそもそも行政学という学問それ自体が持っている点を留意して置くことが重要であろう。20世紀において、アメリカの場合、上述の通り、先進的近代国家として民主主義、自由主義が定着し、「行政の実質的合理化」の問題は解決の方向にあり、従って、民主主義、自由主義の実現を目指す学問としての政治学が発展を遂げていた。一方、「行政の形式的合理化」の側面を追求する学問としての行政学は経営学を主要なモデルとするアメリカの「技術的行政学」の形をとることになったと言えよう。それは、後述するように、アメリカ行政学では「政治・行政二分論」として現れ、行政は政治から分離されてその手段としての合理化が追求された。とはいえ、「行政の形式的合理化」の追求に力を注ぐ「技術的行政学」のみでは、社会の抱える諸問題の解決に行き詰まった場合、「行政の実質的合理化」を目指す「機能的行政学」が台頭するのは必然と言えよう。この「機能的行政学」は当然「政治・行政融合論」として現れることになる。こうした傾向は、１９８０年代以降は欧米において、アメリカの行動論政治学の衰退と共に、政治学においては、政策研究、政策科学、公共政策論、公共選択論などの形で現れ、政治学界の主要な潮流を形成するようになった。それは、強いて言えば、行政学の「政治・行政融合論」の政治学版であると見られよう。その結果、政治学と行政学がオーバーラップする現象が起こっている。このことをドイツ行政学の学説史的観点から捉え直して見るなら、「機能的行政学」は「行政の実質的合理化」の問題を提起しているものと見られよう。以上、ドイツにおける行政学の成立と展開から、現代アメリカ行政学を捉え直す視点を、政治と行政、そして政治学と行政学の関係の歴史の中から導き出すことにより、行政学の進むべき道の示唆を得ることができたと思う。

最後に、マックス・ウェーバーの官僚制論以降のドイツ行政学の行方を簡単に述べて本節を終えたいと思う。ドイツ帝政時代に国法学と国家社会学へと分裂した（今日的な表現を用いれば「政治学」である）「ドイツ国家学」を英米の近代政治学をモデルにした政治学への再統一を目指す方向を、ワイマール・デモクラシーを命を懸けて守護しようとしたヘルマン・ヘラーが模索するが、遺著『国家学』（１９３４年）でその萌芽を示したが、それもナチ独裁によって摘み取られてしまった。第二次大戦後、アメリカ文化圏に組み込まれた西ドイツでは、アメリカ政治学と行政学が輸入され、行政学はアメリカ的な行政学の受け売りになっているが、他方、行政裁判所も存続することになり、行政法学も残存し、行政の研究はアメリカ的行政学と行政法学とが協働する形を取っている。それは、戦後の日本の事情も大体類似していると言えよう。但し、日本と異なる所は、公務員の研修機関であると同時に、広義の行政の研究と行政学の教育機関として「行政大学院」がシュパイヤー（Speyer）に創立され、そこで行政学と行政法学が研究・教授されている点である。

3、「国民のための行政」に関する学問としてのアメリカ行政学の成立とその展開

①その背景―夜警国家から行政国家への転換に伴う国家活動の変容―

第一章3の④ですでに述べたように、1860年代初期の南北戦争以降、アメリカでは北部では産業資本主義が急速に成熟し、全国は鉄道や通信ネットワークで結ばれ、全国的な商業市場が出現した。そして生産者の間でも全国的規模の競争が激化し、機械生産が導入された後は、大規模生産を行う巨大企業体が全国を経済的に支配する産業の集中化が進行した。そして、大企業間の競争が激烈となり、その結果として経済活動の行き過ぎた弊害が現われ、各州ではその police power では対応できない事態となり、ついに、1887年に鉄道と船舶運送業を規制する権限を連邦政府に与える「州際通商委員会」が設置された。連邦政府はこの「行政委員会」を用いて全国を対象とする経済活動の規制に乗り出すことが可能となった。世紀の転換期に基盤社会の産業資本主義から独占資本主義への移行に伴い、巨大企業同士が市場を分割して独占し、自由な経済競争が失われるに伴って、アメリカでは自由な経済活動の復活を実現するという名目のもとに連邦政府には「市民の安全、健康、道徳を守るための連邦権限」、つまり「連邦 police power」が必要であるという考え方が発達し、それを利用して、「革新主義」を代表するテオドル・ローズベルトは社会問題の解決に乗り出して行った（ベネディクト、135頁）。この流れを、ウィルソン大統領が継承し、世界大不況後はフランクリン・ローズベルト大統領が完成させた。こうして、連邦政府には社会・経済領域を規制する権力が集中することになった。

大陸のフランスやドイツ、そしてイギリスにおいても、産業資本主義から独占資本主義への転換に伴い発生した社会問題を解決するために、国家への権力集中化現象が生まれた。それは「夜警国家から行政国家」への移行というように言われている。これと同じ現象がアメリカでも起こった。大陸諸国ではこの現象は従来の官僚制をさらに強化する形で進んだが、連邦官僚制の微弱なアメリカでは「行政委員会」制度を通じて展開した点は留意して置く必要があろう。フランクリン・ローズベルト時代にニュー・ディール政策を実行するために、１９３９年に行政組織再編成法が制定されて大統領の直属の組織としてホワイトハウス事務局と予算局から成る大統領府が設置された。アメリカ連邦政府もようやくこれによって大陸並みの本格的な政府を持つことになったのである。

このように、西欧諸国において夜警国家から行政国家への移行に伴い、政府活動の様相が激変するが、その変化の諸相を一般論として次に簡単に述べておくことにしたい。

イギリスでは、18世紀中葉において始まった産業革命の進展の中で、市場経済が発達し、それに伴い19世紀初頭には市場や社会への重商主義的な国家介入を否定する「自由放任主義」論が台頭した。それによると、国家活動は、治安、国防、外交、社会インフラの整備などに限定し、それ以外の経済や社会の領域は国民の自由な活動に任すべきである、と主張された。そのような国家観は「消極国家観」、「夜警国家観」または自由主義国家観と言われ、政府の役割は消極的なものに限定されるべしと主張された。この主張を象徴する文句は「最小の政府が最良の政府である」という、トマス・ペインの『コモンセンス』の冒頭の主張である。その英語の原文は、least government, best government である。政府の上からの統治が少なければ少ないほど、良い統治である、という意味である。建国当時のアメリカではこのペインの主張が受容されていたのであった。この夜警国家観に基づく政府は「小さな政府」と言われた。さて、19世紀の後半期に入って、貧困や不平等などの社会問題が発生して来た。それと共に、階級対立が激化し、さらに労働者階級は社会主義運動を展開し、国家によって社会問題の解決を求めて、国家の政策決定過程への参加の道を普通選挙制度の確立の方向へと探し求めた。そこで、各国政府もこうした時代の流れに促されて国民生活への介入に踏み切らざるを得なくなって行ったのである。そして第一次大戦後は、英独仏では男女普通選挙制度が導入され、社会主義政党が政権に加わることになり、政府は国民の生存権や社会権を保障し、また所得再分配による社会政策を実施し、また景気の安定を図るためにも社会・経済領域への介入を拡大すべきである、と主張された。こうして、「最大の政府が最良の政府」であるという「大きな政府」が出現することになった。それは現代国家、または社会福祉国家である。それは自由放任主義的「小さな国家」とは異なり、国家が国民生活の社会・経済的領域へ介入する「積極国家」である。この国家では、これらの国家介入は主に行政府によって行われるので、現代国家はまた「行政国家」とも言われるようになったのである。

行政国家の特徴は次の通りである。1、行政活動の量的拡大、2、行政活動の質的変化、3、行政権の優越化、の三点である。行政国家としての現代国家は、すべての国家の行政活動の基幹部分の社会インフラの整備のみならず、社会保障、教育制度、衛生制度の充実、景気対策等、国民生活に積極的に介入して行くので、財政規模の拡大や行政機関数や公務員数も増大する（行政活動の量的拡大）。次に、現代国家は国民の社会権の保障も国家の任務となっているので「福祉国家」化し、社会保障、社会福祉、公的扶助、公衆衛生などを充実させ、それらの歳出を担保するために主にケインズ主義的な財政政策に基づいて積極的な財政出動が図られ、行政活動は質的に変化した（行政活動の質的変化）。このようにして行政国家としての現代国家は、量的にも質的にも拡大・変容し、さらに行政活動は高度に専門化して来たので、行政権が従来と違って立法権に対して優位に立つという現象が見られるようになった（行政権の優越化）。量的に質的に増大した行政活動と共に、問題解決には高度の専門性、技術性、継続性が求められるようになったために、これらの能力の乏しい立法部の方で法律の立案・作成が追い付かず、その結果、法律の実質的な内容が政令や省令と言った行政立法に委ねられるようにもなった（委任立法の増加）。こうして、行政主導を、法律と同程度の効力を発揮する、行政府が制定した政令や省令という法律を補足する命令という形で進められるようになり、行政権の優位現象が出現するようになったのである。

以上、現代行政学がその研究の対象とすべき現象について概説してきたが、1973年のオイル・ショックを契機に自由民主主義諸国では財政危機が深刻化し、財政危機克服の一環として、膨張しすぎた「大きな政府」を縮減するネオ・リベラリズム（新自由主義）が台頭して、それに基づく行政改革が進んでいる。従って、本章では、主に英米圏における行政学の成立、そしてその展開、および1980年代以降隆盛となったネオ・リベラリズム時代の行政改革の理論についても取り扱う。

③アメリカ行政学の誕生とその展開

a、「政治・行政二分論」―ウィルソン、グッドナウ

後に大統領となる政治学者のウィルソンは、1887年に論文「行政の研究」（The study of Administration）を発表した。その中で、彼はその姿を明らかにしてきた現代国家の「行政国家」としての側面、すなわち行政現象に着目して、それを政治学の対象に取り上げて研究すべきである、と次のように主張した。現在進行中の国家観の変化と共に、「日々国家はそのなすべき新しい事柄に邁進するのであるから、それらをいかに処理すべきかを明確に見分ける」べきである。そしてこの増大しつつある国家の任務の処理は行政の領域であって、政治の領域ではないことを認識すべきである。つまり、行政の領域は政治の領域ではないのである。そして「行政の領域はビジネスの領域」であるので、行政組織とその運用に関する研究はビジネスの方法から学ぶべきである。また、現在、創出されつつある連邦官僚制は、組織の管理・運営においてその完成度が高く、かつその業務執行における効率性と実効性では世界的に類例のないほど高い評価を得ているプロイセン官僚制度をそのモデルにすべきである。なぜな

ら、民主主義国家でも非民主主義国家でも、ビジネスとしての行政は同一であるからである。勿論、プロイセン官僚制度の導入に際しては、それをアメリカ連邦憲法のフィルターにかけ、そしてその中に民主主義の空気を吹き込んで、主権者の国民に奉仕するものに改組しなくてはならないであろう。

歴史的に封建的過去を持たない新大陸のアメリカでは、近代国家の構造的変化が他の近代国家よりも早い速度で進行していた。ウィルソンはその変化を逸早く感じ取り、三権の中の権力の重心の移動に注意を喚起させただけではなく、巨大企業において開発されつつあった組織の管理・運営（Administration）に関する学問、すなわち経営学（Business Administration）の学問的成果を国家行政（Public Administration）にも応用して、国民に奉仕する能率的で、かつ腐敗のない行政組織の確立を求めると共に、その行政に関して科学的研究を行うべきである、と提唱したのである。こうして、政治学の一分科としての現代行政学がウィルソンを祖としてアメリカで誕生することになった。

彼は、行政研究の目的は「第一に、政府は何を適切有効になし得るか、第二にいかにして政府はこれらの適切な事柄をできるだけ最大の能率と、できる限り最小の費用でなし得るのか、を発見すること」である、と規定し、次に、「行政の分野は、ビジネスの分野である」ので、行政と政治を明確に区別する「政治・行政二分論」を主張した。

このウィルソンと並んで、アメリカ行政学を創始した学者として、グッドナウ（F. Goodnow, 1859～1939）が挙げられる。彼は、フランスとドイツで行政法を研究し、アメリカにおいて行政法を新しい公法の一つとして研究する方向を打ち出す一方、１９００年には『政治と行政』（Politics and Administration: A Study in Government）を刊行し、その中で、ウィルソンと同様に、「政治・行政二分論」を主張した。グッドナウは、人民の意思（popular will）の表出にとって必要不可欠な政府作用と人民の意思の執行にとって必要不可欠な政府作用とは区別する必要がある、と指摘し、前者を政治、後者を行政と命名した。この二つの機能はある程度別個に機能するが、政治は国家の意思の執行にも関わるので、政治は行政に対して、ある程度統制できなくてはならないが、民主政治と行政能率の確保のために、この統制は、必要最小限度になされるべきである、とも主張した。グッドナウは、ウィルソンと同様に、行政能率の確保のためには、政治と行政の区別を主張したが、行政が効果的に活動するには、政治とリンクしなければならない点も併せて主張している。

このように、ウィルソンやグッドナウによって誕生したアメリカ行政学に、その後、「行政の形式的合理化」を追求する行政管理学、行政技術学として完成していく。行政学では、ウィルソンやその継承者による理論は「正統派行政学」とか「技術的行政学」と呼ばれる。

行政学の発展過程で大きな役割を果たしたのが、ニュー・ディール政策の実施に伴う連邦政府の行政組織の再編成という政府組織の改革の動きとテーラーが唱えた「科学的管理法」に影響されて開始された大都市の行政調査運動であった。この行政調査運動は、１９０６年のニューヨーク市政調査会の創設によって開始された。この調査会は、科学的管理法に基づいて行われた実証的・科学的な調査の手法と能率の原理を、すなわち、私企業の能率的経営管理手法を、大都市の行政にも適用しようという目的を実現するために設置され、それは調査の結果に基づいてニューヨーク市政に様々な行政改革を導入し、行政の能率化の試みが実践された。この調査運動は全国的に広がりを見せ、アメリカ行政学の実証化・科学化に向けて、大きな貢献を果たしたのであった。

b、行政研究への経営学の科学的管理法の導入―ウィロビー、ホワイト

このように、アメリカにおいて、行政調査運動を通じて、科学的管理法などの経営学にも影響を受けた行政学は、ウィロビー、ホワイト、ギューリックといった論者によってさらなる発展を見せる。それぞれの理論につい

て、次に簡単に紹介して行きたいと思う。

ウィロビー（W. F. Willoughby, 1867～1960）は、行政調査研究所の初代所長を務め、１９２７年に『行政の諸原理』（Principles of Public Administration）を公刊し、ウィルソン的な「政治・行政二分論」の考えをさらに徹底化させた。彼は、政治と行政の分離をさらに進めて、これまでの三権分立論は妥当ではないと批判し、広義の行政を執政と狭議の行政に分け、政府権力を、1、選挙、2、立法、3、司法、4、執政、5、行政、の五つに区分し、行政作用と執政作用の分離を主張し、有名な五権論を展開した。彼によれば、「執政」とは、全体としての政府を代表し、その法律の全てが、その幾つかの部分によって遵守されることを監視する作用であり、「行政」とは、政府の立法部門によって宣言され、司法部門によって解釈された法律を確実に執行する作用である、と規定した。そして、現実の行政においては、節約と能率を確保することが重要である、と主張した。また、彼は、行政と経営の間には本質的な差異はなく、経営において確保されるべき節約と能率が行政にも適用される必要があり、そして行政における基本的原理の発見と応用がなされることを説き、「科学としての行政学」を提唱した。

ホワイト（L. D. White, 1891～1958）もまた、「政治・行政二分論」を主張し、１９２６年に『行政研究入門』（Introduction of Public Administration）を出版した。この著作は、アメリカ行政学最初の体系的教科書として知られている。ホワイトは、行政研究は管理の視点から研究されるべきであると主張し、行政とは、主として国家目的達成のための人及び物の管理であり、行政の目的は、公務員によって使用される資源の最も効率的な利用である、と規定した。すなわち、行政の目的は、行政サービスの提供に関わる事務一般の能率的処理である、と主張した。このように、ホワイトもまた、ウィロビー同様に「政治・行政二分論」を徹底化させ、科学的管理法にも影響されながら、行政管理学としての行政学の確立に貢献した。ウィロビーやホワイトらの学問的立場は「能率学派」とも称される。

アメリカ行政学の「政治・行政二分論」は、1929年に始まった世界大恐慌とニュー・ディール時代、1941年～45年の第二次世界大戦等の歴史的変動の中で、激しい批判を受けることになった。この時期、上記の通り、アメリカでは、大恐慌の勃発等といった深刻な社会・経済問題に対処するために、連邦政府の行政機能が質的にも、量的にも拡大し、行政国家化現象が加速していた。一連のニュー・ディール政策の遂行により、連邦政府による積極的な社会・経済領域への介入が行われ、アメリカ連邦政府の行政機構は肥大化して行った。そして、それに伴って、行政の自由裁量や行政への委任立法の増大も見られた。ニュー・ディール政策以前には、政治と行政の分離はほぼ正当性を持って、受け入れられてきたが、このような行政権の強大化に伴う行政国家化現象の進展という事態の展開の中で、「政治・行政二分論」は次第にその説明能力や説得力を失っていった。

c、ギューリックによるPOSDCoRBの頭字語に象徴される行政組織管理論の提唱

次に取り上げるのは、父が宣教師として日本で活動していたことがあり、大阪生まれで、少年時代を日本で過ごしたギューリック（L. Gulick, 1892～1993）である。アメリカに帰国後オベリン大学（Oberlin College）で政治学の学士と修士の学位を取得後、コロンビア大学で設置されていたニューヨーク市政調査会公務員訓練学校でチャールズ・ビアード教授の下で二年間学んだ経歴の持ち主である。第一次大戦中は参謀本部統計局で大尉として従軍し、戦後コロンビア大学で博士の学位を取得後、彼は1920年から1960年までニューヨーク市政調査会会長、および1920年から1962年まで行政研究所所長を歴任している。1930年代においては、現代アメリカ政治学の創設者のチャールズ・メリアムと共にフランクリン・ローズベルト大統領によって設置された「行政管理に関する大統領委員会（通称、ブラウンロー委員会）」の委員も兼務した。イギリスの経営学者のアーウィック（L. Urwick）と共に、1937年に『管理科学論集（Papers on the Science of Administration）』を編纂し、その

論集に、ギューリックも「組織の理論に関する覚書」（Notes on the Theory of Organization）（１９３７年）を寄稿し、同論文の中で組織の一般理論および有名なＰＯＳＤＣｏＲＢの頭字語（acronym）で要約された行政組織の最高責任者の七つの機能を発表した。

夜警国家から行政国家への転換に伴い必然的に行政事務の増大とそれを担当する行政組織が膨張して行ったが、それに伴い全体としての行政組織も変容する中で、如何にすれば行政の能率を高めることができるのか、という観点から、まず全体としての行政制度を組織管理論の観点から考察し、そこから行政の能率を高める方法を見つけ出そうとする方向へと行政学を展開したのがギューリックである。

マックス・ウェーバーの官僚制のところで記したように、行政官僚制の特徴は、組織の一種としての官僚制の編成原理、そして官僚制を実際に動かす官僚という行政人の行動規範の二つである。ギューリックは、このＰＯＳＤＣｏＲＢの頭字語に象徴される行政組織のトップの行動規範を導き出すに当たって、従来の行政の研究が工場現場の合理化に関するテーラーの科学的管理法に拠って節約と能率の観点からの行政の合理化を追求してきた点を反省して、フランスの経営者で経営学者のＨ・ファヨール（1841～1929）の提唱する経営管理論に示唆を得て、行政組織全体の管理・運営に関する理論を次のように展開した。彼は、組織とは分業を前提とした調整の構造であり、そして分業とは複数の人間の間で作業を分担することであり、調整とは分業された仕事の間で統一性を確保することである、と捉えた。彼は、同質的な仕事はできるだけ一か所に集めることが望ましいとして、分業体制の組織は、組織の目的別、過程別、対象別、地域別の四つの基準に基づいて構築されるべきであると論じ、分業の二つの原則を次のように挙げた。１、同質性による分業の原理（homogeneity）＝共同作業グループの能率は、仕事、方法、目的の同質性に直接リンクしている。２、専門家に対する警戒の原理＝組織内における専門家は重視されるべきであるが、一般人の基準こそが最終判断のよりどころであり、それこそが民主政に対応する。

次に、分業が円滑に行われるためには、分業の単位が相互によく調整されていなくてはならないが、調整の方法として最も重要な方法は権威の体系の確立である。調整の二つの原理を次のように挙げている。1、統制の限界の原理（span of control）＝一人の上司が管理できる人数には限界がある。2、指揮系統単一の原理（unity of command on master）＝一人の上司による命令による作業こそが、能率的かつ責任あるものとなる。

次に、組織化の型を検討し、それについては、「上から下へ」（トップダウン）と「下から上へ」（ボトムアップ）という観点から考察できるとして、前者では、調整の二つの原理が適用され、最高責任者の仕事内容をPOSDCoRBの頭字語で提示したのであった。ギューリックは、この最高責任者の仕事、すなわち、最高責任者の総轄管理機能を以下のPOSDCoRBの頭字語を構成する、次の七つの機能に分類している。

1、Planning（企画・立案）：遂行される必要のある事柄及びその目標達成のための方法についてのおよその概略の作成。

2、Organizing（組織化）：目標達成のための組織を作る。

3、Staffing（人事）：職員の採用、訓練、快適な職場環境の整備。

4、Directing（指揮監督）：命令や決定を下すリーダーとしての役割。

5、Co-ordinating（調整）：業務の各種部分を相互に関連付ける重要な義務。

6、Reporting（報告）：執行責任者は何が行われているのか常時知り、かつ執行責任者とその部下が記録、調査、監査を通じて組織内外の進行状態を知ることができる体制作り。

7、Budgeting（予算作成）：財政や会計。

また、ギューリックは、最高責任者がこの組織を総括管理する7つの機能を十分に果たすために、専門的なサポート組織が必要であるとして、組織全体を、直接的な業務を遂行するラインと、ラインに対する助言や支援という間接的な業務を担当するスタッフとに分類している。そして、軍隊の参謀本部から示唆を得て、最高責任者による組織を総括管理する七つの機能の遂行において最高責任者を補佐するスタッフの機能を重視し、連邦政府におけるラインとスタッフの職務分担の採用を主張した。この主張に基づいて、1939年にアメリカ大統領府が設置されることになったのである。

d、「政治・行政融合論」―ディーモック、アップルビー、ワルドー

連邦政府による社会問題の解決を目指す行政活動の展開は、言うまでもなく、それは政治によって推し進められているので、当然、行政が政治によって規定されている事実が顕著になるに従って、それまで軽視されて来た政治と行政の関係に焦点を当てる研究が現われて来るのは当然と言えよう。こうして、ディーモック（M. E. Dimock, 1903~91）は、1936年にガウスなどとの論文集『行政学の未開拓地』（The Frontiers of Public Administration）を刊行し、彼が書いた「社会的能率」の中で、政治と行政の統一的把握を唱え、それまでの技術的行政学で唱えられる傾向のあった「機械的能率観」を批判し、能率観念の社会化、すなわち、「社会的能率観」を提示し、人間的な要素を含有する「社会的能率観」こそ真の能率である、と主張したのである。つまり、社会的能率観とは、行政の社会的有効性（例えば、職員の満足度、目的の達成度）、ドイツ流に言い直せば「行政の実質的合理化」を基準にして、能率の高低を判断しようと考える立場である。また、アップルビー（P. Appleby）は、1949年に『政策と行政』を著し、政治と行政の融合を主張した。このような考え方を「機能的行政学」とも呼ぶ。彼によれば、政策は行政の過程で形成され、行政と政策形成は交互的であり、行政も政策形成も連続的に把握

される必要がある、と主張した。このように、アップルビーは、行政は不可避的に政策を通じて政治と連関しているのであり、行政を政治過程の一つとして把握する観点を示すことで、ウィルソンにその端を発する「政治・行政二分論」に代わる「政治・行政融合論」とも言うべき新たな観点を提示したのであった。

サイモン（H. Simon）もまた、１９４７年に『行政（経営、管理）行動』（Administrative Behaviour）を公刊し、その中で、政治と行政は連関したものとして、すなわち政治を政策形成・決定過程として、行政現象をその実施過程として把握する立場をとった。サイモンの行政学への寄与については、次の項で詳しく述べるので、ここではこれ以上取り上げない。

最後に、ワルドー（D. Waldo）による技術的行政学への批判を紹介しておこう。ワルドーは、１９４８年に『行政国家』（The Administrative State）を出版し、行政領域と政治領域は異なる領域ではなく、従って、行政は政治とは分離できないと主張した。また、能率は行政学の目標の一つであるが、能率のような一見価値中立的に見える原理のイデオロギー性を指摘し、行政目的が異なれば、採用すべき能率も異なるべきであり、技術的行政学が唱えた能率を客観的能率と命名し、それとは異なり、価値や目的と密接に連関した規範的能率の存在を指摘した（客観的能率と規範的能率の二元的能率観）。また、ワルドーは、目的そのものは規範的であるので、客観化が困難であるが、目的を所与とすれば、投入資源と成果との間で客観的な能率が測定でき、その範囲内で行政学は科学化が可能であると考えた。

③アメリカ行政学への経営学説の影響

アメリカでは連邦政府が近・現代国家としての組織の整備が大陸の近代国家の国家官僚制並みに完成する前に、すでに大企業の巨大組織が先に出現しており、その管理・運営に関する学問としての経営学が発達していた。そして、国家官僚制と大企業の経営体も目的は異なるが、組織の観点から見るなら類似している点が多いので、アメリカ行政学は経営学の影響を受けることになり、上記したように、能率に関してテーラーの科学的管理法について若干言及している。本項では、アメリカ行政学に最も大きな影響を与えたバーナードとサイモンの理論を取り上げるが、その前にバーナードが批判の対象にしたテーラーとホーソン実験に基づくテーラー批判を簡単に紹介して置きたいと思う。

a、テーラーの科学的管理法

20世紀初頭のアメリカでは、企業合併によって大規模化した工場における生産能率の向上が大きな経営課題として提起されていた。この課題の解決に取り組んだのがテーラーである。彼は、１９１１年に刊行した『科学的管理の原則』において科学的管理法（scientific management）を展開した。彼が科学的管理法を提唱する以前は、生産現場の作業は主に熟練労働者の経験や勘に頼る「なりゆき管理（drifting management）」が工場内で横行していた。そのような中、大量生産を行う必要から、能率の向上とコスト削減を課題にした工場管理者は、単純出来高払いによって労働能率の向上を図ろうとした。最初は能率が向上した。ところが、労働者の賃金が上昇したので、賃金の切り下げでコストの削減を図ったため、労働者から不信感が強まり、組織的怠業で労働者は対抗することが多々あった。このような「なりゆき管理」を改め、作業を最も効率的にする動作や作業環境を設定し、それを基準に管理を行う手法が編み出された。これが、「科学的管理法」（テーラー・システム）である。テーラーは、最も仕事のできる労働者の仕事を、ストップウォッチを用いた「時間研究（time study）」と「動作研究（motion study）」によって分析し、そこから最も効率的作業のやり方を発見し、これを基準にして、課業（タスク）と呼ばれる一日に達成すべき公正な作業量を導き出した。これを「課業管理（task management）」という。テーラーは、管理とはこのような課業を発見して、それを労働者に割り当てることであると考えた。しかし、管理者が課業を割り当てても、労働者がこれを正確に執行する保証はない。そこで、テーラーは、課業を達成した労働者には、高い報酬を、そうでない者には低い報酬を支払うといった「差別的出来高賃金制度（differential piece-rate system）」を考案し、高い報酬でもって労働者の勤労意欲を向上させようとした。この制度は、労働者の高賃金要求と、経営者の人件費コスト引き下げの要求の二つを同時に満たす賃金制度と考えられた。また、テーラーは、管理を円滑に遂行するために、作業と管理を分離させ、管理は現場の熟練労働者の職長に任せず、管理専門の職長に担当させ、生産工程のフローに従って、管理の機能を分類し、生産工程ごとに職長を置く「職能別職長制度（functionalized foreman-ship）」を考案した。この制度により、一人の労働者は、複数の上司の下に置かれることになった。このテーラーによる「科学的管理法」は、フォード自動車でさらなる発展を遂げ、「フォード・システム」として知られるようになった。テーラーは、後に、科学的管理法の本質は、労使双方による「精神革命」であり、労使協調の促進、労使の親密な協力の重要性を説いた。このような、「科学的管理法」の考え方は、技術的行政学の発展に大きな影響を及ぼした。

テーラー・システムやフォード・システムは、作業の標準化・専門化等を通じて、飛躍的な生産量の増大をもたらし、大量生産時代に適応していった。しかし、生産現場での効率性が追求されればされるほど、労働者は、映画「モダン・タイムズ」の中の労働者を演じるチャップリンのように、非人間的で「機械のように」扱われるようになり、様々な批判が投げかけられるようになった。

b、メーヨーの人間関係論

ハーバード大学のメーヨー（E. Mayo）やレスリスバーガー（F. Roethlisberger）は、ウェスタン・エレクトリック社のホーソン工場で一連の実験を行い、インフォーマル（informal）な、つまり非公式的な人間関係の存在が、作業効率と連関していることを指摘し、テーラー達を批判した。

メーヨー達の実験以前に、2年半ほどかけて、労働者に「照明実験」が行われていたが、照明の量・質が作業効率に及ぼす影響は発見できなかった。次に、メーヨー達は、こうした「照明実験」を受けて、5年ほどかけて、「継電器組み立て実験」（この実験は6名の女性作業員を1つの部屋に集め、賃金制度、休憩時間、軽食サービス、労働時間等の作業条件を順に変化させていき、彼女たちの生産能率の変化を測定する実験）を行った。この実験では、休憩時間を増やせば、生産能率も向上した。そして、元の作業条件に戻しても生産能率は下がるどころか向上するといった結果がでた。メーヨー達は、このように、作業環境や作業時間等は作業の能率への影響を発見することができなかった。これらの実験の結果、従業員は与えられた物理的条件に忠実に反応するというテーラー等が仮定した、いわゆる「機械人」モデルについて疑念を抱くようになった。メーヨー達は、これらの実験の終了後、労働者との面接を通じて、職場の人間関係による労働者の感情や態度といった非合理的な要因が、作業能率や勤労意欲の向上に影響を及ぼしていることを発見した。彼らはこれらの発見に導かれて職場内のインフォーマルな人間関係の存在を確認し、非定型的な人間関係が職場の作業能率に影響を及ぼすこと、すなわち、人間は職場内においても、感情や人間関係に左右されること、を発見した。

このように「ホーソン実験」によって、インフォーマルな、すなわち非公式的な要因によって作業効率が左右されることを発見したメーヨー達は「人間関係学派」と呼ばれ、テーラー達の「科学的管理法」で前提とされていた「機械人」モデルに代わって、集団によって影響を受ける感情的な「社会人」モデルを提示した。

c、バーナードの経営管理論―経営体の管理・運営から導出された現代組織論

チェスター・バーナード（Chester I. Barnard, 1886～1961）は、ニュージャージー・ベル電話会社の社長であった。またニュージャージー州政府の緊急救援基金の管理長官を二度に渡って務めている。このように、彼は、経済界の組織と政府の組織の両方での実際の経験を纏めてそれに基づいて、１９３８年に『組織幹部の職務』（The Functions of the Executive）〔邦訳題は『経営者の役割』となっている〕を刊行した。ギューリックはその一年前に発表した「組織の理論に関する覚書」の中で、公式的な組織（Formal Organization）の一般理論とそれに基づく最高責任者の組織の管理・運営に際して遂行すべき七つの機能（function）を示した。バーナードは、ギューリックの主張は、最小の費用で最大限の効果を目指す「経済人」モデルの合理的人間像に基づいてフォーマルな組織論を展開しているが、実際の組織の運用においては人間関係論が提起したインフォーマルな集団によって影響を受ける感情的な「社会人」モデルが現実に組織で活動している人間像に近いことを熟知していたので、著書の中ではフォーマルな組織論とインフォーマルな組織論とを統合した新しい現代組織論を展開し、それに基づいて組織の執行部（Executive）、すなわち「組織幹部」の機能としてのその職務と役割に関するギューリックとは異なる見解を示した。次に、彼の組織論と「組織幹部の職務」を見ることにしたい。

現実の人間はその能力やその活動において様々な制約下にある。つまり、人間は生きてくために様々な選択を行わなくてはならないが、実際は様々な制約を受けて思う通りの選択ができない。そこで、人間は様々な制約を克服するための最も効果的な方法として他人と協働することになる。こうして、複数の人間が共通の目的に向かって協働する仕組みが生まれる。この協働の仕組みが一つのシステムとなったのが集団とか団体と称されるものである。そしてすべての協働体系（cooperative system）に共通する中核の要素が組織である。換言するなら、組織とは、

二人以上の人々の意識的に調整された活動や諸力の体系である。以上のように、バーナードは、人間は物事の遂行にあたって、物的・生物的・社会的に制約された存在であり、このような制約を克服する手段が「協働」であり、このような「協働体系」の中核にある要素として組織を捉え、組織が成立する条件として、１、共通目的、２、貢献意欲、３、コミュニケーションの三つを挙げた。彼はこの三つについて次のように述べている。

共通目的：協働体系の中で意識的に調整された人間の活動や諸力の体系が組織であるので、すべての組織は目的を持つところにその特徴がある。組織によって協働行為が生まれてくるのは、組織の目的がその構成員に受け入れられている場合に限られる。目的はこのように協働的並びに主観的の両側面を持つ。主観的側面は構成員にとって目的が持つ意味ではなく、組織全体にとってそれが何を意味するかについての構成員の考えである。従って、たとえ嫌な職務であっても、それが組織全体の目的とその中での自分の持ち場に関連すると納得すれば、構成員の個人は実行することを厭わない。

貢献意欲：個人は自らの制約を克服するために協働するのであるが、個人と組織の動機が同一であるという保証はない。とはいえ、個人による共通目的のための努力という貢献意欲がなければ協働は成り立たない。ここで言う貢献意欲とは個人の努力を共通目的に寄与させる意思である。個人は何らかを犠牲にして組織のために貢献するわけであるから一定の見返りが必要である。つまり、適切な誘因が無ければ人間は組織に貢献しようとはしないで筈であり、貢献と誘因には釣り合いが取られる必要がある。

コミュニケーション：共通の目的を達成するには、貢献意欲の他に、各人が自らの仕事を分担し、共通目的達成のために各人の活動を調整するコミュニケーションの存在が不可欠である。このコミュニケーションを通じて、その構成員は共通目的を誤解することなく、実際の活動に変換することができる。次にコミュニケーションの方法は、第一に口頭もしくは文章による言語であり、第二に「以心伝心」である。これは言語が使われることなしに、ただ単に客観的状況だけでなく、意図までも理解する能力である。これは特別な経験、訓練、それに長い間の連帯であり、それによって構成員は特定状況に対する共通の知覚や反応を持つようになる。

バーナードは、組織が成立するためには、以上挙げた三つの条件が必要である、と捉えた。次に、組織の存続の問題であるが、組織の存続の程度は、共通目的の達成度と連関する。これをバーナードは「組織の有効性（effectiveness）」と呼んだ。また、各人の貢献意欲をどれだけ確保できるかが、組織の存続にとっても死活的である。これをバーナードは、「組織の能率性（efficiency）」と呼んだ。組織が各人の貢献意欲をどれだけ引き出せるかは、貢献と誘因のバランスに依存している、とバーナードは考えた。すなわち、各人は、組織の目的を達成するために貢献するが、その際、それに見合う誘因を考慮して、その貢献度を決定する。誘引が貢献よりも大きければ、個人の組織への貢献度が高まるので組織の能率は向上する筈であるからである。また、バーナードは、組織が成立する条件の中で、組織幹部にとって最も重要なのはコミュニケーションであるという。それは組織幹部の職務と直接に関係するからである。一般に、組織においてその構成員の上司か幹部の命令ないしは指示に対する反応は、彼によると、三つのタイプがあるという。第一は、個人は上司が命令を出す「地位」にあると思っているので、上司か幹部の命令ないしは指示に従うケースである。この場合、構成員の個人が命令や指示の内容に対して疑問を抱くことなく、当然のものとして受け入れており、このタイプの上司と部下の個人との関係には「地位の権威」（職位の権威）が確立されている状態にあるという。このタイプの組織は、上司の命令を各人が受け入れられるものかどうかを判断することなく、無意識あるいは無批判に受容している「無関心圏」が存在している組織である。こうした組織においては、この「無関心圏」の領域を維持・拡大するのに大きな影響を及ぼしているのが、共同体意識であり、この意識は非公式的組織によって生み出され、それ故、非公式的組織が権威の維持のために重要であること、を指摘している。次に第二のタイプは、下位者が命令ないしは指示の内容を吟味してそのメリット、つまり彼らにとって組織への貢献度を上回る誘因が含まれているかどうかを考慮した後にのみ従うケースである。このタイプでは、バーナードは、個人と組織の関係は誘因と貢献の交換システムとして捉えているので、幹部の命令ないしは指示を出す権限は、個人が命令ないしは指示を喜んで受け入れて、活動する意欲を引き起こさせる力としての「権威」(authority)に由来するなら、組織は、内部において摩擦なく円滑に運用される、と捉えている。従って、幹部は絶えず組織の目的をその構成員の各個人が共有するように相互の意思を密にし、かつ組織が個人に与える誘因とそれと引き換える形での個人の貢献のバランスを維持するダイナミックな組織過程をコミュニケーションの回廊を通じて活性化させることが、その主要な職務ということになる。最後に、下位者が命令ないしは指示に従わない場合である。その場合の組織は機能不全に陥り、崩壊する。従って、彼は、第二のタイプの上司と部下の関係の組織類型を、「組織の幹部」が絶えず作り出し、それが第一のタイプへと成長させることがその職務である、と考えていた。

さらに、彼は、組織を存続させるために、組織の目的を環境と構成員との関係において定立し、そしてあらゆる手段を組織の目的実現に適合させる意思決定は組織のトップの「幹部」、つまり執行部の主要な職務である、と捉えている。すなわち彼は、組織の管理学において本格的に組織における意思決定(decision making)の問題を提起したと見られる。彼によると、組織における意思決定過程は、決定の目的、意思決定に要するスピード、意思決定者が利用できる情報の質の三つに依存しているという。とりわけ、意思決定者が利用できる情報の質が不確実である場合、組織の意思決定は非論理的な方向へと向かう危険性があると指摘している。後述するが、この意思決定論はサイモンが継承し、彼の「行政人」モデルへと結晶する。

バーナードは、経営学の分野では大規模組織の管理・運営に関する実際の経験が長い間蓄積されており、さらにそれらの経験が整理されて、経営学の新しい理論として創り出されている中で、大企業と比べて一回り遅れて行政の分野では、ようやくブラウンロー委員会の勧告に基づいてフランクリン・ローズベルト大統領の執政を補佐し、その政策を遂行する「執行部」の行政組織の再編強化という「政治の世界」における成り行きを観察しながら、ギューリックの形式組織論とそれに基づく最高責任者の職務（function）に関する形式的な特徴づけを批判的に検証し、以上のような組織論を展開したのであった。そして、実際に円滑に運用されている組織の動態的な過程を考察し、そうした考察から次のような「組織の幹部」の職務と役割を挙げた。彼は、「組織の幹部」、すなわち執行部の基本的な職務は協働のシステムとその環境との間の関係を処理する業務（process）および組織の参加者が満足し、そしてその満足感が参加者に行き渡ることに関わる業務の遂行である、と捉えている。前者の協働システムを環境の変化とそれに対応して新しく定立された目的に合わせて調整するためには執行組織を発達させる必要があり、そして複合的な組織ではコミュニケーションが必要不可欠であるので、執行部の職務は単一体によって遂行されなくてはならない。後者の参加者の満足感の創出と彼らの間に満足感を行き渡らせることは、組織の目標遂行のために参加者に対する動機の教化および誘因の提供によって個々人の行動様式の変更を結果的に生じさせることに繋がる。執行部は組織におけるコミュニケーションのセンターの地位を占め、かつ人体に例えるなら、頭脳と体の関係と類似したやり方で組織の作用を維持しなくてはならない。また彼は、「組織の幹部」、すなわち執行部の職務をより具体的に次の三つに絞っている。すなわち、コミュニケーションのシステムの確立と維持、参加者の個人的努力の確保、組織の目標の定式化とその意味の明確化である。

最後に、組織のトップとなるリーダーの資質として、バイタリティ、忍耐力、決断力、説得力、責任感、知的能力の五つを挙げている。そして。リーダーの資質の中で最も重要なのは責任感である。責任感は道徳律の存在に由来するので、道徳律が組織の個人の行動を律する時に初めて責任感が生まれるので、組織のリーダーは組織それ自体の道徳律を創出し、かつそれによって自らの行動のみならず、組織の構成員の行動も律されるように組織の運用を行うべきである。従って、組織のための道徳律の創出および道徳律を巡る紛争を裁定することが執行部の主要な職務となる、と彼は言う。

d、サイモンの「組織における意思決定」に焦点を当てた現代組織論の展開

ハーバート・サイモン（Herbert A. Simon, 1916~2001）は、政治学、経済学、心理学、社会学、コンピュータ―サイエンス、経営学、哲学などの社会科学全般に通暁した、言葉の真の意味における「社会科学者」である。彼は経済学の理論的前提となっている「経済人」という合理的人間像を批判しているにもかかわらず、その批判が評価されて１９７８年に、ノーベル経済学賞を受けている。彼は、「人間の選択能力が制約されている」というバーナードの考え方を継承し、とりわけ組織の構成員である人間の意思決定に焦点を当ててそのメカニズムを明らかにして、それを土台にしてバーナードの組織論をさらに精緻化している。

彼は、１９４６年に、Public Administration Reviewに寄稿した論文「行政の格言」（The Proverbs of Administration）の中で、ギューリックの行政学の「原理」は、行政現象のある側面の「定義」にすぎず、言い古されている格言と同じく、一つの格言にはそれと相反する格言があるように、それは「原理」ではなく、理念型に近く、表層的に捉えられ、単純化されており、リアリズムに欠けている、と批判した。そして、行政学の原理が明らかにすべきは人間の行動の「合理性」（rationality）に「諸々の限界〔制約〕（limits）」が存在し、「経済人」と同様な合理的な人間像では組織における意思決定過程を正しく捉えることができない点である、と主張した。そして、彼はこの考え方を体系化した著書『行政行動―行政組織における意思決定過程の研究』（Administrative Behavior: A Study of Decision-making Processes in Administrative Organization）〔邦訳題は『経営行動』となっている〕を、翌年の１９４７年に公刊した。以下、彼の組織における意思決定論とそれに基づく組織論について見

ることにしたい。

サイモンによれば、最小の費用で最大限の成果を得ようとする「経済人」の場合、意思決定とは、その目的を達成するために使用すべき手段を幾つかの選択肢の中から選択する合理的な過程であるが、意思決定の流れには、次のような三つの流れが考えられる。1、代替案の列挙、2、それぞれの代替案について、それぞれの結果の予測、3、それらの結果の評価。これらの代替案の列挙・その結果の予測・評価の過程の中で、各人は情報を収集したり、自らの価値観を確認したりするが、彼はこれらを「意思決定前提」という。「意思決定前提」には、「事実前提」と「価値前提」がある。「事実前提」は科学的・実証的に検証可能であるが、「価値前提」は検証不可能である。

次に、サイモンは、このような「意思決定前提」に依拠した意思決定において個人は合理的・客観的になり得るのか、と問う。彼は、意思決定とは行為に導く選択の過程である、と考える。彼は、意思決定は主観的にしか合理性をも持ち得ない、と考える。何故ならば、各人が列挙できる代替案には限界（制約）があり、また、結果予測は不完全であり、たとえ結果予測ができても、各代替案の結果を客観的に比較・検証することは難しいからである。このように、サイモンは、普通の人間は「経済人」モデルのような合理的選択行動を行う「合理性」を持っていない、と批判し、現実の人間がある程度の自由意志、選択力、意思決定の能力を持っているのは事実であるが、彼の能力が様々な要因によって制約または限定されているために、彼が実際に達成し得るのはあくまでも「制約〔限定〕された合理性」（bounded rationality）でしかあり得ない、と主張した。そして、こうした「制約〔限定〕された合理性」に基づいて行動する人間のモデルを「行政〔経営または管理〕人」（administrative man）と呼んだ。彼によると、この「行政〔経営または管理〕人」は、彼の知覚する世界が現実の世界を極度に単純化したモデルであることを認め、このような単純化に満足する。つまり、人間は「経済人」のように、完全な合理的選択論に基づくのではなく、限定された争点に焦点を当てて、最善の選択肢を無視し、実際の行動によってもたらされる価値は限定され、そして情報を集める時間を減らすことから結果する、一連の満足化（satisficing）モデルに基づく諸決定を行っている、という。こうしたサイモンの「制約〔限定〕された合理性」理論に基づいて、現実の人間の意思決定行為を考察すると、人間は、その行動に際して、一定の選択肢が最小限の条件に適うように見える場合、あるいは「満足し得る」場合に行動に踏み切るものと解釈されることになる。

サイモンは、以上述べたような不完全な意思決定を強いられる各人の意思決定の限界を組織によって克服しようとする。つまり、個人の意思決定の合理性を組織によって高め、それを組織全体の意思決定に統合しようとする。

サイモンは、現実の人間の行動パターンは、「躊躇―選択型」よりも「刺激―反応型」であることが多いと考えた。だから、目的合理的反応をもたらすであろう刺激を意識的に選択し、人間の行動パターンに影響を与えることが組織管理において重要である。すなわち、個人が合理的意思決定を行なうように、組織が個々人の意思決定前提に働きかけることで、個々人の意思決定の限界を克服することが重要である、と考える。各人は、通常、他人の影響力を受け入れ、組織の共通目的に沿った行動がとれるような態度、習慣等の中に置かれているが、サイモンは、このことを「組織影響力（organizational influence）」と命名した。この「組織影響力」には、1、権限・権威（authority）、2、コミュニケーション、3、能率の基準（criterion of efficiency）、4、組織への一体感（organizational identification）が挙げられる。1と2は外的影響力と呼ばれ、組織の外で行われた意思決定を組織構成員に課すためになされる。また、3と4は、内的影響力と呼ばれ、個々の構成員が組織目的に有利な意思決定を行う心理、態度、習慣を確立するためになされる。

1の権限・権威とは、組織から権限を授与された者が、他人の行為を左右する意思決定権力であり、部下に上司の命令を進んで受容させることで（上司の意思決定を部下に従わせる権限・権威がなければ、構成員の行動を調整できないだろう）、各人の「価値前提」に働きかけるものである。

2のコミュニケーションとは、意思決定前提が提供される全ての過程（例えば、文書による命令や、非公式的なコミュニケーション等）である。意思決定前提が正確に伝達されるためには、特定の意思決定をおこなう責任を付与された個人である意思決定センターに情報が適切に伝えられるか、もしくは、意思決定センターから他の組織部門へ情報が適切に伝えられるかに依存している。また、個々の構成員は、組織目標のみならず、個人目標も抱いているのが通常であるので、公式的コミュニケーションのみならず、非公式コミュニケーションも十分に活用される必要があろう。コミュニケーションは、各人の「事実前提」に働きかけるものである。

3の能率の基準は、各人に限定された資源の中で最大の結果を得るように選択することを命じるものであり、各人の事実前提に働きかけるものである。能率の規準を個々の構成員に教育、訓練することで、彼らの能率的な意思決定を可能にする。

4の組織への一体感とは、各人に組織目的に愛着を持たせ、また、組織へ愛着を持たせることで、各人の価値前提に働きかけるものである。一般に、個々の構成員が組織に対して強い忠誠心を抱くことは、組織にとって望ましいことである。

これらの四つの影響力によって、組織は個人の意思決定前提に働きかけ、各人の「事実前提」には、2のコミュニケーション、3の能率の基準によって、「価値前提」には、1の権限、4の組織の一体感、によって働きかける。このような組織影響力によって、各人の意思決定を一定の「刺激―反応型」行動パターンへと導き、それにより、各人の意思決定の合理性を向上させ、各人の意思決定を組織の共通目的に合致させることを可能にする、とサイモンは考えた。サイモンは、バーナードに従って、組織を協働体系であると考えると同時に、意思決定の複合過程と捉えている。

e、動機づけに焦点を当てた人間関係論の展開

１９５０年代から60年代にかけて、マズロー（A. Mazlow）、アージリス（C. Argyris）、ハーズバーグ（F. Herzberg）、マクレガー（D. McGregor）達によって、モチベーション理論として人間関係論はさらに発展・継承された。

マズローは欲求の5段階説（人間は低次の欲求が満たされるにつれ、より高度な欲求を満たそうし、人間の欲求には、それぞれ低次のものから、生理的欲求、安全の欲求、所属の欲求、尊厳の欲求、自己実現の欲求がある）を唱え、モチベーション理論を開拓した。

アージリスは、マズローの欲求5段階説を踏襲し、組織と個人との間の軋轢に注目して理論を構築した。彼によれば、職員の士気を向上させるには、「職務拡大」（各職員の仕事の幅を拡大し、能力を活用する機会を増大させること）と「参加的リーダーシップ」（全ての職員が、当該の活動方針の決定に参加できること）が必要であり、これらの施策によって、マズローの言う職員の自己実現欲求が充足される、と考えた。

続いて、ハーズバーグは、聖書の逸話をもとにして、人間の欲求を大きく、アダム的欲求（痛みを回避する欲求）とアブラハム的欲求（個人的成長を求める欲求）に分類し、この分類を実証的に調査して、職務における不満足要因（衛生要因）と満足要因（動機づけ要因）を見出した。不満足要因は、職員の職場環境を整備するという意味で衛生要因とも呼ばれるが、そのような環境整備は生産性の上昇にはさほど連関せず、満足要因が充実されることで職員の士気が向上し、生産性が高まる、とハーズバーグは考えた。そのために必要なのは、職務充実であり、職員への裁量権の増大等がその内容である。

マクレガーは、従来の理論をX理論と呼び、その理論内容は、人間は仕事を嫌う傾向をもっているので、厳しく

管理・統制が行われねばならないと説いてきた、と考える。そして、このようなX理論は、必ずしも現実的にうまくいっていないことを指摘して、Y理論を提唱する。Y理論は、人間は必ずしも仕事が嫌いなわけではなく、彼らは強制しなくても、組織の目標達成のために働くが、それは、報酬に左右される、と仮定する。報酬の中でもっとも重要なものは、業務に関連した自己実現の欲求の充足である、と仮定する。このY理論こそ現代においては望ましい、とマグレガーは考える。

④官僚制批判論―官僚制の諸相への多様なアプローチ

a、マートンの官僚制への社会学的アプローチ―官僚制の逆機能の指摘

M・ウェーバーの社会学のアメリカにおける受容において主要な役割を果たしたのは、ドイツに留学し、ドイツの社会学のみならずフランスの社会学をも吸収して帰国した、パーソンズやマートン、およびヒトラー政権に追われてアメリカに亡命したユダヤ系ドイツ人の学者、とりわけベンディクスなどである。その中で、逸早くウェーバーの官僚制論をアメリカで紹介し、独自に編み出した構造＝機能論的アプローチを用いて官僚制における非合理的な人間行動に着目して、官僚制の逆機能を明らかにしたのはマートン（Robert Merton, 1910～2003）である。従って、彼は、ウェーバーの官僚制研究とアメリカ社会科学における官僚制の実証的研究の橋渡しの役割を果たしたと言える。彼は、１９４０年に発表した論文「官僚制の構造とパーソナリティー」の中で官僚制の逆機能（disfunction）の側面を明らかにした。

周知の通り、ウェーバーの官僚制論は、ドイツの官僚制の封建的・家産的要素の克服を目指して打ち出された近代官僚制の理念型である。アメリカでは、そもそも封建的・家産的要素が不在であり、組織論から見た場合、個人の独立性、自律性、行動の弾力性、つまり個人の自発性の要素が強いので、その要素を生かして組織上の協力を求

める課題に関心が示される傾向が強く、この傾向を組織論において代表したのは、上記の通り、経営学における人間関係学派である。従って、人間関係学派とその組織の捉え方においては対極の立場にある、官僚制が機能する条件として人間の自発性を抑圧する上からの命令への絶対服従を主張するウェーバーの官僚制論の側面は、アメリカ社会では文化的には異質のものであるので、批判されるのは当然と言えば当然であろう。ウェーバーは、近代官僚制を「支配の要に供された精密機械」と規定し、それ故に、機械の一部、つまり「歯車」になる官僚は身分が保障される代わりに、組織の秘密を厳守し、上司の命令に対してはそれが恰も自分の良心の声であるかのように、それに従う従順さを持つべきである、と主張している。ところが、このウェーバーの官僚制概念においては、人間は大きな機械の一部の「歯車」に例えられるが、実際に、組織を動かすのは生身の人間である。そして、現実の官僚は確かに官僚組織という大きな機械の「歯車」となって、「人間的」な反応を抑圧し、ひたすら規則に基づく業務遂行において行政の対象である国民に対しては公平無私の非人格的な対応が求められているので、国民の個々の個人的な事情は考慮に入れないで、規則主義に徹することになる。その結果、その態度は、国民にとって、不親切、冷淡、尊大横柄、慇懃無礼のように見られる。マートンはこれらの現象を官僚制の逆機能―病理現象とも言われる―と捉えた。彼は、組織が設定した目標から見て合目的な作用を順機能と定義し、それに反する作用は逆機能と規定した。上記の通り、機械に例えられる官僚制を動かす官僚が生身の人間としての情念が組織の道具ないしは「歯車」に徹しようとすると時に現れるネガティヴな自己表現を、彼は官僚制の逆機能と規定したのである。そして、彼は、官僚制の効率を高めようとするウェーバー官僚制の規則主義という特徴が逆に組織の非能率をもたらしているると指摘した。次に、彼は、組織のヒエラルキーの中で各々の官僚は規則主義に徹するようにという同調圧力にさらされていて、規則の強調が過度になった場合、しばしばそれは官僚の生活設計上の直接的な価値になってくる。つまり本来の目的達成の手段である筈の規則への服従がそれ自体自己目的になって本来の目標に取って代わるという「逆機能」が発生する。こうして、官僚として規則を尊重するように徹底して訓練されればされるほど、逆に状況の変化に対応できない無能力な存在となる。この現象を彼は「訓練された無能力」と定義した。こうして、手段的価値が目的価値になるという「目標の転移」現象が生まれる。つまり、本来の目標よりも規則遵守の関心が第一になって融通の利かない杓子定規が生じ、迅速な適応が困難になる。この「訓練された無能力」が変化する不安定な環境の下では組織の目標達成の阻害に結び付くことになるのは言うまでもない。

b、他の社会学者による官僚制のネガティヴな側面の実証的研究

セルズニック（P. Selznick, 1919~2010）は1949年に刊行した『テネシー渓谷開発公社と地域住民――形式的組織の社会学の一研究』（TVA and the Grass Roots: A Study in the Sociology of Formal Organization）の中で、マートンが官僚制の内部の問題にアプローチしたのに対して、テネシー渓谷開発公社と地域住民の関係について調査した結果、官僚組織の環境への適応過程あるいは調整過程において理念と現実との間にギャップが生まれて来る点を明らかにした。周知の通り、ＴＶＡはニュー・ディール政策の目玉的事業であり、それは本来失業対策という大きな政策目標を実現するための手段として、テネシー川流域の治水・電源開発を行う公共事業として設立された。連邦政府全体の分業構造の中の下位組織の公社は、公共事業を円滑に進めるために、地域の富裕農家を事業に関わる決定に参加させ、さらに業務の一部を彼らに委託して彼らを包摂する方策が取られた。ところがこの方策に対して地域の貧農層が反発し、農民間の緊張状態が作り出されて行った。またテネシー渓谷開発に関して、連邦政府内部でもその管轄権を巡って農業政策を担当する農林省と失業対策を担当する内務省の間においても摩擦が生まれていた。ところが、公社は失業対策という大きな政策目標、つまりその上位目標を実現するための一手段である公社がそれ自体の目標を最大の目標と思い込み、地域住民のみならず、政府の行政組織の内部において摩擦や紛

争を引き起こし、結果的には全体としての政府の目標達成を阻害することになった。こうした「予期しない結果」をセルズニックは捉えて、下位組織がそれ自体の存続を自己目的化するという、オリジナルなプログラムからの逸脱という組織活動のネガティヴな側面を明らかにした。このセルズニックの分析は満州事変を起こした関東軍の行動の解明に役立つかもしれないと思われる。

また、セルズニックの組織全体の一体性の維持と各部分の一体制の維持との間の矛盾・背反の指摘を手掛かりにして、企業にける官僚制の三つの類型化を試みたのはゴールドナー（Alvin W. Gouldner, 1920~80）である。彼は、ある石膏事業所について三年間実態調査を行い、その研究成果をまとめた著作『企業官僚制のパターン——現代工場管理の事例研究』（Patterns of Industrial Bureaucracy: A case study of modern factory administration）を１９５４年に発表した。その中で、彼は企業官僚制のパターンは三つあると次のように述べている。ウェーバーの官僚制モデルは、設定された目標を最も効率的に達成するために官僚の人間的な側面はすべて消去させて上からの命令には機械的に従う「歯車」としか見ない「合理的モデル」である、と規定する。組織においてこうした「合理的モデル」が貫徹される度合が強まることが「官僚主義化」である。プロイセン・ドイツ帝政のような権威主義国家においてはすべての組織がこの「官僚主義化」の傾向にあり、そうした環境の下でウェーバーの官僚制モデルが構築されたことは理解される。それに反して、アメリカでは、組織においては個人の自発性が尊重され、集団が円滑に運営されるためには、その集団の目的が構成員によって共有されるのが一般的である。つまり、組織の上位者の命令は下位者が合意した場合に、組織の効率は最も高まるのである。従って、組織における下からの合意形成と意思決定における民主的プロセス、換言するならバーナードの言う「権威」に基づく命令が重視される。従って、「合理的モデル」の対極には、アメリカの集団内民主主義が尊重される組織モデルが考えられる。ゴールドナーはこのアメリカ的組織モデルを「自生的体系モデル（natural-system model）と称した。彼は、組織を諸要素の相互依存関係にある社会システムとみなし、現実の組織は上に挙げた両極端のモデルのせめぎ合いの中にあり、従って、上位者の命令の遵守が調達される現実の社会過程に注目し、官僚制を、見せかけの官僚制、代表的官僚制、懲罰的官僚制の三つに分けた。これらの三つについて順を追って見ることとしよう。

見せかけの官僚制（Monck Bureaucracy）：石膏採掘に従事する肉体労働者には喫煙する者が多い。会社は保険会社との契約で社内においては禁煙を行うことを約束し、禁煙が全従業員に命令された。ところが、社内に不満が多く出て、会社もそれを黙認することになり、外部の第三者が規則を制定し、その規則が実際には遵守されない場合を「見せかけの官僚制」――「模擬官僚制」とも訳されている――と定義した。

代表的官僚制（Representative Bureaucracy）：規則の制定が専門的見地から合理的に行われ、関係者のすべてに受け入れられる場合を「代表的官僚制」と定義した。つまり組織内民主政が確立されている企業体を指す。

懲罰中心的官僚制（Punishment-centered Bureaucracy）：ウェーバーの官僚制モデルに近いものを言う。つまり、上位者が一方的に規則を制定し、厳格に組織に適用するケースである。ゴールドナーは、官僚制における規則は本来能率を高めるためにある筈であるが、その制定過程において、それが外部の第三者によって行われるのか、権威主義的な上位者によって行われるのか、または下位者の合意を調達して行われるのかによって、労働者の労働意欲の低下を招くという「意図せざる結果」を招くということが主張されたのである。

最後に、官僚制の逆機能について人間関係論の立場からアプローチしたブラウ（Peter Michael Blau, 1918～2002）の主張を見ておきたい。彼は、１９３８年にオーストリアからアメリカに亡命し、マートン教授の下で学んだ社会学者である。１９４８年の後半期は連邦政府の労働基準監督局、次に翌年の１９４９年の前半期には州政府の職業安定所について、そこに働く行政職員の行動を調査した研究成果をまとめた著作『官僚制の力学――二つの政府機関における人間関係の研究』（The Dynamics of Bureaucracy: A Study of interpersonal Relations in Two

Government Agencies）を1955年に刊行した。彼は、その中で、「官僚制とは調整された人間の諸活動の複合的なシステムである」と定義し、こうした社会構造を理解するためには官僚制の内部における社会的相互作用のパターンの知識が必要である、との問題意識から、行政職員の面接調査に基づく実態調査を行い、官僚制の逆機能と組織の合理的な管理の在り方とが深く関係している点を明らかにした。彼は、ウェーバーの官僚制の六つの原則、つまり組織管理の合理的な規制に対して生身の人間である行政職員が面従腹背する場合もあることに注目した。そして、組織管理の合理的な規制の方法としての業績評価の導入による職員間の競争の促進が図られているやり方を調査し、そのやり方が逆に業績の生産性の低下をもたらしており、むしろ職員同士の自発的な相談や協力という組織内の良き対人関係によって業績が高められていることを発見した。この調査の結果から、彼は、組織管理の合理的な規制を一律に行政職員に課すことにより組織の逆機能が生じることになるので、むしろ組織の人間関係においてそれぞれ職場独自の慣行や運用の仕方が存在しているので、それらによって組織が柔軟、かつ円滑な対応が可能であるところでは、職場独自の慣行や運用の仕方を尊重した方が官僚制の逆機能が生じない点を明らかにした。

c、政治経済学者による多元的民主政における官僚の行動様式批判論

ニュー・ディール政策の実施を契機に本格的な連邦政府の行政組織の再編強化が進行し、この動きは第二次大戦中の「総力戦」体制の構築を通じてさらに強まって行った。そして、戦後間もなく勃発した冷戦によってこの動きは続き、こうして行政組織は肥大化、強大化し、それ自体自律性を持った権力集団となって政治の世界に登場した。政権が四年か八年毎に交代するアメリカでは、自律性を持った権力集団となった行政組織、つまり行政官僚制はそれ自体の権益の擁護、さらなるその拡大を求め始め、大統領の命令・指示の趣旨を骨抜きし、ひいてはそれを歪曲して、大統領の意図とは異なる結果を導く歪曲行動を示すようにもなった。こうして、1960年代において

「官僚制問題」が論じられるようになる。つまり、大統領を中核とする政権の意図が行政官僚制による実施の局面において裏切られる問題が度々発生した。この時代には政治学界では、市民一人一人を政治の主体と考える古典的民主主義論では現代政治を正しく捉えることができないとして、それに代わる新しい民主主義論として、利害を同じくする多数の市民の集団を政治の主体とみなす多元的民主主義論が台頭していた。そしてこの多元的民主主義論の立場に立つ政治経済学者たちは権力集団化した行政官僚制の官僚の行動様式に関心を向けて行った。多元的民主主義論が主張された最初の著作『政治・経済・厚生（Politics, Economics, and Welfare)』（１９５３年）はR・ダールとリンドブロム（Charles E. Lindblom, 1917~2018）の共著である。リンドブロムは、１９５９年に論文「〝やりくり〟の科学」（The Science of 'Muddling Through.'）をPublic Administrative Reviewに寄稿し、その中で、官僚の意思決定における「漸変主義（Incrementalism）」を展開した。彼は、サイモンの「限定された合理性」の考え方に基づいて、意思決定における既存の政策の最小の変更と変更された政策の結果（policy consequences）に反応して対応する調整の繰り返しに基づく政策変更の過程を「脈絡のない漸変主義（disjointed incrementalism）」と定義した。こうした過程は予算編成過程においてよく見られるのである。

一般的に言って、政府や会社などの組織において基本的にその目標は確定されており、それに基づいて日常的な業務、つまりルーティンが遂行される。従って毎年度の予算編成方式を見ると、前年度踏襲主義が支配的であり、もし環境の変化があった場合でも、それに対応するために予算の微調整が行われるぐらいである。なぜなら、もし、従来の予算を大幅に変える意思決定を行なおうとしても、まずその前にその目標を巡って争いが起こり、それは今日のような多元主義社会では価値観の違う人々や集団の間の争いへと発展する可能性を持っているからである。次に、幸いにも新しい目標についての合意が出来たとしても、その目的を達成する手段の選択を巡って再び争いが起こり、なかなか先へ進まないのが現状だからである。つまり意思決定に対する組織の既成のルーティンのインパクトが大きく環境の変化に対応して組織の行動方針を変えていこうとしてもなかなかうまくいかず、様々な反対を何とかやりくりして切り抜けて、小さな変化しかもたらすことは出来ないというのが現実である。リンドブロムは、こうした現実を踏まえて意思決定者が小さな変化しかもたらさないが、十分な情報と理解によって導かれる決定を「漸変主義（Incrementalism）」―「増分主義」とも邦訳されている―と定義したのである。

次に、ヴィルダフスキー（Aaron B. Wildavsky, 1930～93）は、１９６４年に刊行した『予算編成過程の政治（The Politics of the Budgetary Process）』において、このリンドブロムの「漸変主義」理論に基づいて、アメリカ政府の予算決定を巡る政治過程を分析したことで有名になる。同書は、出版を引き受けるところが、最初は無かったが、七つ目の出版社が引き受け、世界で約二〇万部が売れたという逸話がある。

d、ピーターの法則

カナダ生まれの教育学者で南カリフォルニア大学教授のピーター（Laurence J. Peter, 1919～1990）は、１９６９年刊行のＲ・ハルとの共著『ピーターの法則』（The Peter Principle）の中で、教育機関に努めた経験から次のような官僚制の側面もある点を指摘している。小中高等学校の教員は教師としての能力が認められ、管理職に登用されることがある。しかし、管理職には教師とは異なる能力が求められるので、仮に中間管理職としてその能力を発揮したとしても、さらに校長や教育長へと昇進する過程で管理能力を身に着けられれば良いが、多くはその人間の能力を超えた職位まで昇進してしまうと、ついにその職責を果たせない無能な人間になる場合が多い、という。ピーターは教育界の自分の経験からこの「法則」を考え付いたが、官界や実業界においても、教育界と同様に、「階層社会」では職員が昇進して行く結果、往々にして自分の能力を超えた地位まで上り詰めることになり、その無能性を示す事例を明らかにしている。

e、ストリートレヴェルにおける官僚制

マクロレベルの官僚制の生態に関心が向けられるに従って、一般国民が直接に接する政府の行政活動、とりわけ公的サービスの提供などのミクロレベルの行政を担当する第一線の公務員や現場の職員の活動に関しても関心が向けられるのは当然の成り行きであろう。リプスキー（Michael Lipsky, 1940～）は、１９８０年に刊行した『ストリートレヴェルの官僚制―公共サービスにおける個人のジレンマ（Street-Level Bureaucracy: Dilemmas of the Individual in Public Service）』の中で、第一線の官僚の問題点について次のように分析している。

言うまでもなく、決定された政策は、行政機関によって執行されるが、特に、公立学校の教師、外勤警察官、ケース・ワーカー等は、国民（クライエント）と日常的に直接に接触し、公的給付や合法的強制力の発動をある程度の裁量を持って行なっている。彼らの業務は、職権濫用による人権侵害、恣意的で不公平な業務処理、対象者との間の汚職行為等の弊害が生じる可能性が少なくない。これに対しては、職場研修や上司の監督強化、公務員倫理の確立等、彼らの統制が必要であるが、それでも、業務内容の性質から自然に裁量が生じてくる。この裁量には、法適用における裁量とエネルギー振り分けの裁量とに一般的に分類される。法適用における裁量は、例えば、外勤警察官に生じやすく、不審者の発見において、誰に職務質問するかは、当該警察官の裁量に任されることが多い、といったことが例に挙げられる。また、エネルギー振り分けの裁量は、例えば、ケース・ワーカー等が介護をする場合、上司の目の届かないのをよいことに、自分のエネルギーの費やし方を被介護者ごとに変えたりするといったことが、例に挙げられる。実際に、現場を直接把握していない上級機関（上司）は第一線の官僚の活動をどのように評価しているのか、を考えてみると、一般に業務記録を検討し、そこに記されている処分件数などを基準に評価する手法が取られている。すると職員は高評価を得られる案件にエネルギーを振り分ける事態が生まれ、国民生活に

有害な影響を与える場合もある。このような、第一線官僚の裁量権をどう考えていくのかについては、今後の課題として残されている。

⑤その他の官僚制論に関する所見

アメリカと言語を同じくするイギリスでも、官僚制に対してイギリス的な特色を示すアプローチがなされており、以下、興味深い幾つかを紹介しておきたい。

a、A・ダンサイアの「三人一組」論

官僚制組織は命令や指示が上から下へと伝達されて作動する仕組みである、とウェーバーは論じた。ところが、官僚制組織のヒエラルキー構造は、実際は上下双方向的に機能しているのが実態であるという点を明らかにしたのは、イギリスの行政学者のA・ダンサイア（Andrew Dunsire, 1924~2015）である。彼は1978年に著わした『官僚制における業務制御』（Control in a bureaucracy）の中で、業務制御の過程を説明する九つの命題の一つとして、イギリス行政組織の官僚制構造は、ヒエラルキーの中で上司と部下の三者関係（superior-subordinate triadic relations）――日本では「三人一組」と邦訳されている――、すなわち上下関係にある三人の職員の組み合わせを基礎単位として幾重にも重ねられているものとして捉えている。例えば、末端職員―係長―課長、あるいは課長補佐―課長―局長、の組み合わせのように三人一組が単位となり、実際の政策の執行においては、これらが上からの決定や指示を単位ごとに捉え直してそれを下の単位に伝え、また逆に下からのフィードバックも同じ仕方でそれぞれの単位が捉え直して上の単位に伝える連鎖した仕組みであると理解している。ダンサイアによれば、三人一組の真ん中にいる中間者が上下を取り結ぶ役割を果たしている。すなわち、上位の意向を下位に伝達すると共

に、下位の意向を上位に伝達する重要な役割を果たしているという。例えば、このダンサイアの「三人一組」論を日本の行政組織に適用して見ると次のようになる。局長の上位者は与党政治家や業界幹部、その他関係団体の幹部との接触などで情報量は多いが、実際の実務には疎い。それに反して、中間位にある課長は上下両方から情報を得ることができるので、それらを自分らの役所にとって良いものを選別・分析し、上下両方に伝達する。下位の課長補佐は課長以上の情報を手に入れることは出来ないが、所掌事務については精通している。従って、局長―課長―課長補佐の「三人一組」が一つの単位になって、官僚制組織は作動していると見られるとのことである。

b、J・D・キングスレーの代表的官僚制

キングスレー（J. Donald Kingsley, 1908～1972）は、1944年に刊行した『代表的官僚制―英国公務員制度の一つの解釈』（Representative Bureaucracy: An Interpretation of the British Civil Service）の中で、イギリスの公務員の出自を調査した結果、教育の不平等と公務員の階層制とが連関しており、キャリア官僚（Administraitive Class）は社会の上流階級のオックス・ブリッチ大学出身者で占められ、ノン・キャリア官僚（Executive Class）は高卒者、雇員の事務職（Clerical Class）は中卒者で占められていることを明らかにした。彼は、民主主義国家においてはこのようなカースト制は許されないので、教育制度を民主化させることによって、教育の機会の平等性を確立し、公務員の採用においても人口の多数を占める労働者階級と女性の割合を増大させ、官僚制が民主的になるために、彼らが奉仕する諸集団の代表になるようにしなくてはならない、と主張した。このキングスレーの考え方は、第二次大戦後のアメリカにおける黒人差別を無くすために採用された積極的差別是正措置や、北欧から始まった性別による差別を無くすための措置として採用された議員のクオーター制ともその基本的考え方が共通するところがある。なお、キングスレーの代表的官僚制概念は、上記のアメリカのゴールドナーの挙げた「代表的官僚

制」とは用語は同じでも、概念の内容は異なっている点を留意されたい。

c、パーキンソンの法則

アメリカの官僚制研究のところで、官僚制の作動原理それ自体の中に予算の極大化や組織膨張に繋がるメカニズムが存在することを紹介したが、こうした現象は「国民のための行政」を担当する自由民主主義諸国の行政官僚制においても見られるのである。従って、イギリスでも、政治学者のパーキンソン（C. Northcote Parkinson）は、1955年に『エコノミスト』（The Economist）紙に寄稿した「パーキンソンの法則」（Parkinson,s Law）〔これを基にして、二年後に著作『パーキンソンの法則―先進国病の処方箋』（Parkinson: THE LAW, 1957）が刊行される〕において、イギリスにおける行政国家化の観察から、官僚制その自体に組織膨張の傾向が存在する点を次のように述べている。行政機関の職員数はその業務量に関わりなく、ある一定の比率で増大して行く、と分析している。彼はこの分析を自らの名前を付けた「パーキンソンの法則」と称している。ちなみに、戦後の日本ではこの「パーキンソンの法則」を阻止るために、1961年に行政運営の簡素化・能率化を目指す第一次臨時行政調査会が発足し、その勧告に基づき1969年に国家公務員の総定員法が制定された。その結果、自由民主主義国家の中で、人口比で国家公務員数が最も少ない国が日本となった。とはいえ、行政需要はますます高まっており、第二部第二章で触れるが、それに伴って行政職員一人当りの仕事量は増え続けており、その帰結として、現在、官僚の仕事はブラックと言われ、その他の理由もあるが、キャリア官僚を目指す志望者が減少する傾向を示している。公式的には確かに国家公務員数は増大していないが、ますます高まる行政需要に応えるために、パートタイムの公務員を実際には増やしており、見えないところで総定員法のしわ寄せが隠されているのである。

4、行政改革の行政理論

①「国民のための行政」の進展による国家への過剰負荷と新自由主義の台頭

１９７３年の石油価格の高騰を契機に始まった世界同時不況の勃発と共に、「国民のための行政」を目標とする福祉国家のモデルとされたイギリスでは、行き過ぎた福祉体制の見直しのイデオロギーとしての新自由主義が台頭した。それは、80年代において英米の支配的なイデオロギーとなり、福祉国家の行き詰まりは「国家財政の破綻」と国民の国家への依存心の増大、その結果としての労働者の勤労意欲の減退に起因していると断定し、経済学の観点から、福祉国家という「大きな政府」を国民の支出に見合った「小さな政府」に改革して、国家はその活動を治安と国防という国家本来の任務に限定し、国民の社会・経済生活への介入から撤退して、社会・経済生活は私人の自由な創意・工夫に任すべきである、と主張した。新自由主義は、政治学では社会福祉国家体制批判の政治経済学的分析としての「公共選択論」という形をとっている。

②公共選択論

公共選択論は合理的選択（Rational Choice）論の一分科である。公共選択論は、政策決定に参加する政治家、官僚、社会的利益団体などの行動について、それを私的利益を追求する人間の行動とみなして経済学的に分析する。それは、アメリカのブキャナン（J. M. Buchanan）やタロック（G. Tullock）、ダウンズ（A. Downs, 1930～

2021)、ニスカーネン(W. Niskanen)らを中心に発展した。公共選択論者達は、肥大化した政府がもたらした増大する財政赤字問題、行政や公企業の非効率性等の「政府の失敗」の存在を指摘し、政策決定や政治活動の内在的欠陥を様々な角度から解明しようとした。そして公共選択論は、言うまでもなく、最小の費用で最大の成果を追求する「経済人」モデルである合理的個人の行動仮説を用いて、政策決定について分析・解明を行っている。

例えば、ダウンズは1957年に刊行した『民主主義の経済理論(An Economic Theory of Democracy)の中で、次のように述べている。公的領域における主要なアクターである有権者、政党、政治家、官僚、企業等は、いずれも自己利益を最大化することを第一の目的としている。すなわち、有権者は、選挙において、見返りとしての効用(公的サービスの提供)と、投票に関連する費用を比較して、投票に行くかどうか決定する。政党は選挙で勝利し、政権獲得するために得票最大化を目指して行動し、そのために政策実現は手段となる。同様に、政治家は、選挙に当選することが第一目的なので、得票の最大化を目指して行動し、投票者の支持を獲得できるような政策の実施を目指す傾向がある。官僚は、自らの昇進や権限の拡大・強化を目指し、それらの目的のために、自分の所属する行政官庁または行政部局の予算規模を最大化しようとする、と仮定する。次に、レーガン大統領のアドバイザーであったニスカーネン(W. Niskanen)は、官僚と政治家との間にある「情報の非対称性」により、省庁は予算を適正規模以上に要求し、その結果、過大な公共サービスと予算水準が生じる、つまり官僚は予算の極大化と最大化を目指して行動する、と考えた。それに対して、企業は利潤最大化を目指して行動し、そのためには、政治家や官僚に働きかけて、自らの企業に有利な政策の実施を目指す。その見返りとして、企業は政治家には、政治献金や票の取りまとめ、官僚には天下りポストの提供を保証する、と主張する。

このように、公共選択論は、公的部門が、必ずしも、公共の利益のために行動するものではないことを、各アクターの利己的な目的から説明する。公的部門における各アクターの利己的利益追求行動が、財政の肥大化や行政機構の非効率化を生じさせている、と説明し、政治・行政改革によって、小さな政府の構築（例えば、民営化や規制緩和を実施し、公的部門に市場原理を、できるだけ導入し、効率的で、有効的な政府を作るべきである）を提言した。要するに、公共選択論の批判の対象は官僚制の「予算の極大化」であり、それを批判するために「小さな政府」を要求しているのである。

③プリンシパル・エージェント理論

第二の行政改革理論として挙げられるのは、１９８０年代から行政学において多用されるようになったプリンシパル・エージェント理論である。行政改革によって行政の分野に民間企業の管理・運営の手法が導入されるに従って、行政手法としての法律、規制と並んで契約も重要視されるようになった。それと共に経済学から借用したこの理論は、人々の行動を当事者間の契約として捉え、当事者間において、一方をプリンシパル（依頼人）＝仕事の遂行を依頼する当事者、もう一方を代理人（エージェント＝仕事を依頼人から依頼される当事者）として設定しているので、主権者の国民、それを代表する政府をプリンシプルとして解釈し、行政組織はプリンシパルの依頼を受けて仕事をする代理人として捉えて、両者の関係が契約関係にあり、代理人がその契約に反する行為を行った場合にはその責任を追及できる、という考え方を展開した。この理論はまた、公共選択論同様に、両者が自己利益を追求する主体として仮定する。このプリンシパル―エージェント関係の問題点は、両者の利益が必ずしも一致しないことである。何故なら、両者の間には、情報の非対象性が存在し、代理人はこのことをよいことに、依頼人の利益よりも、自らの利益の追求に走る傾向にある（機会主義）。このような問題点を依頼人は回避するために、１、代理人が依頼人の利益に合致するように動機づけを行うことや、２、依頼人が代理人の行動を監視（モニタリング）することによって、依頼人の利益に代理人を奉仕させようとするが、いずれもコストが生じる（エージェント・コスト）。この関係を、上記のように、公的部門に適用すると、依頼人は国民、代理人は公的部門ということになり、依頼人は、効率的で質の高い公的サービスを代理人に求めるが、代理人である公的部門は、そのような公的サービスを必ずしも行うとは限らない。ここでも、国民と公的部門の官僚との間に、情報の非対象性が存在し、官僚が、そのような効率的で、質の高い公的サービスの提供を行う動機づけを持っていないとしたら、両者の利害は食い違いを見せることになる。だから、国民は官僚により良い公的サービスを提供するように動機づけを行う必要があり、また、他方で、国民と官僚との情報の非対象性を克服するために、情報公開を一層推進し、政府の透明性を高めることが必要である、と言う。プリンシパル・エージェント理論の有効性は、現在の非効率的とされる行政機構の改革に現実的な方策を与えているところにある。例えば、２００１年から日本で施行されている情報公開法などは、この理論によっても、非常に大きな意義をもっており、政府の透明性をより高めるために、より一層の情報公開を推進するとともに、政策評価制度もより充実させるべきことが理解される。そのような意味で、プリンシパル・エージェント理論の持つ行政改革の理論としての意義は大きいと言えよう。

④ニュー・パブリック・マネージメント（ＮＰＭ）理論

１９８０年代に入って、イギリス、アメリカ、日本等の先進資本主義諸国では、民営化や規制緩和等様々な行政改革が次々と断行されたが、これらの改革に影響を及ぼした理論の一つとして挙げられるのが、ニュー・パブリック・マネージメント理論（以下、ＮＰＭ理論と略す）である。この理論は、上記の公共選択理論やプリンシパル・エージェント理論の成果を踏まえた上で、公的部門の管理・運営手法に、民間部門の経営手法を導入し、公的部門の効率化・活性化を実現し、ひいては効率的で質の高い公的サービスの提供を模索するものである。ＮＰＭのキーワードは、公共部門における「顧客志向」「成果志向」の追及・「競争原理の導入と選択の幅の拡大」・「分権と権限委譲」・「政策評価」・「契約主義」等である。具体的には、公的部門に市場原理を導入するために、積極的な民営化や規制緩和、民間委託を政府は促進する一方、職員のインセンティブを向上させるために、業績給を導入したり、第一線で働く職員にできるだけ権限を委譲することで業務遂行の円滑性を向上させるかたわら、アカウンタビリティー（説明責任）も職員に要求することで、効率的で、有効的な公的部門を構築しよう、とＮＰＭ理論は提言する。

ＮＰＭ理論の中で、それが体系的に理論展開されたものとしては、クリントン政権の行政改革に大きな影響を与えたゲーブラー（T. Gaebler）とオズボーン（D. Osborne）の理論が挙げられる。彼らは、１９９２年に『Reinventing Government（政府再生論）』（邦訳名は『行政革命』）を公刊し、その著書の中で、これからの政府・行政のあり方の10の原則を以下のように掲げる。

1、触媒としての政府＝Catalytic Government: Steering Rather Than Rowing（政府が自ら公的サービスを提供するよりは、政府以外の機関や企業が公的サービスを提供するのをサポートし、監視する機能）

2、住民参加の政府＝Community-Owned Government: Empowering Rather Than Serving（住民やコミュニティーに権限をできるだけ委譲し、政策決定に住民を参加させる）

3、競合的政府＝Competitive Government: Injecting Competition into Service Delivery（政府部門内に競争原理を取り入れることで、コスト意識や質の高いサービスを導く）

4、目的志向的政府＝Mission-Driven Government: Transforming Rule-Driven Organizations（規則重視の組織管理を、達成する目的を明確にし、それに基づいて、最適な政策手法を選択する組織管理への改革）

5、結果志向的政府＝Results-Oriented Government: Funding Outcomes, Not Inputs（結果を評価することで、よ

りよい行政運営を可能にする）

6、市民主導の政府＝Customer-Driven Government: Meeting the Needs of the Customer, Not the Bureaucracy（官僚制の都合ではなく、市民のニーズに合った公的サービスを提供する）

7、企業家精神を持つ政府＝Enterprising Government: Earning Rather Than Spending（収益の向上とコスト削減を考慮した行政運営をする）

8、先見の明を持つ政府＝Anticipatory Government :Prevention Rather Than Cure（問題が発生する前に、問題を予防する機能）

9、分権的政府＝Decentralized Government: From Hierarchy to Participation and Teamwork（できるだけ下位部門に権限を委譲し、公的部門の組織を活性化する）

10、市場を活用する政府＝Market-Oriented Government: Leveraging Change Through the Market（政府部門に市場原理を取り入れ、効率的な政府を目指す）

以上のような10の原則によって、ゲブラー達はよりよき政府・行政のあり方のモデルを提示した。

⑤ダンリーヴィの「官庁組織改編モデル」

第二次大戦が連合国の勝利として確定し始めていた１９４５年7月にイギリスでは総選挙があり、大戦を勝利に導いたチャーチル首相の率いる保守党ではなく、民主社会主義政党の労働党が圧勝した。政権を掌握した労働党はその綱領の実現に直ちに着手し、まず鉄道、石炭・鉄鋼、電力などの基幹産業の国有化、次に「ゆり籠から墓場まで」の手厚い社会福祉政策を実施した。とりわけ、医療に関しては、すべての国民に医療費を無料化するなど、真の意味での「国民のための行政」を始めた。こうして世界に冠たる社会福祉国家が実現されたのであった。保守党は、初めは労働党の政治に反対していたが、「国民のための行政」には反対できず、両党間に「合意の政治」が実現された。その結果、二大政党は次の選挙で政権を獲得または維持するために、国民のより多くの支持を得るべく互いにより多くの福祉を選挙民に約束する「せり売り」競技が始まり、社会福祉や国有企業の管理運営を担当する官庁組織は肥大化の一途を辿った。国民に提供する福祉サービスの費用を賄う財源は、国有企業の収益や高額所得者への累進課税や消費税などであったが、福祉国家の発展と共に、そうした収益だけでは賄いきれず、借金、つまり赤字国債を発行して国民の選好する「福祉サービス」の拡大を続けて行った。その結果、国家財政が破綻一歩手前の事態にまで悪化して行った。国家の危機である。１９７９年の総選挙では、社会福祉国家という「大きな政府」の実現は国家財政の破綻をもたらし、国民の間には自分で出来ることは自分でやるという自立心が失われ、その逆に国民の国家への依存心のみを高め、また労働者の労働意欲も減退させ、国民経済の停滞をもたらしている、と批判し、新自由主義に基づく現存国家の大改造を主張した「鉄の女」サッチャーを党首に頂く保守党が勝利した。首相となったサッチャーは国有企業の民営化をはじめ「大きな政府」の「小さな政府」への改編を進め、とりわけ注目されるのは、国民無料医療制度を除く労働党が実行した社会福祉政策を再検討し、社会福祉サービス提供システムへのＮＰＭ理論の三原則、すなわちeconomy、efficiency、effectiveness（節約、効率、有効性）の三原則を導入して、それを市場原理に基づいてより合理的に管理運用されるシステム（Agency）への改組や、さらに外局のAgency化などの行政組織のスリム化を断行した。つまり、行政改革に際してはＮＰＭ理論を採用し、肥大化した行政組織の縮減化を図った。

さて、一般には彼らの権限の縮減などその存在を否定するような、こうしたサッチャーの過激な行政改革に対して、官僚が反対するものと考えられた。ところが、彼らは反対するどころか、高級官僚の中には協力する姿勢を示す者も現れていたのである。こうして現象を説明する理論として「官庁組織改編モデル」(Bureau-Shaping-Model) が政治学者のダンリーヴィ (Patrick Dunleavy, 1952〜) によって次のように展開された。彼は、１９９１年に刊行した著作『民主政、官僚制及び公共選択―政治学における経済的説明』(Democracy, Bureaucracy & Public Choice: Economic Explanation in Political Science) やその他の論文において、公共選択論の立場に立ちながら、ダウンズやニスカーネンの官僚制の「予算最大化モデル」を次のように批判し、それに代わって「官庁組織改編モデル」を示した。彼は、まず、ダウンズやニスカーネン等は、すべての官僚組織をライン官僚制パラダイムと同一視しており、次に官僚の効用の構成要素についてもその定義が曖昧であり、さらにすべての官僚の行動に関しては同質的な説明を行い、その結果、官僚機関の目的や戦略の多様性については整合的な説明を行っていない上に、官僚機構システムを一つの官僚機関については単純にスケール・アップしたアナロジーでもって説明している、と批判した。こうした欠陥を克服する意味で、彼は「官庁組織改編モデル」を次のように述べている。

彼は、まず初めに官僚機関を機能別に、役務機関、規制機関、交付機関、契約機関、管理機関に分類した。また予算に関しても、これらの官僚機関の使途別によって、コア予算、部局予算、事業計画予算、特別事業計画予算に分類し、次に官僚も、上級、中級、下級に分類し、官僚は組織内の地位によって、それぞれの効用最大化行動が異なることを示した。また、上に類型化した各官僚機関のタイプによっても、予算に関する関心が異なる点を指摘し、ニスカーネン達の言うように、合理的官僚は必ずしも予算最大化行動を行うとは限らないことを証明した。「予算最大化モデル」に対して、「官庁組織改編モデル」は官僚の動機づけの多様性を認め、その上で実際の官僚制の作動を照らしてみて、また官僚の効用最大化の経験的事実に鑑みて、上級官僚が予算最大化と言った「金銭的な効用」から官僚になったのではなく、「非金銭的な仕事に関連する効用」を求めて官僚になったと仮定し、その上で、上級官僚は、それらの「非金銭的な仕事に関連する効用」を最大化するために「官庁組織改編戦略」を展開し、自らの官僚機関をよりエリート的で、スタッフ的で、政策志向的な機関に改編することで、効用を最大化すると仮定した。このモデルは、「予算最大化モデル」とは異なり、上級官僚が彼らの選好に沿うように組織改編を促進するであろうと仮定する。このモデルは、イギリスのみならず、他の自由民主主義諸国において展開された「民営化」や社会福祉提供機関や行政の執行業務を主に担当する外局をコアの行政組織から切り離して独立させてNPM理論に基づいて管理運営させる行政機関の「独立行政法人」（イギリスのAgencyの日本語訳）へ変えると言った行政改革をより整合的に官僚の効用から説明することが可能であり、より現実に即したモデルであるとも言えよう。なお、このダンリーヴィの「官庁組織改編モデル」は、私の邦訳である、他にそれを「組織形整モデル」と邦訳する学者もいるので注記しておきたい。

第二部　グローバル時代における現代日本の行政

第一章　ボトムアップ型からトップダウン型への政府機構の改革

序　新自由主義に基づく行政改革

１９８０年代末から90年代初めにかけて、ソ連の崩壊と共に冷戦体制も終焉し、国際政治は、アメリカ一極支配体制へと突き進んだ。アメリカにとって、それまでは国際的に解決が迫られていた最優先課題は冷戦の勝者になることであった。従って、この時代は「政治優位」の時代であったと言えよう。しかし、冷戦の終焉と共に、すでに１９７３年と１９７９年の二度の石油ショック以降、急速に進行していた「経済と情報のグローバリゼーション」がようやく本格化し始め、アメリカもその実現すべき政策課題の中で経済価値に最優先順位を置くようになり、「経済優位」の時代が到来するようになった。先進国の欧米諸国では、高度情報技術の革新に伴い、製造業から高度情報通信技術を駆使した付加価値の高い業種へと産業構造の重心がシフトし始めていた。労働生産コストの高い製造業よりもハイテク産業と金融業を中心に世界経済の再編を主導し始めた英米系金融資本は世界市場を思うが儘に支配するために、世界市場のルールの統一化に乗り出した。ソ連の崩壊によって世界経済を組織・運営する原則は市場経済原理のみとなった。この市場経済原理が円滑に機能できるように、アメリカの交易相手のすべての国に規制を撤廃させ、商品供給も含めて市場アクターの自由な競争が行なわれるような環境が整備されるべきであると考えられた。つまり、世界が一つの経済社会となった以上、人や資本を含めてすべての商品が世界中において障害なく自由に流通する市場経済システムが構築されるべきである、と考えられた。こうした環境整備を図るための政治的イデオロギーとして英米主導で推し進められたのが新自由主義に基づく「小さな政府」論であった。それは、「国民のための行政」を行う国家活動の組織およびその管理・運営、つまり行政におけるNPM理論の3E原則という市場原理の導入を意味したと言っても過言ではなかろう。第一部第三章の「行政改革の行政理論」のところですでに紹介したように、1980年代以降において、第二次大戦後に英米において確立されていた社会福祉国家体制は新自由主義によって「小さな政府」に変えられる動きが「行政改革」の名の下で遂行されていた。そして、アメリカの圧倒的な影響下にある日本でも、アメリカから日本の経済社会の「構造改革」が要求されていた。その要求に答えたのは中曽根内閣（1982．11～1987．11）であった。もっとも、それ以前でも、日本では行政改革は「行政整理」の名で進められてはいた。1961年に設置された第一次臨時行政調査委員会（以下、臨調と略す）は、戦後実施された統制経済や敗戦後の行政組織の再編などで膨張した組織の見直しや、戦前から問題になっている内閣機能の強化に関して調査・審議したが、その答申は実施されなかった。そして、中曽根内閣の下で設置された第二臨調では、アメリカの要請や新自由主義の影響下で三公社の民営化及び分割が答申され、実現された。

第一部第二章においてすでに紹介したように、日本を含めて、ヨーロッパの絶対主義国家の伝統を引く諸国とアメリカとの間では、行政の在り方についての根本的な考え方の違いがある点を、日本の行政改革を考える上で留意して置く必要があろう。絶対主義国家の伝統のある国では、行政は家父長主義的文化の影響が強く、行政は「事前規制」型が主流である。それに対して、アメリカでは行政は、「事後規制」型が主流である。つまり、アメリカでは、社会経済生活への国家の介入ないしは規制は原則として行われず、私人間で問題が発生した場合、すべて司法の分野で私人同士が自律的に解決するやり方が通常である。従って、アメリカの日本への新自由主義に基づく「構造改革」の要請は、「事前規制」を行う「構造」を「事後規制」のものに変えること、つまり規制撤廃ないしは規制緩和である。それは取りも直さず「小さな政府」を意味した。

ともあれ、アメリカの要請とは、１９８０年代以降のアメリカにおける支配的な政治的イデオロギーの新自由主義の具体化である。上述したように、新自由主義へ向けての政治経済的な改革は、すでにイギリスのサッチャー政権によって着手され、それが一つのモデルとなり、世界各国に波及して行った。そして、それは、アメリカでは、共和党のレーガン大統領時代に着手され、民主党のクリントン大統領時代に一時的に修正されたが、次の共和党のブッシュ大統領時代になって、新自由主義は全盛時代を迎えた。上述したように、１９８２年末に登場した中曽根内閣も新自由主義を日本に導入して、国鉄や電電公社の民営化を行い、それ以降、新自由主義は、「55年体制」下の自民党を支える集票システム、とりわけ、公共工事を通じて、過疎地の有権者の雇用の機会を提供し、その代わりに選挙で支持を得るという形での「土建国家」体制（それは官製談合という政治腐敗や官僚腐敗に象徴されるようになる）下の「ウラ社会福祉」制度の破壊に繋がるものである。野党は言うに及ばず、自民党議員の多くがそれに反対したことは言うまでもない。そのために、新自由主義イデオロギーの日本への浸透は遅々として進まなかった。とはいえ、イギリスのサッチャー政権の行政改革をモデルにした橋本内閣による行政改革の基本方針の確定など、新自由主義は日本でも開花する条件が１９９０年代を通じて整えられて行った。そして、２０００年７月に成立した森内閣によって橋本内閣が確定した中央省庁の再編が実施され、次いで２００１年４月の小泉政権成立と共に、新自由主義が政府の実現すべき政策課題として本格的に提起された。従来の自民党内閣が容易に成就できなかった「構造改革」を、小泉政権が5年5ヶ月間で成し遂げ得たのは、これから考察する、政治的意志決定システムがボトムアップ型からトップダウン型に切り替えられるようになった政治・行政制度改革が橋本内閣によって用意されていたからであった。この点はいくら強調しても強調し過ぎることはなかろう。

以下、世紀の転換期を跨いで遂行された現代日本の行政改革については、まず初めに「55年体制」下の政策決定の在り方を紹介し、次に、冷戦崩壊後の「グローバル時代」の到来という環境の激変に従来のシステムでは対応が困難であるので、新しい時代に対応する日本政治の舵取りを行う「内閣」機能の強化を目指すトップダウン型の政策決定システムへの政治機構の改革、そして中央省庁の再編、最後に第二次安部内閣による官邸主導体制の確立について見ていくことにしたい。

1、「55年体制」下の政策決定システム

戦後日本では、政治制度としてイギリスをモデルとする「議院内閣制」が採用された。通常、議院内閣制では、定期的に選挙によって選出される国民代表機関の議会の多数を制する政党ないしは政党連合が政権を担当する。政権党は、政権を維持するために、主権者の国民の支持を調達し続けなくてはならず、その手段の選挙活動と、次の選挙の間の国民世論の動向、とりわけ、それを反映すると考えられている新聞やＴＶなどのマス・メディアの動向を絶えず注視する。それと共に、選挙とマス・メディアが日本の政治を左右する重要な要因となった。１９５５年以降、与党の自民党は、党創立以降、多数の国民の支持を調達するために、第一に、その中核的支持基盤であると同時に、「経済立国」路線を実現する高度経済成長政策を実際に担う大企業の活動を手厚く支援した。次に、その

主要な大衆的基盤の中小商工業者や農民の利益増進政策をとった。さらに高度経済成長政策の成功と共に、急速な工業化の副産物として公害による河川と海の汚染などの環境破壊、太平洋沿岸地帯の工業地帯とその周辺都市への人口移動、それと連動する形の東京や大阪などの大都市への人口集中という現象が発生し、住宅問題や都市問題が発生した。また農村共同体から切り離された膨大な労働者の間で大企業に就職して一定の生活が保障される恵まれた層と、経済成長の恩恵に与れなかった層、例えば、高齢者や身体障害者、失業者、その他の弱者との間に格差が生じ、社会問題が発生した。自民党政府は、憲法第25条【生存権、国の社会的使命】（①すべて国民は、健康で文化的な最低限度の生活を営む権利を有する。②国は、すべての生活部面について、社会福祉、社会保障及び公衆衛生の向上及び増進に努めなければならない。）の趣旨に従って、欧州先進国の社会福祉制度をモデルにした、国民健康保険制度、国民年金制度、失業救済制度、就労が不可能と思われる人々を対象とした生活保護制度などの総合的な社会福祉制度を確立して行った。このように、自民党は、支配政党として留まるために、高度経済成長政策の成功によってもたらされた豊かな富を国民のあらゆる層の多様な要求に答える形でバラマキ型「利権政治」を展開した。もっとも、この「利権政治」を担ったのは、自民党のみではなかった。

「1940年体制」を実質的に受け継いだ戦後の日本の統治機構は、「経済立国」という国家戦略を実現するために、世界経済の中で日本の産業が国際競争で勝ち残れるように、将来の世界の経済動向を見極めた上で、競争で優位に立てる産業を選び、それらの産業を上から重点的に保護・育成する財政経済政策をとった。そのために財政経済政策を担当する官庁と大企業との間に政策コミュニティーが形成され、各省庁はそれが保護・育成しようとする業界という国民の中の一部分の利益代弁機関になっていた。言うまでもなく、現代民主主義は代表制民主政であるが、戦後の日本では、それを担ったのは政権党の自民党だけではなく、統治機構を担当する官僚制も、そのクライアントの大企業やその他の利益団体の代表機関であったことは注目に値する。このように、「55年体制」下の代表制は、官僚制・与党二元代表性であったとも言える。この「政府・与党二元体制」を政策決定システムの観点から見ると、次のようになる。自民党内に政策分野毎に設置されている外交部会、農林部会などの各種部会に議員は分けられ、「族議員」と称されていた。彼らは、その担当する政策分野の決定と実施を担当する各省庁の官僚と連携して、下からボトムアップ的に意志決定を行なった。言うまでもなく、主導権を握っていたのは政策立案と実施の専門知識と長期的に蓄積された経験、つまり「暗黙知」を有する官僚であった。とはいえ、主権機関の国会ですべての政策は法案化されて国家の法律としてその承認を獲得しなければならなかったので、法案の議会通過を担当する政治家の議員と官僚の関係は、初めは官僚優位の「官高党低」ないしは「官高政低」であったと言われていた。しかし、時間が経つと共に、国会に各省庁の政策が法案化される前に、必ず自民党の族議員から構成された各機関で「事前審査」を受け、ゴーサインが出た法案のみが、閣議にかけられ、政府案となって議会に提出されることになったので、「55年体制」末期には政治家と官僚の関係は逆転して「党高官低」ないしは「政高官低」とも言われるようにもなった。そして、自民党において「政府・与党二元体制を」を実質的に動かしていたのは党内の各派閥であった。

言うまでもなく、政権党である自民党には、第一に、国民各層の要求を吸い上げ、それを政策に翻案する政策立案機能と、第二に、政策の決定と執行には政府の統治機構という国家権力が用いられることになるので、その権力の正当性を調達する機能が課されていた。選挙制度は一つの選挙区において3名から5名の議員が選出される中選挙区制度が採用されていた。この選挙制度が幸いして、自民党は国民のあらゆる層の異なった意見や要求を反映することが可能であった。というのは、政治的意見や政策が異なる政治家が同一選挙区内で複数が選出されるので、自民党員同士の立候補者がお互いに当選を目指して選挙区内の多様な有権者の意見や利害を代弁しようと努めたために、同党内に政策を異にするグループが生まれるのは必然であったからである。そのプラス面は、自民党が国民各層の利益を代弁する「包括政党」（catch-all party）の性格を持つようになった点である。そのマイナス面は党内に派閥を抱え込むことになった点である。従って、自民党は、党運営や政治活動の観点から見るなら、派閥の連合体であったと言えよう。自民党が議会の多数派である間、議院内閣制の原則から、自民党の総裁が首相に就任することになるので、総裁を選ぶ党内権力闘争が政権交代のなかった「55年体制」の下では、日本国の最高政治指導者の内閣総理大臣を選ぶ政治的権力闘争に等しいものとなっていた。

次に、「55年体制」下の日本の最高の政治指導者たる内閣総理大臣の選出が自民党の派閥力学に左右されたことと同様に、大臣の選任についても、同様な力学が作用していた。つまり、主流派に属する議員が多く大臣に就任できたので、総裁選では、各派閥が主導権を握るために合従連衡を繰り返して抗争し、その間、大臣になることが政治家としての夢である議員達にとっては、自分が念願の大臣に就任できるかどうかが総裁選の帰趨に懸かっていたので、二、三年毎の総裁選では全議員を巻き込む「コップの中の争い」が熾烈に展開された。そこで、こうした派閥間の抗争のエネルギーを沈静化させるために、竹下内閣時代（１９８７．11～１９８９．６）に総主流派体制が敷かれた。従来、５回か６回の衆議院議員当選を果たした議員と２回か３回の参議院議員当選者（参議院議員の枠２名）が大臣に就任する当選回数順送り人事の慣例が出来上がっていたが、大臣の椅子の数が限られていたので、大体一年毎に内閣改造を行わなくては、大臣に成りたい議員の需要に答えるのが不可能であった。とはいえ、主流派に属する議員の方が大臣になる可能性がより高いので、議員達の間には不公平感があった。竹下内閣時代からは各派閥がすべてその勢力に応じて大臣を出すことになった。それによって、各議員の将来の大臣になる見通しが透明化したので、全議員が内閣を支えることになった。ともあれ、このシステムに基づいて、毎年大臣が量産されることになったことは言うまでもない。もとより、大臣は、行政府の頂点の「内閣」の構成員であり、かつ国家の統治機構の各省庁を統括する長でもあるので、こうした形で大臣が量産されることになると、政策立案・決定の点において、当然、問題が生じることになった。というのは、各省庁の長として、大臣は、その担当の行政分野の政策立案・決定および実施を指揮・監督する立場にあるので、その担当の分野の専門知識や、組織を管理・運営する力量が備わってしかるべきである筈なのに、そうした専門知識や力量の無い者が往々にして大臣に就任する場合が多くなったからである。議員は選挙区において有権者の支持を調達する仕事、つまり支持者の要求を代弁することには長けた人であっても、必ずしも行政のエキスパートではないのが通例である。その上、大臣就任後、大体一年が過ぎると辞めざるを得なくなるので、その間、大臣に求められている専門知識や力量を身につけるべき努力したとしても、限度がある。従って、各省庁においては、政策立案・決定を実質的に行なうのは官僚ということになる。

従来の日本の政策決定システムの特徴がボトムアップ型であると良く言われたように、「決定中枢」が存在しない。つまり日本政治における決定中枢が空であるために、各省庁は、その担当分野で、そのクライアント（業界）の利益を直接代表するか、あるいは族議員を媒介する場合は、官僚、族議員、業界の三者（それは「鉄の三角形」と称されるが、人によっては、この三者に御用学者とマスコミを加えて「鉄のペンタゴン〔五角形〕」とも言われている）で、政策決定が下から順次行なわれて、最後に、閣議前の各省庁の事務次官会議において、各省庁の決定された政策が持ち寄られ、各省庁の対立する多様な利害が調整されて、最終的な意志決定が下される。そこで決められた政策が閣議に提出されて、政府案として承認され、それが議会に提出され、立法化されるのである。こうした意志決定システムは、例えば、外交舞台では、通商関係に関する日本の態度が表明される場合、「ホチキス留め」と言う形で現われる笑止千万な事態が生まれる。通商関係は、大蔵省、経済企画庁、外務省などの、三つか四つの省庁のすべてに関係する重要な事項であるので、それぞれの役所が決定してきた案を、外国との交渉寸前になって全部持ち寄ってホチキスで留めて、それを日本の立場として諸外国代表に提出されることが多々あるのである。こうしたボトムアップ型の意志決定システムは、意志決定が実質的に各省庁によって行なわれるために、官僚制の弊害としての「縦割り行政」の制約を受けることは言うまでもない。この制約を克服して、国家全体の存続・発展と言う観点から長期的な国家戦略に基づいて各省庁の利益を抑え、省益よりも国益を反映した創造的な政策を、もし首相が構想し、それを実現したくても、そのリーダーシップを支える官庁は存在していなかったのである。その結果、首相は閣議では事務次官会議で纏まった案を丸呑みする他ないので、最高の政治的指導者としてその政治的リーダーシップを発揮することが出来ない仕組みとなっていた。

2、政治主導による政策決定システムの確立

戦前から20世紀末までの日本の政策決定過程において、最高の政治指導者である首相の政治的リーダーシップが発揮される制度的装置が完備されていない点が日本の政治体制の構造的欠陥の一つであると指摘されて久しい。「55年体制」は一か二分の一政党制と言われていたように、議会の議席の三分の二近くを有する与党の自民党が政権を掌握し、それに対して最大野党の社会党には、１００年先に実現されるかもしれない理想的目標を掲げて理念闘争ばかりを行うが、現実的に与党に取って代わって政権を担当する主体的な条件が欠如していた。その結果、政治腐敗を無くす最良の仕組みの政権交代は起こらず、自民党一党優位体制の下で政財界の癒着が進み、その否定的側面の政治的汚職事件が続発し、その中で、田中首相のロッキード事件や竹下首相のリクルート事件は有名である。上記した与党の二つの役割、すなわち政権担当及び次の選挙でも国民の多数の支持を獲得して政権を維持し続け、かつ国家権力の正当性を調達する任務、この二つの課題の内、後者を与党の自民党が遂行するためには莫大なコストがかかるので、そのコストの調達には大企業の献金やその他の不正な手段による調達を行わざるを得ないの

が現実である。ところが、国民のより多くの支持を獲得するために政治資金の不正な調達を行い、それがメディアによって暴露されると、それによって政治において公正さを求める国民の支持を失うという逆説が生まれる。こうした悪循環を断つために、政権交代のある二大政党制の確立が「政治改革」の最大の課題として以前から提起され続けていたのであった。

１９９０年代の初めには、冷戦の崩壊と共にアメリカ一極支配体制が確立され始め、それに挑戦する勢力も台頭し、とりわけ中東地域における紛争の拡大で、アメリカから日本にも応分の「平和維持」活動への軍隊の派遣の要請などがあり、それに呼応する形で自衛隊を正式の軍隊に変え、国連の平和維持活動に参加させるべきであるという考えから、今や日本も軍隊を持ちそれを使用する「普通の国家」へ変わるべきであるという意見も高まり、他方、経済のグローバル化の急進展という、日本を巡る国際環境も激変し始めていた。自民党の最大派閥の竹下派の小沢一郎議員は自民党幹事長であったが、１９９3年5月に著作『日本改造計画』を公刊し、その中で、日本は、アメリカとの緊密な同盟関係を維持し、かつアメリカと共同歩調をとって、これまでの受動的な「専守防衛戦略」から能動的な「平和創造戦略」への大転換をはかり、国際社会に通用する「普通の国家」に生まれ変わる必要があり、そのためには従来の官僚主導の政治体制を政治家主導のものに変える必要があり、その変革には強力な政治的リーダーシップが不可欠なので、最高政治指導者の強力なリーダーシップが発揮できるような政治制度改革が必要である、と主張した。そして、彼は自説を実現するために、１９９３（平成5年）年6月、自民党の中核派閥の竹下派から分離・脱党し、「新生党」を結成した。小沢のみでなく、保守派の政治家の中でも内外の環境の変化に対応して日本国を存続させるために自民党は変わるべきであると考える人たちもすでに現れており、武村正義等十名の議員が同じく自民党から分離して保守リベラルの新党を目指す「新党さきがけ」を創立していた。7月の衆議院選挙で自民党が過半数を割り、ついに「55年体制」が崩壊した。そして、8月、共産党を除く野党連合の細川政権が誕生した。細川護熙元熊本県知事は、すでに一年前の１９９２年5月に自民党から離れて「日本新党」を結成していた。自民党から分離した諸党と、社会党、民社党、公明党などの7党8会派から成る、いわゆる細川「保革」連合政権は、「保守・中道・革新」の綱領を掲げ、「55年体制」の改革という「政治改革」を主張し、その実現に乗り出した。同政権は、「55年体制」の否定面としての政治腐敗の大きな要因は政権交代がなかった点や、政党活動に金がかかる点を挙げ、前者については、多党化をもたらす中選挙区制を、政権交代を可能にする小選挙区制に改め、後者については西ドイツに見倣って政党経費国庫補助制を導入する案を主張した。しかし、小選挙区制に強く反対する社会党や公明党の意見も考慮して、細川内閣は、小選挙区制をベースにして、議席の半分は比例代表制にするという妥協案の「小選挙区比例代表並立制」や、政党助成法、政治資金規制法等のいわゆる政治改革関連４法案を議会で可決させ、統治システムの一部の改革が実現された。

次に、細川政権は、世界の支配的潮流となっている新自由主義論に基づく行政改革は調査の段階ではなく、実行に移す段階に入っていると、次のような五つの課題、すなわち、1、思い切った規制緩和、2、特殊法人改革の断行、3、地方分権基本法の制定、4、情報公開法の制定、5、内閣機能の強化、を提示した。ところが、細川政権はこの課題に取り組む前に退陣を余儀なくされた。１９９４年4月、細川首相が佐川急行便からの一億円の借入金問題が発生し、辞任した。細川内閣の中心的勢力の新生党の小沢一郎は、「普通の国家」への改造を急ぎ過ぎたために、社会党やさきがけとの間に対立が激化し、細川政権の後を継いだ新生党の羽田孜を首班とする連合内閣は社会党とさきがけの連立離脱によって、64日で崩壊した。野党の自民党は、社会党の村山富市委員長を首班とする自民党・社会党・さきがけ三党連立内閣を１９９４年6月末に誕生させた。村山首相は、社会党の従来の政策を放棄して、日米安保条約の堅持、自衛隊合憲、日の丸、君が代の尊重を表明した。もともと平和擁護政党としての社会党の役割は、冷戦の崩壊によって事実上終わっていたが、自らの党のレーゾンデートルを否定することによって、自ら退場の道を選んだかのようである。１９９４年９月、村山政権に対抗する新生、公明、民社、日本新党等の諸野党は衆議院における統一会派「改革」を結成していたが、同年末、合同して「新進党」を立ち上げた。村山政権の下で政権与党に復帰した自民党が漸次復調し、１９９６年（平成８年）初めに、村山首相が辞任し、自民党総裁の橋本龍太郎を首班とする自民党主導の自・社・さ連立内閣が誕生した。１９９６年９月、武村との意見の対立から、新党さきがけから離れた鳩山由紀夫、菅直人等は旧社会党の人々と合同して「民主党」を立ち上げた。そして、同年10月20日、小選挙区比例代表並立制に基づく最初の衆議院選挙が行われた。投票率は、戦後最低の59・65％であった。各党の議席数は次の通りである。自民党２３９、新進党１５６、民主党52、共産党26、社会民主党15、さきがけ２、無所属・その他10、である。

連合政権の中で自民党主導色が強くなるに従って、社・さ両党は１９９６年10月「閣外協力」に転じ、ついに参議院選挙一ヵ月前の１９９８年６月、連立を解消した。それによって自民党単独政権が再現することになった。以上のような政権の交代劇が続いていたが、細川政権が示した行政改革は、ようやく橋本首相によって具体化されることになった。橋本首相は行政改革会議を設置し、自ら議長となって、改革の基本方針を確定した。その改革の基本方針は、最終報告書にある通り、「肥大化・硬直化し、制度疲労のおびただしい戦後型行政システムを根本的に改め、自由かつ公正な社会を形成し、そのための重要な国家機能を有効かつ適切に遂行するにふさわしい、簡素にして効率的かつ透明な政府を実現すること」である。この考えに基づいて、大別して、次の四つの改革を行う。すなわち、１、府省の大括り再編（1府22省庁を1府12省庁に再編）、２、内閣機能の強化（内閣総理大臣の権限強化、内閣府の設置、内閣官房の機能強化など）、３、減量・効率化の推進（独立行政法人制度の創設、郵政事業の公社化、行政組織の整理など）、４、行政の透明化、自己責任化（政策評価制度、情報公開制度の創設など）。橋本首相が打ち出したこの行政改革の基本方針は法案化されて、それは、後述するように、２００１年に森内閣の下で実施に移された。

さて、自民党内では派閥抗争から、１９９６年7月の参議院選挙後、橋本から小渕へと首相交代が行われた。一方、野党にあった新進党内でも、小沢一郎の猪突猛進的改革路線に疑義を持つ勢力が分離した。こうして、自民党、共産党を除く諸政党の間に離合集散が繰り返された。同年12月、新進党から羽田孜ら13人が離党し「太陽党」を結成した。そして１９９８年1月、新進党は解党を決定し、小沢派は「自由党」を名乗り、公明党は再び元の姿に戻り、その他のものは自民党に復帰した。また太陽党や旧民社党等は民主党に合流した。１９９８年7月、参議院選挙後、小渕政権が誕生した時の野党の状況は以上のようであった。小渕首相は、自民党が参議院選挙での惨敗によって同院の過半数を制していないことを考慮して、１９９９年1月に自由党との二党連立政権を発足させ、景気回復政策の実行に取り掛かった。もっとも、連立結成に際して、小沢自由党党首は、政治改革の仕上げとして、従来の「官僚主導型」の政治を「政治主導型」の政治に改める省庁再編、とりわけ首相の政治的リーダーシップが発揮できるような制度改革と、比例代表制に基づく議席の削減を条件として自民党に要求した。小渕連合内閣は、小沢の主張する政治改革を実現するために、１９９９年10月に参議院対策として公明党にアプローチし、自民、自由連立政権に公明党を招き入れた「自・自・公」連立政権を発足させた。衆参で過半数を手に入れた小渕内閣は、小渕の年来の主張だけでなく、「復古的」ナショナリスト達の念願であった「国旗・国旗」法案などを可決させ、憲法改正を射程に入れた政治の舵取りが進められた。小沢はその主張の一部が実現された後、自民党が公明党に傾斜したことを理由に連立解消を主張し、自由党内に内紛が起きて、同党は再び分裂し、連立擁護派は、２０００年4月、扇千景を党首とする小党の「保守党」を設立し、自民党、公明党の連立政権に止まった。同じ時期に、小渕首相が急病で急逝し、後継首相には森喜朗が就任し、「自・公・保」連立政権が成立した。新世紀を迎えた一月初めに、橋本首相が策定した行政改革の基本方針に基づいて省庁再編が実行に移され、首相の政治的リーダーシップを支える「内閣府」も新たに設置され、大臣の他に副大臣、政務官の制度が新設され、政治主導の政策立案・策定および執行の制度が始動し始めたのである。

顧みるなら、「55年体制」は、１９７０年代に入って、日本が経済大国へと発展するにつれて、「軽武装」「経済立国」という吉田首相が打ち出した国家目標を達成したことで、その任務を完遂したことになった。80年代から国内外の環境の変化に対応して、政治体制の再編が必要となっていたが、政官財癒着体制という既得権構造は変化を拒否し、90年代に入って東西冷戦の崩壊や、湾岸戦争における集団的自衛権行使に対する憲法上の制約のために、軍隊を派遣する形での日本の参加が出来ず、国際的な批判を受けるに至って、「55年体制」はすでに内外政においても、その矛盾が表面化して、それ以上存続の可能性が見込まれなかったが、ついに自壊した。

3、中央省庁の再編

橋本内閣によって実現された行政改革の基本方針は、イギリスのサッチャー政権の行政改革をモデルにしている。本書第一部第三章においてすでに述べたように、サッチャーは、新自由主義に基づいて福祉国家の「大きな政府」を国防と治安という必要最小限度の国家機能のみを担当する「小さな政府」へ従来の国家機能を縮減する改革を断行した。その際、第一に、行政官庁を政策企画・立案部分と政策実施部分に分け、後者の政策実施部門、すなわち国民への福祉サービスを含めての公共サービス提供部分を担当する機構を独立行政法人（agency）として政府から分離・独立させ、その管理・運営方針として民間企業と同様に、新公共経営（New public management＝ＮＰＭ）理論の３Ｅの原則、すなわち経費節約（economy）、業務執行における効率性（efficiency）、支出経費に見合った成果を出す有効性（effectiveness）、この三つの原則を適用させて、行政支出の削減を図った。第二に、残った行政官庁を政策企画・立案を担当する部分として再編成した。

日本も、このイギリスの行政改革の方針を基本的にはそのまま取り入れ、第一に、各省庁の公共サービス提供部分を独立行政法人として政府から分離・独立させた。その顕著な例は、国立博物館や東大をはじめとするすべての国立大学を独立行政法人に変えた点である。さらに、試験研究・医療厚生・検査検定施設なども独立行政法人化し、その数は２０２４年現在で87になっている。第二に、図２の「新旧省庁の対応関係」に見られるように、「取り組むべき重要政策課題、つまり行政目的・任務を軸に再編し、事務の共通性・類似性に配慮すること」を省の編成方針とし、全体の再編成の基本方針としては、省庁の大括りという、一つの省をできる限り包括的な行政機能を担う形として、1府22省庁を1府12省庁に再編した。これによってそれまで行政需要の増大に対応して新しい大臣庁が設置されて中央省庁間の分業が進化し、所掌事務の共管競合を巡るセクショナリズムや、いわゆる「縦割り行政」の弊害が指摘されていたが、その弊害を取り除き、所掌事務範囲が政策目標や価値体系に照らして同質性の高い省庁を統合することで、総合的・包括的な視野から政策立案と実行力を発揮させるようにした。その結果、総務庁・郵政省・自治省を統合した総務省、厚生省・労働省を統合した厚生労働省、さらに北海道開発庁・国土庁・建設省・運輸省を統合した国土交通省などの巨大官庁が誕生した。また金融監督と財務の両部門を擁する大蔵省が、金融監督庁と財務省に分割され、それに伴って「大蔵省」の名称がなくなった点、次に経済発展の司令塔の役割を果たしてきた通産省の名称が経済産業省に変えられた点に、中央省庁再編の特徴がある。第三に特筆すべきことは、最高の政治的リーダーとしての首相が自律的に独立して政策立案・決定できるシステムが構築された点である。「55年体制」下の各省庁間の下からのボトムアップ型政策決定の「積み重ね型」意志決定システムを、首相中心のトップダウン型に変えた点は注目に値する。従来の「内閣法」によると、首相が閣議において独自の判断に基

図２　新旧省庁の対応関係

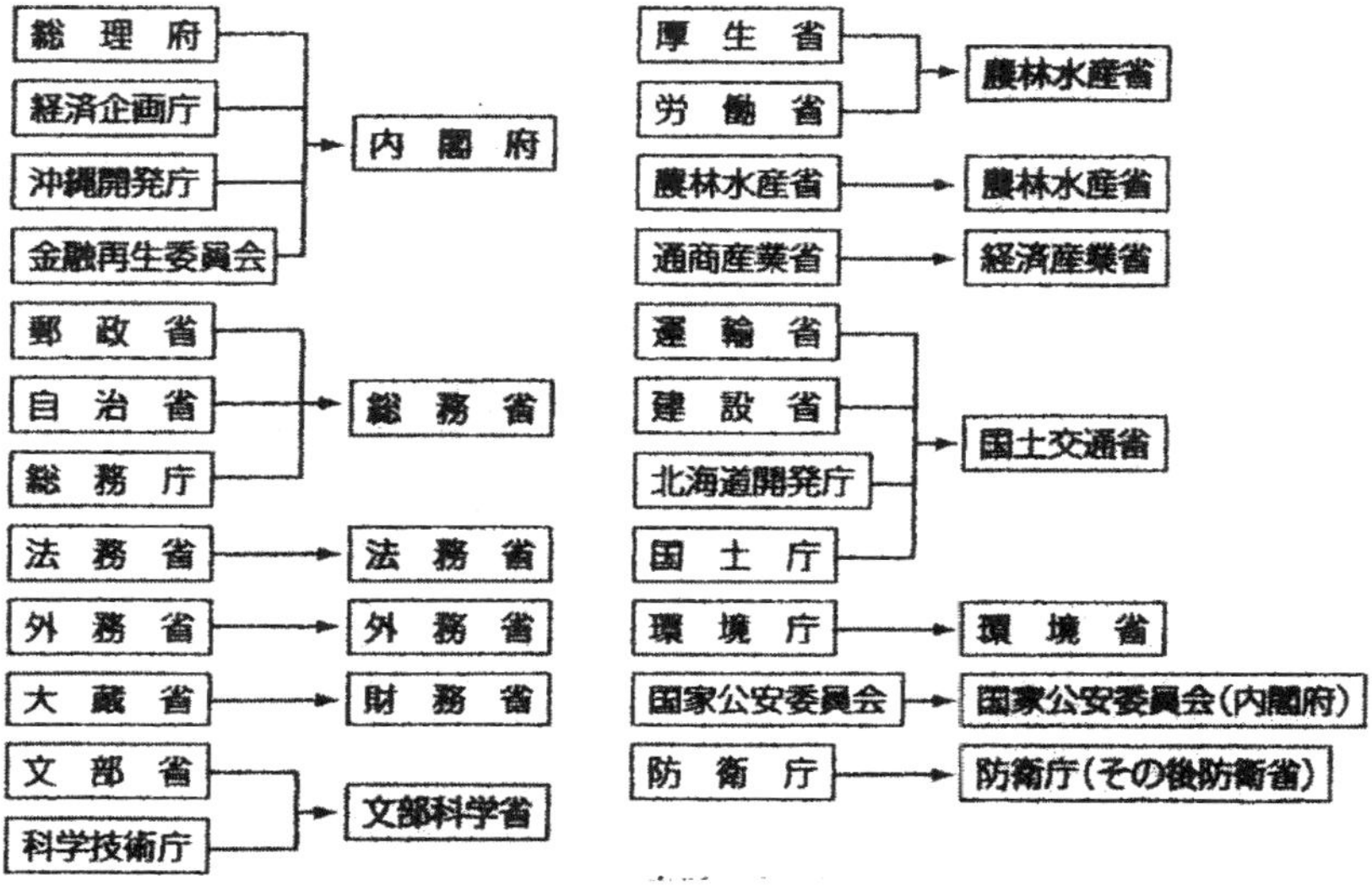

出所：東田親司『私たちのための行政』、53頁。

づいて新しい政策案をかけることが出来なかった。この点を改めた新しい「内閣法」では、首相は閣議での発議権が認められた。次に、首相による閣議運営を政策立案・決定の面で支える官庁としての内閣府が新設された。それは、従来の総理府、経済企画庁、沖縄開発庁、金融再生委員会を統合して新たに設けられたものである。新設の内閣府は、国政全般に関する重要な政策の企画・立案と総合調整を行なう首相の直属の機関であり、かつての総理府が他の官庁と同格であったのに比べ、各省庁の上に位置し、各省庁にまたがる政策課題に強力な調整力を発揮することが可能となった。この内閣府の新設は政策決定の官僚主導から首相を中心とする「政治主導」または「官邸主導」への転換を政府機構の面でも担保するものである。それ以前では、各省庁の政策調整は大蔵省が予算編成権に基づいて実質的に行なわれていたが、この政策調整の行なう主要な資源に当たる予算編成の基本方針の決定は行政改革によって名実共に内閣府に移管されることになった。それと共に、日本の政策決定システムは各省庁

図３　首相の政治指導を支える組織図

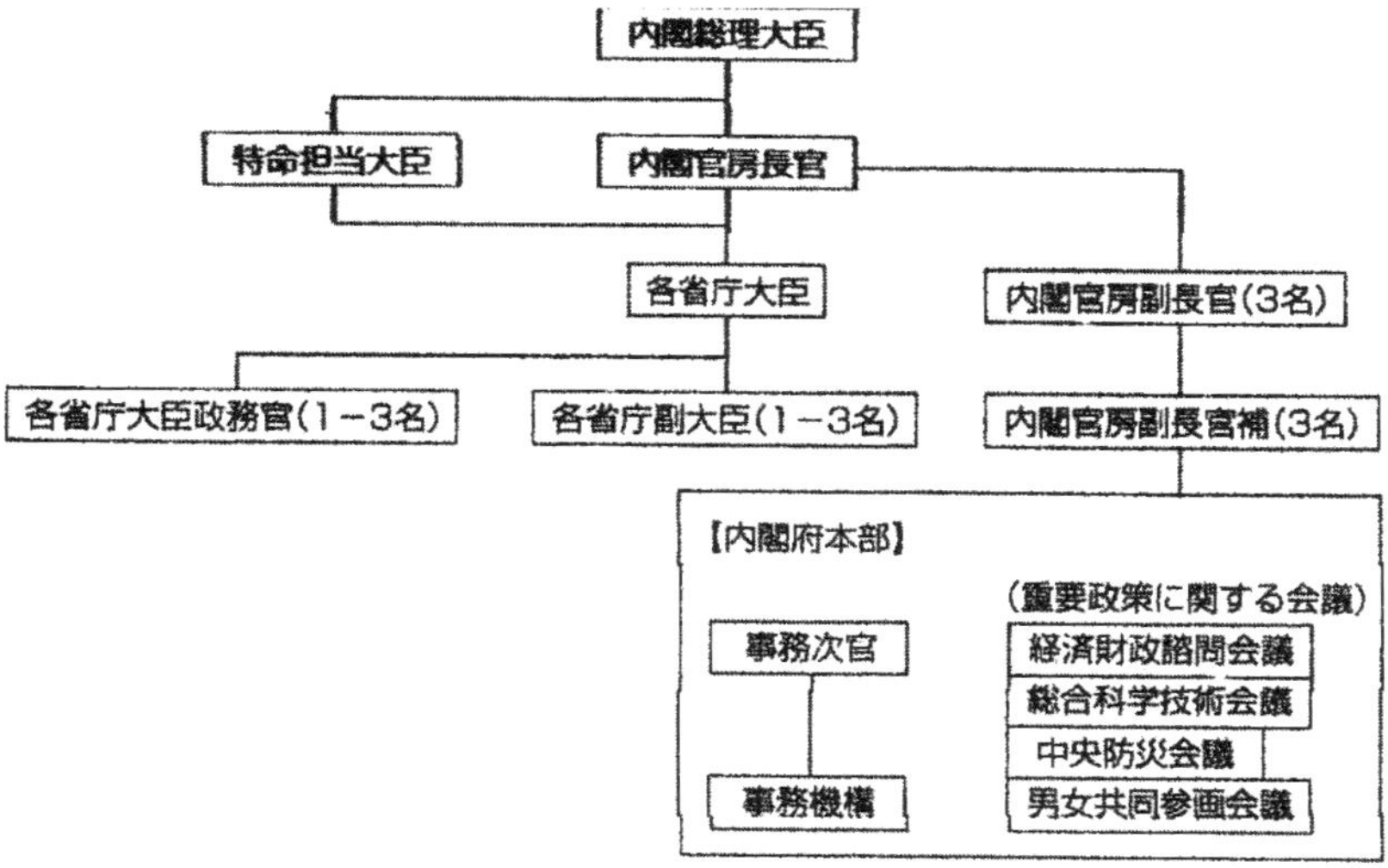

出所：著者作成

のボトムアップ型から首相によるトップダウン型に変換されることになった。そして、そのシステムを補強する制度して、内閣でも、首相の政府全体の観点からの政策立案・決定を支える官職として「内閣府特命担当大臣」制が導入された。それは、従来の無任省大臣に代わるものであるが、特定の省庁を担当せず、幾つかの省庁を跨ぐ重要な問題を処理する課題を首相に代わって行なう首相直属の大臣である。その典型は経済財政担当大臣である。小泉首相時代の男女共同参画担当大臣や、福田第二次内閣の消費者行政担当大臣などがそれである。

さらに、内閣の補佐機関としての内閣官房が強化された。それまでは、閣議事項の整理や各省庁の施策の総合調整が内閣官房の主たる役割であったが、内閣の重要政策に関する企画立案機能が付加されたのである。また内閣総理大臣補佐官の増員や、内閣官房副長官補・内閣広報官・内閣情報官が新設され、それらは内閣と運命を共にする政治任用職とすることで、広く人材を内外に求め、内閣の指導性を高めることになった。

では、具体的に国政に関する重要な政策を誰が企画・

立案するのか。首相一人でそれは可能であろうか。それは不可能と言えよう。アメリカでは、政策の各分野において企画立案に当たる各種委員会が大統領府に設置されていて、それらが大統領を補佐し、政策の決定に関して諮問に応じているが、そのやり方を真似て、内閣府に各種委員会を新設することになった。経済運営・財政運営の基本方針の策定、予算編成の基本方針の策定、重要経済政策の策定などを担当する「経済財政諮問会議」、科学技術の綜合計画的振興策の基本方針の策定を担当する「綜合科学技術会議」、防災基本計画の作成、緊急措置計画を担当する「中央防災会議」、男女共同参画社会の形成・促進の基本方針策定を行なう「男女共同参画会議」がそれである。「男女共同参画会議」の議長が内閣官房長官であるのを除いて、すべての会議の議長は首相である。会議の中で最も重要なのは、小泉内閣時代に行政改革のエンジン役を果たした「経済財政諮問会議」である。同会議は議長の首相の他に、基本的に内閣官房長官、経済財政担当大臣、総務大臣、財務大臣、経済産業大臣、日銀総裁と、四名の民間有識者から構成されることになっている。その他の会議も、関係国務大臣の他、四ないし十名の民間有識者が加えられることになっている。

こうして、従来から存在していた内閣官房が内閣の手足とすれば、内閣府は頭脳の役割を果たすことが期待された。そして、上記の通り、複数の内閣官房副長官補の職を新設し、首相を中心とする「官邸主導」の国政運営が円滑に行なわれる制度改革が完成されたのである。また官僚主導に代わって「官邸主導」を実現するもう一つの改革として、上述したように、小沢一郎の意見を入れた、各省庁にラインの複数の副大臣、スタッフの複数の政務官を置き、主務大臣を補佐するシステムが導入され、多数の国会議員が任命されることになった。（参照：図３の首相の政治指導を支える組織図）

以上が森内閣によって実施された中央省庁の再編の概要である。

4、官邸主導体制の確立―内閣府人事局の設置―

顧みるなら、新自由主義を体現した第二臨調の報告書には、「自立自助」、「官から民へ」、「国から地方へ」という行政改革の方向性が打ち出されていた。橋本首相が主宰した行政改革会議でもこの方向性は継承された。それに基づいて本章の3ですでに紹介したように、中央省庁等の改革では「官から民へ」、「国から地方へ」の改革の方向性を基本的視座としつつ、国家機能は「国家の存続、国富の確保・拡大、国民生活の保障・向上、教育や国民文化の継承・醸成」の四つに分類され、国家の行政が果たすべき役割を整理することにより、国家の事務・事業の廃止・縮小や独立行政法人化が進められることになった。

そして、2000年7月に発足した森内閣の下で中央省庁の再編が実施された。次に2001年4月に森内閣の後を継いだ小泉内閣は、「官から民へ」、「国から地方へ」の改革については、与党の自民党の中での改革に反対する勢力を「抵抗勢力」と断定して、次のようにして断行した。まず初めに、小泉首相は、政策決定のトップダウン型への中央省庁の再編によって支えられて、「聖域なき構造改革」への第一歩を踏み出した。その際、執政府の中枢機関として内閣府に法律に基づいて経済財政諮問会議を設置し、同会議を郵政民営化及びその他の経済政策に関するすべての重要課題を審議し、実行案をまとめる改革のエンジン役として用いた。次に、小泉首相は在職5年間の間に、「官から民へ」の改革として、中曽根内閣が積み残した郵政民営化を実現した。最後に、「国から地方へ」の改革として、1999年に制定された地方分権一括法に基づいて、機関委任事務制の廃止、国庫補助負担金、交付税、税源移譲を含む税源配分の在り方に関する「三位一体の改革」が遂行され、地方自治体が可能な限り自主的な自治活動が行なえるようなシステムの構築が進められた。そして地方自治体が自主的な自治が可能なように手助けするために大規模の市町村合併も断行された。

メディア政治を巧みに使って行政改革に反対する勢力を排除して、郵政民営化と地方分権へ向けての制度作りに専念した小泉政権は２００６年９月に退陣し、第一次安倍政権が誕生した。同政権は、戦前の日本の復活を目指すべく、憲法改正による「普通の国家」への転換を主張し、差し当たりは行政改革面では防衛庁を防衛省に昇格させた。

21世紀に入って、日本政治の最大の課題として激変した国際環境に対応する行政改革が与野党間の政治イッシューとなっており、２００７年９月に首相交代があり、福田政権が成立した。その下で、いまだ実現されなかった行政改革のもう一つの課題、つまりトップダウン型の政策決定システムを円滑に運用するために、官僚の人事の一元的な管理システムの構築が必要であった。明治以来、高級官僚の人事は各省の自律権とし尊重されていた。その慣行を改めて、内閣が上から高級官僚を任命できる体制に変える必要があったが、自民党の一部や官僚の反対によって、官邸による官僚の人事の一元的な管理制度の導入はペンディングになっていた。こうして「入り」から「出」までの国家公務員の在り方の抜本的な再検討が始められたのであった。紆余曲折の末に、国家公務員制度改革基本法が今後5年の間に実現されるべき改革プログラムとして一応成立し、翌年施行されることになった。もっとも、福田政権の下では、改革プログラムの内、人事評価制度の導入等により能力及び実績に基づく人事管理の徹底を図ること、新たな退職管理の導入を二本柱とする国家公務員法改正が２００７年（平成19年）７月に実現された。それによって、国家公務員採用試験制度が改革された。この国家公務員採用試験制度改正の基本的理念は、能力・実績に基づく人事管理への転換の契機とすると共に、専門職大学院の設置等の新たな人材供給源に対応して、多様な人材確保に資する試験体系の構築であった。この理念に基づいて、次のような改革が行われた。（1）従来のⅠ種試験、Ⅱ種試験、Ⅲ種試験が廃止され、総合職試験及び一般職試験に再編された。（２）総合職試験に院卒者試験が設けられ、院卒者試験に新司法試験合格者を対象とした法務区分（秋試験）が設けられた。（３）経験者採用試験の制度が新設された。この新たな試験制度は２０１２（平成24）年度から実施されることになった。

２００９年9月の総選挙で野党の民主党が圧勝した。２００１２年12月に再び自民党が政権復帰を果たすまで民主党政権が続いた。同政権は政治主導の政策決定システムの完成を目指して、大臣、副大臣、政務官から構成された政治家だけで政策策定を試みたり、官僚支配の象徴の事務次官会議を廃止したり、試行錯誤を繰り返した。そして、内閣の人事管理機能の強化を図るために、内閣人事局を設置し、幹部職員人事の一元管理に関する規定などを創設すること、国家公務員の退職管理の一層の適正化を図るために、官民人材交流センター及び再就職等監視委員会を廃止し、再就職等規制違反行為の監視を行う新たな組織として、民間人材登用・再就職適正化センターの設置を骨子とする国家公務員法改正案を２０１０年2月閣議決定し、同年5月衆議院で可決されたが、翌月参議院で審議未了廃案となった。このように、民主党は政治主導の政策決定システムを完成する行政改革に意欲的に取り組んだが、一向に実現されず、「素人政治家」の民主党は理念ばかり先行し、具体的には政治主導の政策決定システムの完成を制度化するのには挫折した。それが実現されたのは、政権復帰した第二次安倍内閣の下であった。

21世紀の10年代に中国が経済的にのみならず、政治的にもアメリカに対抗する超大国としての行動をとり始めるようになり、東アジアの国際関係は急速に緊張を孕む不安定な状態に突入し始めた。それと共に、我が国も国家の存続を図るために、それまで内向きであった姿勢を改め、「外政優位」の政治を本格的に展開する必要に迫られるようになった。そのためには対外的に迅速な対応を行うためには、外政においては政治主導、つまり首相をリーダーとする官邸主導の政策決定とその遂行体制を確実なものにするために、意思決定のボトムアップ型時代に築かれていた霞が関の人事慣行、つまり各省庁の次官を含めてすべての公務員の人事に関する各省庁の自律性の慣行を廃止し、官邸による公務員人事の一元的管理システム、つまり次官を含めてすべての公務員の人事を官邸が行う制度に変える「国家公務員制度改革関連法」を２０１３年12月に衆議院に提出した。但し、２００８年の「改革基本法」には改革プログラムとしては、官邸による公務員人事の一元的管理システムの導入と共にそれと両輪の関係にある意思決定過程の透明化に向けた政官接触や行政過程などの記録作成・公開、国民への人事管理の説明責任の実現が明記されていたが、官邸による公務員人事の一元的管理システムのみが実現された。ともあれ、それまで、トップダウン型の「決定中枢」制度の確立は政治改革の目玉であり、官邸による公務員の任命およびその管理を司る機関の設立は行政改革着手後の歴代内閣の宿願であったと言えよう。公務員の任命と管理の業務は人事院や総務省に属しており、国家公務員制度改革においては、官邸による官僚人事の一元的管理に関しては、霞が関や自民党の反対で頓挫していた。そして、第一次安倍政権の行政改革担当大臣に就任していた渡辺喜美が「内閣人事庁構想」を打ち出したが、安倍首相の辞職でその実現は見送られた。次の福田内閣時にも、上記したように、国家公務員制度改革基本法案にはこの「内閣人事庁構想」は除外され、改革プログラムに入れられていた。言うまでもなく、政治主導、つまり官邸主導による政策決定システムを確立するために実現されなくてはならない最後の行政改革が内閣人事局の設置であったと言えよう。それは民主党がその実現を目指した目標でもあったので、その目標を安倍政権が引き継ぐことになり、民主党と安倍総裁の自民党も目標を共有することになり、その実現の運びとなった。こうして、第二次安倍内閣が衆議院に提出した「国家公務員制度改革関連法」は２０１４年４月11日に参議院で可決、成立した。これによって、２００1年から開始された政策決定システムのボトムアップ型からトップダウン型への転換がようやく完成されることになった。

同法に基づいて新設された「内閣人事局」は中央省庁の幹部人事を一元管理する約１６０人規模の機関で内閣官房の下に置かれた。それは審議官以上の幹部公務員約６８０人の人事に首相と官房長官が直接かかわる仕組みである。幹部人事はこれまで各省庁が原案を作り、局長級以上の約２００人を１９９８年に設立された官邸の人事検討会議に諮って決めてきた。今後は各省庁の人事評価に基づいて推薦された人事案に対して内閣人事局が「適格性審査」を行い、「幹部候補者名簿の作成」が行われる。その後、それに基づいて首相と官房長官、所管大臣の三人で「任用候補者の選任」、さらに「任免協議」を行って最終決定がなされることになった。とはいえ、実質的な人事権は首相と官房長官にあり、所管大臣の任命権は以前より形骸化されたと言えよう。

顧みるなら、第二次安倍政権誕生までの自民党政権時代の政策決定システムは、上記したように、政府・与党二元体制である。「55年体制」時代においては「党高政低」と言われていたが、政治主導体制が本格化し始めた第二次安倍政権においては、「党高政低」が「政高党低」へと傾斜し始めた。政府提出法案が国会に上程されて法制化されるまでのプロセスを見ると、政府・与党二元体制の下では、与党の事前審査制をパスしない法案は国会に提出できなかった。中央省庁や国会の各常任委員会に対応する自民党内の各部会で作成された政策案がまず政調会で審議決定され、その次に党大会や両院議員総会に代わる常設的な最高議決機関である総務会で了承される必要がある。このシステムは与党の事前審査制と言われるが、このプロセスを経た政策案が閣議決定され、政府案として国会に上程されて法制化される。そして、衆参両院では自民党議員は事前審査を経た政府案については「党議拘束」が掛けられるので造反すれば、処罰の対象になる。民主党政権時代に民主党も自民党と同じ事前審査制をとっていたが、政権が進める政治主導体制の確立を実現するために、それは廃止となった。それにつられて、野党の自民党も党再生・改革の一環としてこの事前審査制を廃止した。ところが、第二次安倍政権発足後に再び与党の事前審査制が復活した。つまり、与党側では政調部会―政審―総務会という三段階からなるボトムアップ型の政策決定システムが復活したということになる。これによって、与党の事前審査制と一段と進められた安倍政権の政策決定のトップダウン化とが齟齬をきたす可能性が生まれた。とはいえ、小選挙区制の導入による、党総裁と議員との関係はリーダーとフォロアーの関係に代わり、とりわけ「保守の理念」で統合されつつある自民党では、安倍首相が掲げる「外政優位」の政策群については、議員の間ではむしろ共鳴器となる人々が大多数となっているので、政府案に強く反対する者は多くない、という自民党内部の変化が生まれつつあった。次に、自民党の党則第79条に「総裁は必要に応じ総務会の議を経て、臨時に特別の機関を設けることが出来る」と書かれており、この規定を活用して、安倍首相は政調会の部会や調査会などとは別に、総裁直属機関を多数設置している。それは、内閣府に設置されている政策会議に課されている課題と同じ課題に取り組む会議である。例えば、政府内にデフレからの脱却を図る「日本経済再生本部」、地方活性化に関する「地方創生実行統合本部」、などであるが、それと同じ名称の総裁直属の会議が多数作られている。内閣と与党には同じ名称の政策会議が設置され、有力な議員は両方の会議に参加しているので、政策決定においては実質的に政府と与党が一体的な関係にあることとなり、政府と与党の二元体制は政府を中心とする一元体制へと実質的に変容していると見ても間違いなかろう。なお、この事前審査の一種として、安倍政権が自公連立政権であることから、政策決定において、まず与党間には党首会談、幹事長・国会対策委員長会談、与党政策責任者会議、次に政府・与党協議会が設けられ、そこで重要な政策決定について協議がなされている。この協議を通じて公明党は自民党ベースの政策決定に対して一定の影響力を行使できるようになっている。

なお、内閣人事局の設置の他に、２００１年の中央省庁再編以降において、２００９年に内閣府の外局として消費者庁が設立された。次いで２０１２年に復興庁が新設された。それは、前年の２０１１年3月11日に発生した東日本大震災と福島原発事故によって引き起こされた未曽有の災害の復旧に政府が全力で取り組むために設けられた機構である。また、第二次岸田政権時代に内閣府の外局としてこども家庭庁が設置された。さらに、２０２１年には諸外国に比べて大変遅れてデジタル庁が設置された。それは電子政府化に、日本は欧米に後れを取っているばかりではなく、隣の韓国に比べても約10年も遅れており、その遅れを取り戻すために急遽設けられることになった。

図４　国の行政機関の組織図

（令和６年８月１日時点）

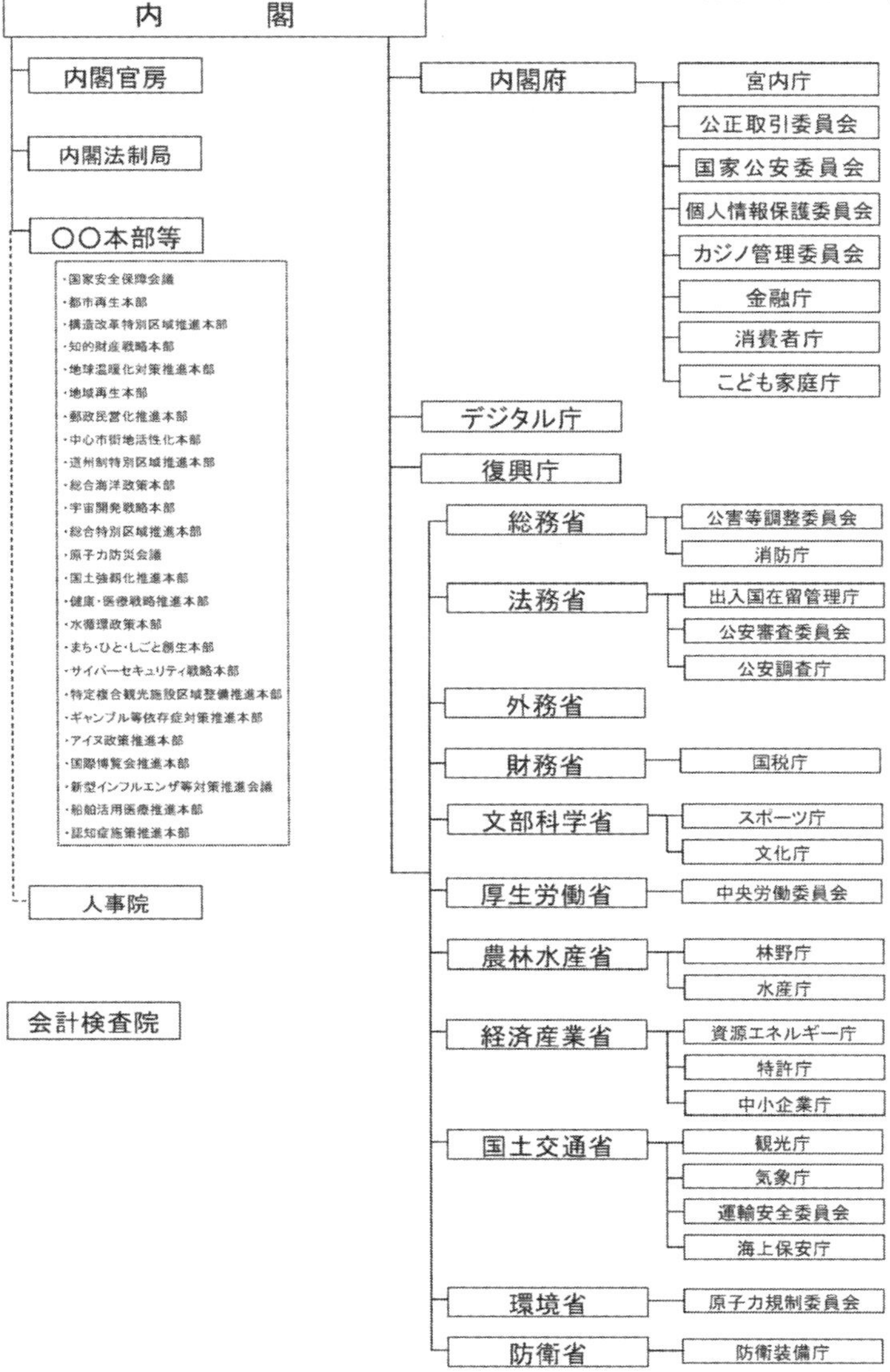

出所；内閣官房のホームページより
https://www.cas.go.jp/jp/gaiyou/pdf/20241101_sosikizu.pdf

図５　内閣官房組織図

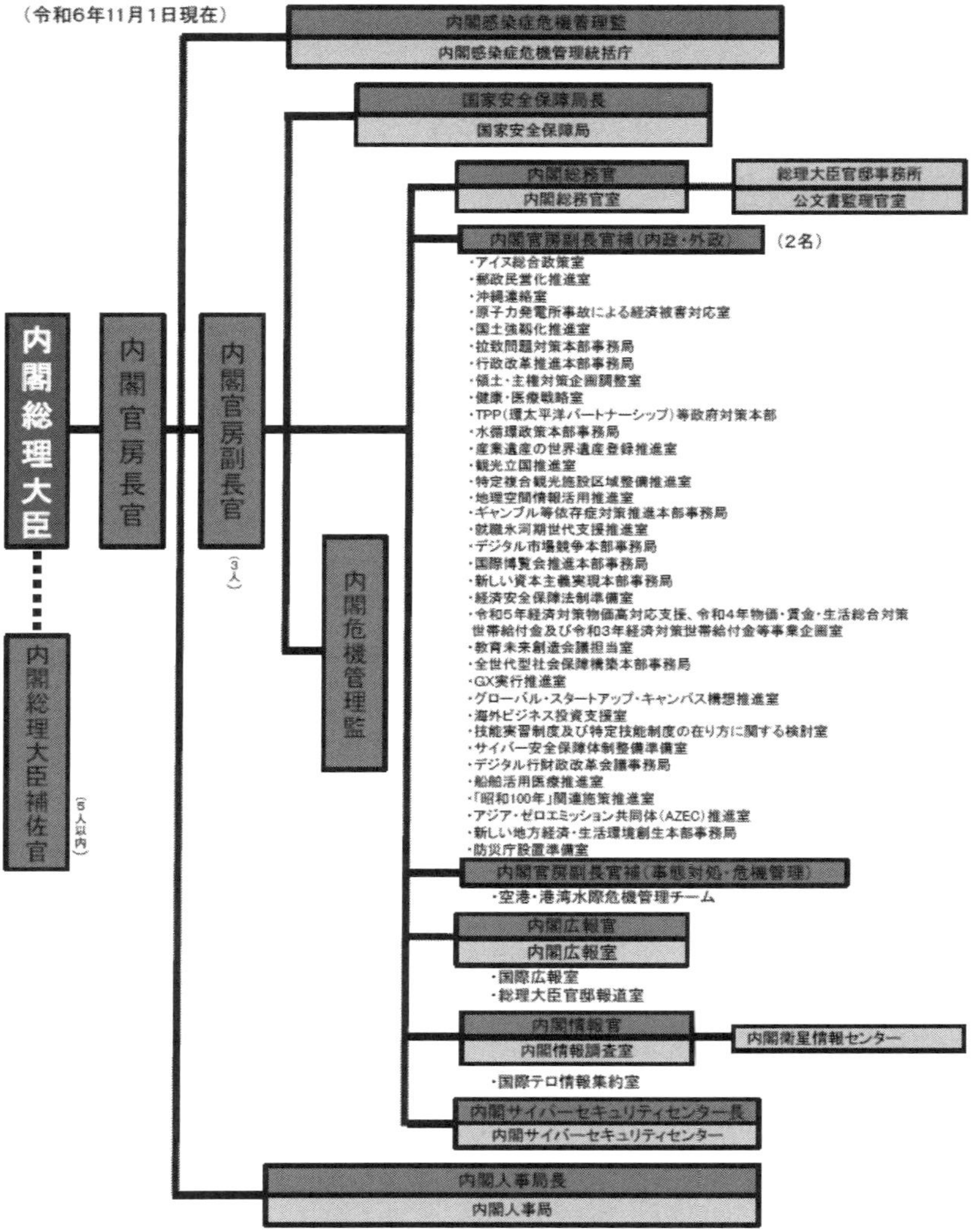

出所：内閣官房のホームページより
https://www.cas.go.jp/jp/gaiyou/jimu/jinjikyoku/satei_01_05.html

第二章　行政過程

1、日本の行政組織の特性

①大部屋主義

日本の行政組織の風景は欧米のそれと比較するなら、かなり異なっている点が目立つ。アメリカでは、行政官僚制は各省において職種別に分かれ、次に各職種の組織は職務に基づいて分かれ、下から上へと職務が階層的に組み立てられている。この仕組みは職階制と言う。この職階制の下では、まず特定の職種の特定の職階の仕事をこなせる専門知識と能力を備えている点を証明する公開試験によって取得した資格を有する者が行政職員として採用される。そして、行政職員は採用時に職務について詳細な職務記述書（Job Description）を受け、職務分類（Position Classification）によって指定された職務を遂行する。職員は通常仕切られた個室で果たすべき仕事をする。例えば、タイピストは退職時まで書類をタイプする仕事を続ける。従って役所の風景は日本の小・中学校の教室のように個室のオフィスが並んでいる。それに反して、日本の役所の風景は異なる。一言で言い表せば、職員室である。大きな部屋に教頭から学校に籍を置くすべての先生の机が並んでいる大部屋である。つまり、日本の役所は広いフロア—に最下位の職員の係員から、係長、課長補佐、課長などが机を並べてお互いに顔を突き合わせて一緒に仕事をしているのである。このような日本の役所の風景を行政学者は「大部屋主義」と呼んでいる。

②政策発案・作成の慣行—稟議制

またその仕事ぶりも欧米のそれと異なる。上記したように、M・ウェーバーは官僚制の特徴の一つとして文書主義を挙げている。つまりそれは、行政活動はすべて文書に基づいて行われるという意味である。例えば、規制官庁が行政の対象者の活動を許認可するとか、あるいは社会秩序の維持のために行政の対象者の一定の行為の禁止を命じたりする場合、どちらの場合でも行政は法律に基づいて行われなくてはならないので、許認可やある行為の禁止の法律的根拠を明確にして、それに基づいて許認可を行い、あるいはある行為の禁止を命じたりすることを記す文書が作成され、その文章の内容をそれらについての決定の権限を持つ最終決定者が確認して、承認の印を押すことが無ければ、行政活動は開始されないのである——「法律の基づく行政」の表われである——。つまり、行政活動は担当職員の文章作成—これは「起案」という—から始まると言っても過言ではないのである。

第一部第三章でダンサイアーの「三人一組」論で紹介したように、通常、行政活動を行う単位は「三人一組」であると考えられる。行政の対象者と直接に接する末端の単位は「係員—係長—課長補佐」である。環境の変化と共に、施策の実施が適切ではなくなった場合、その施策を環境の変化に対応して見直して修正を行うという新しい決定が行われなくてはならないことが生じるのは必至である。その場合、現場の実情に詳しい係員が施策改正の必要性を係長に報告し、それを係長が課長補佐と相談し、三者で協議して施策の修正案が決められる。その場合、その修正案について、係員がまず文章を起案し、それを係長が見て形式と内容が当該の役所の書式基準に合致していると判断したとき承認の判を押す。次に課長補佐のところに文章が回覧されて、同じ判断から承認の判が押されると、さらに、その件で最終決定権を持つ職位まで回覧される。もし、課長が最終決定者なら、そこで施策の修正案が決定され、新しい施策が実施されるのである。こうした一連の書類の流れを「稟議制」という。この稟議制の稟議とは、「下位者が上位者の意向をお伺いする」という意味合いを持った言葉であるが、役所では稟議制とは「末端職員がある事案の処理方針を記載した文章を起案し、これを関係者に順次回覧し、最後に決裁者に至るという文章処理方式・意思決定方式」である。この稟議制は役所だけでなく、広く民間企業などでも活用されている。欧米では見られない意思決定方式と言えよう。

日本の行政組織における意思決定はボトムアップ型であると言われてきたのは、以上紹介したような日本の役所の文書主義の独特な表われとしての稟議制の存在にも一因があると言えよう。戦後日本の行政学の基礎を築いたとされる東大の辻　清明教授が日本の行政における意思決定システムが稟議制である点を明らかにしたことで有名である。同教授によると、稟議制の特徴には次の三点があるという。1、末端の職員が起案する。2、職員が個別審議するので、会議や討論審議は行われない。3、決裁者は下から上がってきたものをそのまま承認する。その長所はある政策の決定が稟議制を通す過程で関係者の合意を得ることができる点にあるが、短所としては行政のセクショナリズムを強めるものである、と批判した。この説明によると、国家の重要な政策決定も含めて、すべての行政組織における意思決定が恰も末端の職員が起案したものが上へ回覧されて決まるという誤解を生み出している側面もないとは言えない。

行政機関での長年の経験を持つ井上誠一氏は、この辻　清明教授の説明は行政組織における意思決定がすべて稟議制によって行われているかのような印象を受けるが、稟議制に拠らないケースもある点を指摘し、意思決定方式について次の二つに分けている。一つは稟議書型である。それも二つに分けている。稟議制として通常伝えられている「順次回覧決済型」と、もう一つの「持回り決済型」である。裁量の範囲の狭い許認可処分のケースでは、事案が軽微であるために、決裁権は末端に委譲され、関係者の範囲も狭く、起案は上位者の設定したマニュアル通りに行われるのが「順次回覧決済型」である。次に、法令案・要綱案などの裁量の広い許認可処分のケースにおいて、起案に先立って、会議形式の意見の調整が行われ、次に起案は関係者の合意を清書したものに過ぎず、関係者の席に直接持参して押印されるのが「持回り決済型」である。辻　清明が挙げていない、もう一つの「非稟議書型」も二つある。予算の概算要求書、国会答弁資料のケースで、とりわけ国会答弁書案については、担当係長や課長補佐が作成し、課長、総務課、局長などが個別的に了解する形で文書が完成される「文書型」と、会議への出欠席や陳情者との面会などに関しての大臣や局長などの日常的な行為に関する意思決定は口頭で行われるので、それは「口頭型」と定義している。

政治学者の京極純一教授はその著作『日本の政治』（東京大学出版会、１９８３年）の中で、いわゆる「ハンコ行政」で有名な稟議制には、規定事項をいわば事務的に処理する「事務稟議」と政策企画を実現するための「政策稟議」の二種類がある、と指摘している。上に挙げた辻　清明、井上誠一両氏の稟議書の説明はこの分類では形式面では前者の「事務稟議」の部類に属するものと解釈できよう。では、「政策稟議」については、京極教授はどのように説明しているのか、それについては、教授自身の説明を少々長いが次に引用する。政策企画のための「稟議書は、政策企画に対する関係部局の同意を確認する、一種の《外交文書》である。いわゆる所管事項については本省の課が基本単位である。この所管課のなかの議論や勉強会の中から、新しい政策企画案について課の中の一致と団結が成立つ。つぎに、この政策企画案について課長および課員が、部内、局内、省内、関係他省庁に《根回し》をして、その同意を獲得する。この《根回し》は非公式の接触、懇談に始まり、公式の会議における確認に終る手順を進行する。そして、主題の内容によって、関係者、関係部局の利害関心によって、また、長期多角決済のなかの関係者の《政治的》資産と技能に応じて、簡単に進行し、あるいは、様々な困難と障碍に直面する。こうして関係部局の同意を獲得したのち、所管課では稟議書を《若いもの》に起案させ（文章の訓練）、関係部局に先般の同意を確認する捺印を求める。これが「政策稟議」の経過の一例である。」（３４６頁）この説明によると、日本の行政組織における政策企画の作成は本省の課が中心となって進められること、次に政策企画が完成するまでの手順とその経過、そして、行政組織内における意思決定が稟議制と言う事務処理の方法を通じて進められている過程が良く理解できる。とはいえ、行政組織における政策企画と政府の政策作成との関係がこの稟議制とはどのような関わりがあるのか、は明らかにされていない。その点を明らかにしたのは大森　彌教授である。

大森　彌はその著書『官のシステム』（東京大学出版会、２００1年）において、辻、井上両氏の説明を踏まえて、国家にとって重要な決定は、その決定に関して最終的な決定権を有する者が、その決定に関して専門知識や情報を持つ官僚やその他の関係者と協議して一定の判断を先に下した後に、その判断をその決定に関する事項を担当するラインの役職者にその部局内の慣例となっている手続きに沿って稟議書の形で文書化させており、従って決定の種類によって、その決定を行う単位も異なる点を明らかにしている。ともあれ、辻　清明の稟議制論からは、恰も行政組織における意思決定がすべて末端の係員が起案という形で行なわれているかのようなイメージを受けやすいが、実際は、それは行政組織における意思決定の一部に過ぎないことに留意する必要があろう。

いずれにせよ、日本の行政組織における意思決定方式は形式的手続きとしては稟議制によっているので、いずれの職位において起案されようと、その内容に関しての最終決定権者の捺印を受けるまで、上へ、上へと一つの大部屋の中で回覧される。そして一つの政策ないし施策の発案・作成、あるいはその修正は係員から係長、課長補佐、課長ないしは部長まで同じ部屋にいるすべての人に周知される。この一連の流れの中で、係長、課長補佐、課長ないしは部長は各々その役割はどうあるべきかを示し、下位者は上位者の仕事ぶりからその役職の仕事のやり方を学ぶのである。従って、日本の行政職員は、職階制を採用している欧米とは異なって、特定の職種をこなす十分な専門知識や能力を有する資格は問われず、国家公務員試験では行政職員として活動できる一般教養と現代民主政国家の構造と機能に関する一般的な知識を備えているかどうかを基準に採用される。このように、日本の行政職員、つまり国家公務員はジェネラリストとして採用され、採用された各省庁において大部屋で上位者の仕事ぶりを「見よう見まね」で行政人として訓練・教育されて行くのである。このやり方を、村松岐夫教授はＯＪＴ（On the Job Training）、つまり働きながら訓練する教育法と称している（『日本の行政―活動型官僚制の変貌』中公新書、１９９４年、52頁）。

③エリート官僚選抜および組織編成の特異性

アメリカでは１８８３年のペンドルトン法の成立によって公務員採用方式としてスポイルズ・システムが改変され、メリット・システムが併列的に導入された、と第一部第二章では述べたことがある。連邦政府の行政組織の職員の採用では、局長以上の職位についてはメリット・システムではなく、スポイルズ・システムが温存されている。大統領が交替すると、ワシントンでは前政権に仕えた局長以上の上級官僚の殆どが職を失い、その後に空いた職位に新大統領が任命した人々が就任する。この有様は「回転ドア」と言われている。つまり、局長以上の殆どの政治任用職は交替するからである。日本の官庁の局長、事務次官はアメリカでは一般職ではなく、特別職で採用され、政権とその運命を共にするのである。従って、アメリカの連邦政府の行政組織は法律や大統領の命令や指示を執行する組織であり、それ故にその編成方式はライン別に構成されている。そしてスタッフは大統領府に○○補佐官、○○補佐官補という名称で分野別に配置されている。では、アメリカでは政治任用される人々は、どのような形で選抜されるのであろうか。実は、彼らを上級官僚としての資格を有する者として教育し、訓練するところが別に存在するのである。それは、シンクタンク（Thinktank）と称されている「政策研究所」である。大学院修士・博士課程でそれぞれの専門分野で学位を取得した者で上級官僚を目指す者は、各政党や財団が設置しているシンクタンクに就職して、国家活動のあらゆる分野で各々が得意とする分野の研究を続けながら、彼らの専門の政府の官庁の活動を調査し、彼らの価値観からそれらを評価する仕事を続ける。また兼職として彼らの専門と関連する政治団体や企業などでも働き実務の取得にも励む。研究員はどこかの政党に所属しているので、党活動にも参加し、場合によっては支持する政党の上下の議会議員のスタッフになり政党政治の実際を経験する者もいる。多数の研修ルートがあり、支持政党の大統領候補が選挙で勝利した場合、政権交代が行われ、上級官僚として採用されるのである。このように。アメリカのキャリア官僚ともいえる上級官僚は、日本のキャリア官僚とは全く異なった人生の経路を歩むのである。日本のキャリア官僚の選抜のやり方は、アメリカのそれを基準にして見るなら、以下に見られるように、極めて特異であることが明白になるであろう。

日本の行政官僚制では、戦前から行政人はその採用時の試験の種類によってキャリア組とノン・キャリア組に分けられる。社会人としての第一歩の就職試験の種類、つまり人生の「入り」の段階で、その人の一生が決まるのである。

日本の府省組織は、概ね大臣を頂点にして、副大臣（大臣政務官）⇓事務次官⇓官房長・局長⇓局次長・部長⇓課長⇓係長⇓係員というピラミッド型のラインを構成している。ノン・キャリアの場合、係員として採用され、現場で五年ないし十年間働き、ＯＪＴで訓練・教育されてその能力が認められると係長に昇進する。次に十年ないし二十年かけて課長補佐ないしは課長に昇進して、めでたく退職するのが通常のコースである。キャリアで採用された場合、現場の仕事は一年ないし二年で終え、本省に帰った後しばらくして省によっては海外の大学院へ研修に出かける。そこで修士の学位を取ってくる人もいれば、二、三年の研修後に帰国して係長、そして数年で課長補佐、大体入省後20年経つと府省の中核的地位の課長に昇進する。課長になると、府省が分担する業務についての重要な決定ないしはその執行の責任者として行動する。この点から見るなら、日本の行政官僚制はキャリアの課長を中心に動いていると言っても過言ではないのである。課長から局長、そして事務次官へと昇進する過程で、人によっては課長の間、地方自治体の県庁に出向して副知事の職に就く人もあれば、政治家を志す者は、退職し政治家の道へと進む場合もある。一般的に課長の次の職位は局長であるが、その上の事務次官の職は一つしかないので、採用時の同期生は、その中の一人がめでたく事務次官になった場合、全員退職する。これが慣行であった。その際、府省の傘下の特殊法人か、あるいは民間企業に転職するが、それは「天下り」と称されている。こうして、キャリア組の行政人の一生が終わるのである。

以上日本のエリート官僚の選抜様式と退職までの行政官歴について慣行化されている制度を見て来た。このエリート官僚の選抜様式と退職までの経路は明治国家における行政官僚制の成立以降、敗戦を挟んで今日まで変わっていない。とはいえ、政官関係の中でのエリート官僚の政治的役割は戦前、戦後、行政改革以降の今日では大きく変化しており、それに伴いエリート官僚の在り方も変化している。その変化の相貌について以下若干見ておきたい。

そもそも一国の政治指導者（Statesman）の養成は国家の存続・発展のために必要不可欠な課題であると言える。この課題は将来の政治指導者を教育・訓練する政治家研修制度と深く関係していることは言うまでもなかろう。政治家を養成する最初の施設は通常、大学であり、従って、すべての国においてはどのような目標を持って大学を設立するかによって将来の国家の在り方も大きく左右されることは言うまでもない。第一部第二章で述べたことがあるが、文部大臣の森有礼の明治日本の教育制度の構想では、大学の役割は次のように考えられていたようである。大学とは、彼がハーバード大学で学び、イギリス駐在公使の実体験から学んだ欧米列強の政治指導者の養成過程から連想して、小・中等学校においては命を賭して天皇制国家を守り抜く心構えが心の奥底に植え付けられ、それが第二の習性になった者が、入学し、そこでは天皇制国家の護持という「国益」をいかなる状況においても貫徹できる気概の他に、内外の環境の認識においても何事にも囚われない、自由な思考ができる人材を育成する場所と考えられていた。そして、大学を優秀な成績で卒業した者が初めからキャリア官僚として登用され、そこで国務について十分な知識と経験を積んだ後に政治家へと転身させることであったと思われる。東京帝国大学法学部は、森の構想通りに機能したように思われる。従って、戦前の日本におけるキャリ官僚の選抜と、その後の役所での教育・訓練は彼らが「末は大臣」になることが前提とされていたと見られる。丸山真男は明治維新から敗戦までの歴史を振り返って、政治家について次のように述べている。明治時代の政治家は革命家上がりであり、大正時代の政治家は官僚上がりであったが、敗戦時までの昭和の政治家は、政治家は名のみ官僚のままの「政治家」であった、と。この丸山真男の政治家と官僚の関係論から、近代日本における政治指導者の養成とキャリア官僚の在り方との関係の一端が垣間見られるのではないかと思う。次の項で取り上げる「行政過程における政官関係」とも関係することであるが、明治国家では官僚は革命家上がりの政治指導者に仕えた行政「職人」であったが、明治末期に東京帝国大学法学部出身の多くのエリート官僚が政界へと進出し、大正時代では、政党政治が開始されると共に、森文相が構想した通りの官僚上がりの政治家が「国益」を擁護する立場から、政党政治家と対決する時代が生まれた。欧米の自由民主主義国家でもそうであるが、選挙によって議会という政治活動の場に入った大衆民主主義時代の政党政治家は国民の代表者であるという自覚をもって、国民の多様な意見や利益を国政に反映する仕事に専念するのが通例と言えよう。こうした国民の中の部分的利益を代表する政党政治家に対して、「国益」という価値観に基づいて行動する官僚上がりの政治家とは政治に対する考え方や姿勢が異なるのは当然と言えば当然である。敗戦後の日本の再建を担った政治家、例えば、吉田茂、岸信介、池田勇人、佐藤栄作、福田赳夫、大平正芳、宮沢喜一、などの自民党の歴代首相は「官僚上がりの政治家」であった。そして彼らを支えたエリート官僚も「国益」を優先する行政活動を展開した人が多い。従って、彼らは国民大衆の意見や利益よりも、「国益」を最高価値に定めてその生涯を捧げようとしタイプのエリート官僚であった。真渕　勝教授はその著書『行政学』（有斐閣、２００９年、４９７頁～４９９頁）の中で、明治以降、今日までのキャリア官僚の類型化を試みているが、こうしたタイプの官僚を「国士型官僚」と規定している。同教授によると、１９６０年代までの殆どすべてのキャリア官僚は、国家を自分が背負っているという強烈な意識をもって働いていた「国士型官僚」であったという。そして、１９７０年代以降、「55年体制」が確立して自民党政治家（族議員）、業界団体代表、官僚の「鉄の三角形」という政策コミュニティーが成立するや、キャリア官僚は、官僚の役割は政治や社会の中で様々な利害の調整を行うことであると考える方向へと進み始めたと分析し、この時期のキャリア官僚を「調整型官僚」と定義している。次に、「官高政低」時代が過ぎ去り、行政改革後の「政高官低」時代に入るや、行政は政治の下にあるべきであると考えて、自分の信念や感情を殺して「上司」である大臣などの命令や指示に言葉通りに忠実に従う公務員タイプの「吏員型官僚」となったと分析している。周知の通り、第二次安倍政権下では、官邸による官僚人事の一元的管理体制の実現により「忖度政治」が展開され、キャリア官僚にはまさに安倍政権の命令や指示に対して、その内容を問わず進んで従う「吏員型官僚」が目立つようになったと言われている。それを傍証するかのように、人事院人材局審議官出身の嶋田博子教授は、『職業としての官僚』（岩波新書、２０２２年）の中で、官邸による官僚人事の一元的な管理体制の実現は、２００８年の国家公務員制度改革基本法では「意思決定過程の透明化に向けた政官接触や行政過程等の記録作成・公開、国民への人事管理の説明責任」体制の構築とペアになっていたが、実際は「政権にとって都合の良い項目」の官邸による官僚人事の一元的な管理体制のみが「つまみ食い」されて実現され、官僚は政治家に忠実な

「家臣」に変わった、と指摘している（120〜121頁、216頁）。

さて、エリート官僚の選抜と彼らが使える国家の性格変化との関係における彼らの行動様式の変遷を見てきたが、最後に２０１４年まで政策決定のボトムアップ型を実際において支えて来た日本の行政組織のもう一つの特異点を次に挙げて置きたいと思う。その前に、現代日本の行政組織の編成の概要を見ておきたい。各府省の長は大臣である。その下に政治家の副大臣、大臣政務官が置かれている。これらの政務三役は特別職と言われ、政治的任用職である。この政務三役の指揮・命令の下にあるのが事務次官をはじめとする一般職の行政職員である。各府省は、事務次官の下に、庁や委員会と言う外局の他に、審議官などの総括整理職、大臣官房、および局、部、課（または室）、係からなるピラミッド型の組織編成となっている。各府省と外局は、外務省と文部科学省を除いて、その事務を全国に展開する必要がある場合には、都道府県ないしは都道府県を束ねたブロック別に地方支分部局（出先機関）を設けている。

各府省の内部部局は、その府省が所掌する政策を取り扱う部門と、それらの政策活動を管理する部門に大別される。政策を取り扱う部門は、政策を現場で担当する意味で、原課、原局といわれるライン系組織である。内部管理部門は、人事（秘書）、会計、文書（総務）のいわゆる官房三課が置かれている大臣官房である。行政組織の意思決定は、係長、課長、部長、局長と言う原課、原局の縦のラインにおいて行われ、事務次官に至り、終了する。ところが、各局レベルにおいても、筆頭課として人事、会計、総務などの事務を担う課（多くは総務課）が置かれていて、それらが各原課を横につなぐ役割を果たしている。各局の総務課はライン系統と並行して、大臣官房に連なる縦のネットワークを構成している。この各局の総務課から大臣官房に至るネットワークは、実際には人事、会計、文書を通じて各省をコントロールしているものと考えられる。つまり、課長は局長以上に局の総務課の命令系統に、局は事務次官や大臣以上に官房三課の命令系統に服している、とされている。そして、すべての府省の官房系のネットワークは内閣官房とも連なっており、府省と政治とを繋ぐ結節点となっている、と見られる。

さて、日本の行政組織において注目されるのは、各府省の事務次官レベルから課長・課長補佐レベルに至る各職位には、これに相当するスタッフ的な「職」が配置されている点である。それは、通常は、次官級として省名審議官、局長級として政策統括官、局次長級として官房審議官、課長級として参事官、課長補佐級として企画官などと呼ばれている。各府省内では各局、各課がそれぞれ所掌する事務を担当する。そして各局、各課の事務を相互に結び付けて府省全体の政策としてまとめるのはこれらの審議官や政策統括官などの総括整理職、大臣官房である。また、これらの職は、大臣の命により特定の事務を担当することにもなっている。アメリカの連邦政府の場合、軍隊のように最高司令部に参謀本部があるのと違って、日本の行政組織には、各府省の大臣官房のネットワークが全体としてのそれぞれの府省のスタッフの役割を果たし、さらに案件によっては最終決定権を持つ職位毎にスタッフが存在するのである。これは日本の行政組織の第三の特異点と言えよう。

2、行政過程における政官関係

すでに本章1で紹介したように、第二次安倍政権の下で、２０１４年の内閣人事局の設置によって、民主党政権が試みた「脱官僚・政治主導」の「決定中枢」制度の再編が実現された。それによって、この10年の間において政官関係は従来とは異なるものに改変された。

そもそも政治家と官僚の関係は政策決定過程の中での役割分担の観点から見るなら、次のようになるであろう。すなわち、国が直面し、かつ解決を迫られている諸問題を発見し、その後にそれらに関する情報を収集し、かつそれらの問題を解決する具体的な処方箋を出来るだけ多く案出し、それに基づいて問題に対処する可能な限りの多くの政策のオプションを企画・立案し、それを政治家に提示するのが官僚の第一の役割であろう。次に政権党の政策決定の衝に当たる指導的な政治家は公共政策研究の第一人者のドロア教授の言うところのmegapolicy、すなわち、国家百年の大計を頭に入れて、それを実現する具体的な政策体系の基本方針のmesopolicyの観点から、官僚が提示する政策オプションの中から最適なものを選択して、それを政府の公的な政策として決定する。そこで政治家の役割は一応終わり、こうして決定された政策の実施の役割は再び官僚の第二の役割となり、最後に、実施された政策の結果が本来の政策目標に照らして成功しているのかどうかを点検・評価するのは政治家と官僚の共同事業であり、もし失敗していたら、もう一度やり直して新しい政策過程に入るか、実施された政策の修正に入るか、それを決めるのは政治家の役割、つまり政策過程におけるフィードバック機能であろう。

こうした政策決定過程における政治家と官僚の役割分担の観点から、民主党政権の政策決定過程を見るなら、同政権は「脱官僚依存」、「政治主導」の主張を額面通りに実行しようとして、政策決定における官僚の役割を軽視ないしは無視しようとする姿勢を強め、「官僚不在」の状態に陥っていたと見られる。自民党時代、20世紀末までは、日本は「官僚内閣制」と言われ、人事権を持つ自己完結的な権力集団の官僚機構が実質的に政策決定権を掌握していたが、それを可能にしていたのは官僚機構が日本のみならず世界に張り巡らされた行政需要に関する豊富な情報収集能力、行政需要に応えられる成熟した慣行、そしてこの慣行を持続可能にしている「暗黙知」を有していたことであった。各府省がそれぞれの分担する課題毎の政策決定を行なっても、最終的には大蔵省、そして行政改革後は財務省が予算案編成を通じて調整し、最後に事務次官会議が最終的な調整を行なうのが自民党時代のやり方であった。民主党政権はこの事務次官会議を廃止し、各省庁の政務三役が党幹事長室の各政策部門の副幹事長が選挙区や業界団体の陳情を受けて伝えてきた案件を勘案して政策決定をした。そして、各省庁との調整は基本問題閣僚委員会ないしは閣議で行なわれることになっていた。ところが、首相やそれを支える内閣官房がリーダーシップを発揮しないために、横の各省庁の調整を経ないままに、各省庁の政務官はそれぞれ上から一方的に決定された政策を官僚機構に伝えた。政策決定過程の活動の流れの中で官僚不在のままに政治家のみの「政策決定活動」が空回りする例が多く見られたと言えよう。民主党政権は、巨大なシンクタンクであり、また豊富な情報網や問題解決の「暗黙知」を有する官僚機構を「脱官僚依存」のスローガンを額面通りに受け止めてしまって、官僚を軽視し、党のマニュフェスト実現のために彼らを有効に活用しようとはせず、政策決定過程の機能不全を招いてしまった。この点が民主党政権の最大の欠点であったと言えよう。

２０１２年末に総選挙後に政権交替があり、第一章4で述べたとおり、第二次安倍政権の下で２０１４年に内閣人事局の設置によって官邸主導体制が確立された。それは首相が局長、事務次官などの高級官僚の人事権を掌握し、官僚を自由に動かすことができるようになったことを意味する。それ以後は、官邸の意向を前もって忖度し進んで官邸に奉仕して立身出世しようとする官僚が増えて行ったのは自然の成り行きであったと言えよう。それと共に、「与大野小」の国会は首相をコントロールする力を失い、外からのコントロールの利かない首相の政策決定に関しては、政官関係の点では望ましくない方向へ向かい、官邸が聞きたくない声も伝える気概のある、かつての「国士型官僚」がいなくなり、官僚の方から最高権力者の首相を戒めるチャンスも消えてしまったように見られる。いや、優秀な官僚はブラック企業顔負けの長時間労働を強いられて心身をすり減らしていることも手伝って官界から離れ始めているのではないかという兆候も見られる。それは２０１９年度の20代の総合職（キャリア組）の自己都合退職者数が６年前の約４倍以上、そして国家公務員試験の総合職の応募者の急減として現われている。こうした傾向はその後弱まらず、ますます強まっているように見られる。２０２４年8月6日付けの『読売新聞』によれば、キャリア官僚で採用後10年未満の退職者が２０２２年度は１７７人に上り、現行の試験制度（国家公務員総合職試験）で最多となった、と人事院が発表した。内閣人事局が２０２２年に国家公務員を対象に実施した調査では、離職を望む理由として「もっと自己成長できる魅力的な仕事に就きたい」「収入が少ない」「長時間労働が常態化している」などが多かったという。「末は大臣」の道も殆ど閉ざされてはいるが、そして収入が少なく長時間労働でも、我慢して耐えれば「天下り」が待っていて、それまでの苦労が十二分に報われるという期待も、「天下り」規制でそれも無となりつつあり、こうした現実が公務員という職業を「魅力」のないものにしているのかもしれない。

ちなみに、官庁の仕事がブラックだと言われる理由のもう一つには、「官僚上がりの政治家」は別にして、大臣となっている政治家が政策決定者としての教育・訓練を受けていない人が多く、その資質に問題がある点と関わっているのである。というのは、欧米諸国ではあり得ないことであるが、国会で野党議員が各大臣にその所掌する業務が本当に「国民のための行政」であるのかどうかをただす質問を行うが、その質問の内容を官僚が事前に野党議員から聞き出して、答弁書を作ってそれを大臣に読ませる形で国会が運営されているからである。国会開会中の午後遅く翌日予定されている野党議員の質問内容を聞き出した場合、答弁書を作るのに夜中までかかるので、担当のキャリア官僚は帰宅が午前二時、三時になる場合もある。国家開会中、官庁が集中している霞ケ関に午前一時、二時にタクシーが並んでいるのは、不思議に思われるが、実は答弁書を作成し終えた官僚が帰宅するために利用するからである。

3、国民の行政参加（監視）制

スウェーデンでは、重要な法案の審議に当たって関連利益団体などの意見を事前に聴取する「レミス」という制度があるが、日本でも、行政の決定に専門家の意見を反映させる制度として審議会などがある。それは各府省の決定した政策が執行される場合、行政の対象者に受け入れられるように、その政策に関して広く専門家や利害関係者の意見を反映させるポーズをとることでその政策の実施を容易にすることを狙った装置と見られてきた。さらに、実際は行政官庁が先に決定して置き、それを正当化する「隠れ蓑」的に利用されてきた例も多々あった。上記した行政改革会議が示した四つの基本方針の一つの「行政の透明化、自己責任化（政策評価制度、情報公開制度の創設等の改革）」に基づいて「透明な政府」の実現が目標に掲げられて中央省庁再編の中で透明性の向上の観点から、情報公開制度の構築、パブリック・コメント手続の導入、そして政策評価の仕組み等の措置が取られた。こうして、１９９９年に行政機関の情報公開法が、２００１年に独立行政法人の情報公開法が制定された。これらの法律に基づく情報公開制度は、国民主権の理念に基づいて一般市民の行政官庁に対する文書の開示を請求する権利を定めた。これによって、国民は行政決定のプロセスを知ることができ、「国民のための行政」に反する事例については、その説明を行政官庁に求めることができるようになった。

次に、政策形成に民意を反映させ、その過程の公正性・透明性を確保するために、府省が基本的な政策の立案を行う場合、政策等の趣旨・原案等を公表し、専門家・利害関係者・その他の国民から広く意見を求め、これらを考慮しながら最終的な意志決定を行う「パブリック・コメント手続」が２００６年に導入された。

こうして、それ以前に多用されていた審議会等は上記したように行政の「隠れ蓑」との批判や、それが縦割り行政を助長しているなどの批判もあり、大胆に整理され、それに代わってパブリック・コメント手続が活用されるようになった。

２００５年の行政手続法の改正によって政省令などの命令を定める場合に意見公募を定めることが法律で義務付けられるようにもなった。こうした情報公開制度やパブリック・コメント手続の導入によって、国民による行政の監視、行政の意思決定への国民の意見の反映が可能となり、行政の公正性の確保と透明性が図られるようになった。なお、「透明な政府」の実現を目指す制度導入として、府省の決定した政策に関する政策評価や独立行政法人や特殊法人の評価については、次の４で取り上げる。

４、行政の透明化・自己責任化を目指す政策評価制度

上の３（「国民の行政参加（監視）制」）のところですでに言及したように、行政改革会議が示した基本方針の一つの「行政の透明化・自己責任化（政策評価制度、情報公開制度等の改革）」の内、上の３ではすでに情報公開制度とパブリック・コメント手続の導入については簡単に触れておいたので、ここでは新しく導入された政策評価制度についてその概要を述べておきたい。

同制度の導入は、言うまでもなく、新自由主義に基づく行政改革の一つである。とはいえ、その導入を促した背景には、新自由主義のみならず、次に述べるような幾つかの理由が存在していた。第一は、１９９０年代後半において、民間企業による大蔵省の官僚への過剰接待問題、厚生省の薬害事件などの官僚の不祥事件が多発して、官僚

の不正行為を正すべきであると言う世論が高まっていた点である。世論の圧力を受けて、国会では与野党の調整の下に行政監視委員会が設置される動きがあった。第二は、行政改革の一環であるので、NPM理論の理念を行政に活用して、日本の行政が本来の「国民のための行政」となるように、国民を行政サービスの顧客と捉え直して、行政活動が国民の幸福追求活動の支援において成果を上げているのかどうか、それを評価してその結果を行政に反映させる仕組みが必要となった点である。第三は、三重県や北海道において政策評価制度が導入されていて、地方自治体が先行して取り組んで一定の成果を出していた点である。第四は、戦前から存続している霞が関（日本の官僚組織）の行政文化の是正を目指した点である。第一部第二章で述べたように、戦前から存続している文官官僚制は敗戦後の民主化の波に一応洗われたとはいえ、行政文化の中核部分に当たる行政の無謬性と、プランを重視する行政のマネジメントはしぶとく残存し続けていた。

そこで、中央省庁の再編によって、政策の企画立案機能とその実施機能とが分離されることになったので、それを前提にしてプラン偏重の行政では全体としての行政のマネジメントができないことから、プラン偏重の行政の在り方を改めて、政策の企画立案機能とその実施機能の両者を連携させることで、ＰＤＣＡ（Plan-Do-Check-Action）と言う政策の流れのマネジメントを機能させる目的を実現させるために政策評価制度の導入が決まったのである。２００1年に「行政機関が行う政策の評価に関する法律」が制定され、翌年4月から施行され、同法に基づいて政策評価制度が発足した。同法では、政策とは全体として一つの体系を形成しているものとして捉えている。すなわち、府省の行政課題への対応の基本方針という狭義の政策、それを具体化させる施策、および施策の遂行手段である事務事業が相互に目的と手段の関係を保ちながら、全体として一つの体系を形成していると捉えられている。次に、政策評価に際しては、(1)行政組織を運営する上で恒常的に必要となる内部管理事務、(2)法令等に基づき裁量の余地なく定型的に行う事務、この二つは政策とは異質なものであるので、評価の対象としては除外することにした。

評価を行う実施主体は次の三種類である。第一は、各府省が所掌する政策について、それを評価する課レベルの組織を設置し、それが所掌の政策について自己評価を実施する。第二は、総務省の行政評価局である。従来、事業の実施状況について行政が内部からの点検・評価を行う行政監察制度が存在しており、その職務は行政管理庁、次に総務庁の行政監察局が担当していたが、行政評価法の成立後はその職務は総務省の行政評価局に引き継がれることになった。この行政評価局は「各府省の政策について、統一的もしくは総合的な評価を行い、または政策評価の客観的かつ厳格な実施を担保するための評価を行う」ことになった。第三は、政策評価・独立行政法人評価委員会である。総務省の行政評価の中立性及び公正性を確保するために設けられた第三者機関である。

政策評価という行為については、評価法第3条には、「行政機関は、その所掌に係る政策について、適時に、その政策効果（当該政策に基づき実施し、また実施しようとしている行政上の一連の行為が国民生活及び社会経済に及ぼし、または及ぼすことが見込まれる影響をいう。）を把握し、それを基礎として、必要性、効率性、または有効性の観点その他の政策の特性に応じて必要な観点から、自ら評価すると共に、その評価の結果を当該政策に適切に反映しなければならない。」と規定されている。この規定に基づいて、政策評価は事前評価と事後評価の二つに分けて行われている。事前評価は、政策を一度開始してしまうと原状回復が困難な場合や、多くの資源が必要であり、中断すると無駄が大きい場合などにおいて、政策が決定される前の時点においてその意義を評価するものである。予算が10億円を超える公共事業、政府開発援助（ＯＤＡ）事業、研究開発の三分野については事前に費用便益予測が義務付けられている。次に、２００７年10月から規制の新設改廃に際しては事前評価が義務付けられている。次に、事後評価であるが、政府全体としての「基本方針」に基づき各府省が定める「基本計画」において、各府省が任務を達成する上において主要な政策であり、かつ時宜に適った政策を対象にして、一年毎に事後評価の実施に関する計画を定め、その中で、基本計画の中で定めた政策の中から当該年（度）において事後評価の対象とする政策を選定し、評価を実施する。そして、政策決定後、５年間未着手の状態にある政策、政策が決定されてから10年が経過して、いわゆる未了の状態にある政策についても事後評価の対象とする。事後評価は、すでに政策の効果があったかどうかが明らかになった時点において測定を行うので、事前評価よりも容易である。その評価の結果を次の政策決定に反映させるように運用することが評価制度の目的である。評価方式としては事業評価、実績評価、総合評価の三つがあり、評価の結果は文章に作成して公表しなくてはならない。

以上が行政改革によって新しく導入された政策評価制度である。同制度の設置には二つの目的が目指されており、一つは、中央省庁再編に際して行政組織を政策企画立案部分とその実施部分とを切り離したので、政策評価制度を政策企画立案部分とその実施部分を連結させる手段として用いることで全体としての行政の流れのマネジメントを可能にすることであり、もう一つは、次の第三章で取り扱う行政統制の手段の一つとしての内部統制の機能を果たさせることである。同制度が運用を初めて20年以上が経過しているので、第一の目的の全体としての行政の流れのマネジメントを担う機能は、各府省の事業事務毎の点検の結果が予算編成に際して概算要求に反映されるなど一定の効果を上げている。しかし、第二の目的の行政統制の問題は、第二次安倍政権時代の「モリ・カケ問題」などに見られるように、行政の透明性の確保や行政腐敗の防止にはその効果をあまり示されていないとも解釈されるので、行政の内部統制の手段としてはその限界を示しているものと見られる。もっとも、政策評価の第三者機関が設けられていても、その任務の力点は独立行政法人の事業を対象にした評価に置かれており、全体としての行政組織の統制にはその力が及んでいないのが現状であろう。と言うのは、それは評価と統制を行えるような物的・人的資源が与えられていないからである。従って、政策評価は専門的な能力と強力な権限を持つ第三者機関に判断させることなしにはその効果はあまり期待できないであろう。そういうこともあって、政策評価に関する研究書では、制度の趣旨通りに、評価制度が機能していないと解釈するものもある（例えば、西出順郎『政策はなぜ検証できないのか――政策評価制度の研究』（勁草書房、２０２０年）。

評価が「お手盛り」との批判もあるので、各府省においても政策評価制度を効果のある制度として機能させるための工夫として、英米において行われている「エビデンスに基づく政策立案」（Evidence-based Policy Making、以下、ＥＢＰＭと略す）という手法が取り入れられるようになった。２０１７年6月閣議決定の「骨太の方針」（経済財政運営と改革の基本方針）には「エビデンスに基づく政策立案（ＥＢＰＭ）と統計の改革を車の両輪として、一体的に推進する」旨が記されたことを受けて、同年8月には行政改革推進会議の下に、ＥＢＰＭ推進委員会が設置された。そして２０１８年からＥＢＰＭを担当する「政策立案総括審議官」が各省庁において設置された。次いで２０２２年にはＥＢＰＭ補佐官制度も導入された。こうして、政策の立案や評価においてEvidence、すなわち証拠、つまり合理的な根拠をより明確にさせて政策立案と評価を行うと言う方向へ進んでいる。この動きは地方自治体にも波及している。

5、公共サービス提供における官民連携制

日本では、行政改革以前では基幹的な「行政の在り方」の一つの社会インフラの構築やその他の維持・管理の業務を担当する省は政策の企画・立案は行うが、決定された政策の実施はその傘下に特殊法人を設置して、それが業務を実施して来た。ところが、特殊法人は行政官庁であるが故に「日の丸親方」式に運営されていたために、ＮＰＭ理論の３Ｅ原則が貫徹されている民間企業と比べると、無駄が多かったのは事実であろう。上記の通り、現代日

本の行政改革は、イギリスのサッチャー首相が断行した先例が日本の特殊事情に合わせて調整されてそのまま導入されたものが多い。イギリスでは公共サービスの提供を担当する行政官庁は殆ど独立行政法人（Agency）に改組され、ＮＰＭ理論の３Ｅ原則に基づいて管理・運営されている。そして、社会インフラの構築やその他の維持・管理の業務についても、財政赤字の故に、政府には十分な資金がないので、一定の条件の下で民間の資金や経営能力などを活用する方向が模索されて、ＰＦＩ（Private Finance Initiative）という新しい手法が取り入れられ、それが用いられている。また、公共サービスの提供の際、公共施設が必要な場合、民間資金を利用して民間に施設整備と公共サービスの提供もこのＰＦＩ手法によって行っている。要するに、従来政府が行っていた公共施設などの建設・維持管理・運営に民間の資金・経営能力および技術的能力を活用することにより、同一水準のサービスをより安くまたは同一価格でより上質の公共サービスを提供する官民連携の新しい手法が考案されたのである。日本では、地方自治体によって学校給食やごみ収集、さらに水道事業などでこの手法が利用されていたが、それは、従来日本で行われていた「民間委託」、つまり政府が供給している財・サービスを民間企業に委託して供給させることと近似している。そして、政府の部外調達――イギリスでは「アウトソーシング（outsourcing）」と言われているが――も民間委託の一種と見られよう。政府が公共事業を民間に委託する際に、日本では入札制度が用いられているが、イギリスでは、その際、民間と行政との間に価格、サービスの質、効率性などを競う入札制度を採り入れ、行政に勝る民間業者があれば、当該事業を民間に委託するという制度として「市場化テスト」が導入されている。これによって、行政における事業の見直し、事業の効率化などの行政の意識改革を促進しようとしている。ちなみに、「民間委託」として、警察業務の一部が委託されている「警備会社」や、アメリカやロシアで行われている国防の一部の委託の「民間軍事会社」などがある。

民営化と広義の「民間委託」との違いは、民間委託では政府は財・サービスの供給はしないものの、供給の責任を負っているに反して、民営化では供給する責任そのものを委譲しているのである。サッチャー政権は、社会インフラの構築やその維持・管理という公共事業という政府の基幹的な行政分野においてＮＰＭ理論の３Ｅ原則を導入して、経費や無駄を省き、より効率性のある管理運営を促し、さらに公共サービスの実施においても民間事業者の創意工夫を活用することで国民のためにより良質のサービスの提供を目指していた。しかし、その目論見通りには運ばれていないことをその後の経過が証明している。というのは、民間業者はその目的は利潤追求であるので、サッチャー政権とその後の政権の思惑通りには進んでいないのが現実であるからである。

ともあれ、民間ができることまで政府が行う必要はなく、従って公共事業や公共サービスの提供において民間の知恵と活力を活用することは望ましい方向であると言えるので、今後も公共サービス提供における官民連携制はイギリスの例を反面教師にして進められることが望ましいと言えよう。

第三章　行政責任とその確保

1、行政責任とは何か

イギリスやアメリカで進められて来た新自由主義による社会福祉国家という「大きな政府」を「小さな政府」に改編する、いわゆる「行政改革」の波は20世紀末から21世紀初頭にかけて現代日本にも押し寄せ、以上見たように、現代日本でも行政改革が実現された。社会福祉国家の発展と共に、19世紀の自由主義時代において個人が自分の力で解決できると考えられていた分野まで、国家がその問題の解決の処理を引き受けるようになり、この傾向が極端な方向へと進むなら、国家が個人の生活すべての面倒を見る「家父長」となった「巨大家族主義国家」の出現となる可能性もないとは言えない事態となったと言えよう。そこで、国家への過剰負荷による国家の財政危機の出現を契機に、一度、立ち留まって、国家が本当にやるべき仕事と、そうではない仕事とを腑分けして見て、その観点からこれまでの「行政の在り方」を再検討して見ようとする動きも現われ、この動きを導く政治的イデオロギーとしての新自由主義が支配的な潮流となるに及んで、それに基づく「行政の在り方」の見直しが「行政改革」となった、とも解釈できよう。

言うまでもなく、専制主義国家、民主主義国家を問わず、すべての行政における追求すべき主要な価値は効率性であるが、とはいえ「国民のための行政」を実現することが最大の課題の自由民主主義国家では、行政に対しては、効率性の追求もさることながら、国民すべてにとって公平、公正であることがより強く求められていると言えよう。従って、自由民主主義諸国では、行政が果たして国民のために「公平、公正」に行われているのかどうか、それを国民の立場から検証し、問題があればそれを正す機制が必要となるのは当然と言えよう。こうした行政の不正を正す機制の必要性は、自由民主主義諸国のみならず、政治体制を問わず一般国民にとっても強く認識されて来ている。というのは、行政活動は公権力の行使を伴うので、公権力を行使する行政人による「権力乱用」によって一般国民の権利が侵害される例が多々あったので、半絶対主義国家のプロイセンや戦前の日本においても、行政人の「権力乱用」による権利侵害に対して、それを救済する司法的な手段として行政裁判所が設けられていたからである。行政人の「権力乱用」による一般国民の権利侵害を救済する機制が半絶対主義国家にも存在していたとするなら、ましてや「国民のための行政」の実現を最大の課題とする自由民主主義国家では、「国民のための行政」の実現の観点から、全体としての行政組織およびその構成員の行政人が真摯に「国民のための行政」の実現に努めているのかどうかを検証し、もしそうでないケースがあれば、それを正す機制が必要なのは論を待つまでもなかろう。ところで、「国民のための行政」の執行が民主的であるのみならず、「公正・公平」であるのかどうかを検証し、もし問題があればそれを正す問題は、正す側と正される側の関係の中においてその解決方法が探求されることになる。そして、両者の関係は業務執行の委任を巡る関係であるので、正される側において問題があった場合には、正される側が委任された業務を忠実に履行する責任に悖ることを行っていることになるので、正される側の責任を問う形で解決が試みられることになろう。従って、自由民主主義国家では、行政側の業務遂行の責任を問う多様な仕組みが生み出されているのである。その仕組みは、行政学では「行政統制」というが、行政統制とは、全体としての行政組織やその構成員の行政人の行政責任を確保する手段ないしはその方法であると解釈されるので、まず行政責任について考察し、次に行政責任を確保する行政統制はいかなる種類のものがあるのか、順を追って見て行くことにしたい。

その前に、責任概念について、それを明らかにしておきたいと思う。行政の民主的統制と行政責任との関係について長い間研究してきた足立忠夫教授の行政責任の概念（足立忠夫「第六章　責任論と行政学」〈辻　清明編『行政学講座１・行政の理論』東京大学出版会、１９７６年〉）は、行政責任を考える上でその土台となるものと思われるので、それを先に見た後に、行政責任とは何かを考察していきたいと思う。

足立教授は、「責任」概念の中国語の原義まで遡ってその本来の用法を考察し、責任の観念は帝王と彼が事の処理を任せた任事者（官吏）との関係から発したものであり、それから本人と代理人、依頼者と非依頼者との責任関係を抽象できる、と述べている。まず本人が代理人に対してある特定の仕事の処理を任せるという契約が成立した場合、代理人は本人に対して任された仕事を処理する義務を負い、その義務を遂行する責任が生じる。この場合の責任を、足立教授は①「任務的責任」と定義している。

次に、仕事を任された代理人は、任務の遂行に関して本人の指示に従い、その指示通りに任務を果たさなければならない。そのれが②応答的責任である。本人が代理人の任務遂行に満足すれば、代理人は本人への「任務的責任」を果たしたことになる。しかし、もし本人が代理人の任務遂行に不満があれば、なぜなのか、どうしてそうなったのか、代理人に問責する。代理人が本人の問責に応じて本人に不満を引き起こさせた原因や不満を抱かせる経過を説明して理解を求めるか、あるいは釈明、弁明に努めなくてはならないであろう。これが③弁明的責任である。この代理人の説明を受けて、本人が納得すれば、それで一段落する。ところが、代理人の説明や釈明・弁明を

図６　本人と代理人との関係における責任の形態の変化

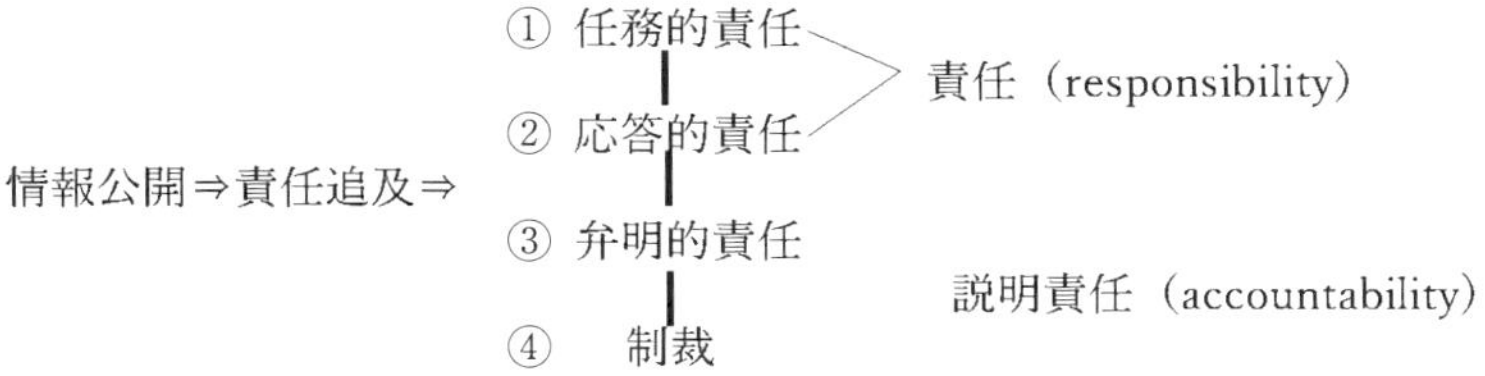

出所：真山達志『行政は誰のためにあるのか』．128 頁．

受けても、本人が納得しなければ、本人は代理人との契約を解除することになる。このことを、代理人は覚悟しなくてはならない。これが④制裁である――足立教授は「受難的責任」という表現を使っている――。

真山達志教授は、以上の足立教授の本人と代理人との責任関係論を受容し、それに同教授の考え方を次のように補足させており、傾聴に値する。同教授は、行政改革後に日本で多用されるようになった英語のaccountabilityが足立教授の言う③弁明的責任であり、従ってaccountabilityは「説明責任」と邦訳されているが、それよりは「弁明的責任」の方が適切な邦訳ではないか、そして、「責任」と邦訳されているresponsibilityは、足立教授の言う①任務的責任と②応答的責任に該当する、と述べている（真山達志『行政は誰のためにあるのか・行政学の課題を探る』日本経済評論社、２０２３年、１２８頁～１２９頁）。

現代の自由民主主義国家では「国民のための行政」が展開されている。そこでは代表制民主政が採用され、国民は代理人の彼らが選んだ政府の行政の客体である。とはいえ、絶対主義国家や専制主義国家のように、国民は君主などの支配層の行政の客体ではなく、国民は主権者として本来彼らが行うべき行政活動を政府の行政官僚制に委任しているのである。従って、国民と行政官僚制は本人と代理人との関係である、と考えられる。そうであるならば、行政責任問題も主人と代理人の関係における責任の構造から類推が可能であると考えられる。本書の第一部第三章４「行政改革の行政理論」のところで取り上げた「プリンシパル・エージェント理論」によると、主人と代理人との関係には情報の非対称性が存在していて、代理人はこのことをよいことに主人の利益よりも自らの利益の追求に走る傾向があり、従って、このような問題が起こらないように、代理人が主人の利益に合致するように動機づけを行うことや、主人が代理人の行動を監視（モニタリング）することによって、代理人を主人の利益に奉仕させようとする。この関係を公的部門に適用して、主人は国民であり、代理人が行政組織と捉えるならば、国民は代理人の行政組織に対して効率的で質の高い公共サービスを求めるが、実際は、行政組織は主人の国民の期待通りには必ずしも公共サービスを行うとは限らないのである。それ故に、第一に、主人の国民は行政組織の職員一人一人が国民の期待通りの公共サービスを行うように動機づけを行う必要があろう。この問題は、行政人の一人一人に、行政活動において自己に課された責任を忠実に履行するように自己規律化させる、つまり倫理的責任感を持たせる社会化の問題である。第二に、国民とその代理人の官僚との情報の非対称性を克服するために、情報の透明性を一層高め、政府の透明性を高める必要があるという点である。この問題は、官僚のみならず、行政官僚制全体が「国民のための行政」を志向しているのかどうかを絶えず外部からチェックするシステムの構築によって解決されるであろう。従って、行政責任を確保する手段ないしは方法は、外部から統制する制度の構築が考えられるであろう。この二つの問題を考えさせる「行政責任」を巡る有名な「フリードリヒ・ファイナー論争」が約80年前にアメリカで行なわれたので、それをまず先に見て、行政責任を確保する方法について考察して行くことにしたい。

2、フリードリヒ・ファイナー論争

ドイツ人のカール・フリードリヒ（Carl Friedrich, 1901～1984）は、１９２５年にハイデルベルク大学で学位を取得した後にアメリカに渡り、翌年の１９２６年にハーバード大学政治学部講師に就任し、１９３７年に教授となっている。１９３８年にアメリカ市民権を取り、かつての祖国がナチ党による独裁国家へと変性し、それと戦うアメリカの民主政擁護の立憲主義政府論の展開およびナチ独裁体制とソ連を全体主義独裁体制であると規定して、全体主義独裁論を政治学的に論究した著作の刊行で世界的に知られ、１９７１年にハーバード大学を退職するまでアメリカ政治学会会長や行政学会会長、世界政治学会会長を歴任した、アメリカの非行動論政治学を代表する政治学者である。彼は、コウル（Taylor Cole）との共著『責任に忠実な官僚制―スイスの公務員制度の研究（Responsible Bureaucracy: A Study of the Swiss Civil Service)』を１９３２年に刊行している。そのこともあってハーバード大学では行政大学院の教授も兼職していて、１９４０年に創刊された、同大学院の学術雑誌の『公共政策』（Public Policy）の編集を担当していた。そして彼は同雑誌の第一号に行政責任を論じた論文「公共政策と行政責任の性質（Public Policy and the Nature of Administrative Responsibility)」を寄稿した。彼は、高度に発展した産業社会における「良き政府（good Government)」の行政組織（Public Service）の条件として、全体としての行政組織とその構成員である公務員のプロ意識（professionalism）、行政の対象、とりわけ現代の産業社会の問題を処理する技術的専門知識（expertise）、プロ意識の養成と専門知識の習得のための絶え間ない鍛錬（training）、産業社会の維持・発展を促進する創造性（creativity）と並んで倫理的に自己を律する道徳規範（ethical standards）を挙げている。そして当然、彼はこうした「良き政府」の行政組織のあるべき在り方に照らして、行政責任を取り扱っているのである。

彼は、行政責任の問題を取り扱うに際しては、Ｆ・ローズベルト大統領のニュー・ディール政策の展開に見られるような委任立法に基づく行政活動が従来の議会優位時代においてとは異なる新しい事態を生み出している事実を考慮に入れなくてはならないと前置きしている。すなわち、主に「ポリス」業務を遂行して来た政府がニュー・ディール政策の展開によって社会・経済領域への介入を行い、その機能は拡大の一途を辿り、それに伴い従来の行政は政府の決定の執行が主であったが、新しい事態では、政策形成と執行が分離されず、同一の過程の二つの密接に連関した側面となり、それと共に行政職員が政策の形成をも担い、かつ執行する役割を果たしている。従って、議院内閣制のイギリスにおいて行われているような、議会の制定した法律を単に執行する政府が議会のコントロールを受ける形の行政責任の確保のやり方はすでに非現実的になっているとの認識を示し、この行政国家と言う新しい事態の行政活動をいかに民主的にコントロールすべきかの観点から行政責任の問題にアプローチすべきである、と主張している。

彼は、責任を問うと言うことは本人（Principal）とその代理人（Agent）との間に遂行されるべき行動ないしは追求される目的に関してある種の合意が存在することを前提とするとのことを明らかにした上で、行政責任とは、第一に、足立教授の言う行政人の①任務的責任と②応答的責任として捉えている。つまり、行政人が倫理的に自己を律する道徳的規範に従ってその果たすべき義務に忠実であるべきという内面的な自己規律と解釈していた。そのことは、スイスが職務遂行に忠実な行政官僚制を有するのは、職員の公務に対する義務感、同僚の職員に認められたいという欲求、自分の判断を優先させない傾向、この三つに起因すると言う彼の主張に表われている。そもそも欧米のキリスト教世界ではキリスト教の倫理・道徳が第二の天性になるまで社会化されている行政人はその行政活動においてキリスト教の倫理・道徳に反したことを行った場合、内面的な良心のコントロールを受けることで是正されるので、行政責任は個々の行政人の内面において確保されると考えられた。従って、フリードリヒは、行政人は行政の対象である民衆の理解と協力なしには彼らが立案し決定した政策が受け入れられないことを良く承知していて、民衆の間に存在する道徳律や政策に対する「民衆的感情」（popular sentiment）をあらかじめ予想し、かつそれに絶えず注意を払う形で応答する筈であるので、行政責任は内面的に確保される、と述べている。彼はこのタイプの行政責任を「政治的責任」と規定している。第二に、行政国家の出現によって行政には高度の専門知識と高い能力が必要となっている点を指摘する彼は、行政人は担当分野の高度の専門知識と高い能力の故に採用され、活動しているので、高度に発達した産業社会においては、絶えず発達して止まない「技術的・科学的知識」を身に着け、かつそれに基づいて遂行する政策の適否を判断して行政活動を展開すべきであり、従って「技術的知識」(technical Knowledge) に絶えず応答することがもう一つの行政責任である、と指摘している。彼はこのタイプの責任は「機能的責任 (functional responsibility)」と規定している。以上二つの行政人の責任について、政治的責任は、「民衆的感情」が全人民の代表機関の議会やマス・メディアによって代表されるので、長期的スパンで見るなら議会や世論、そして個別的な案件では住民投票などによって確保される、と見る。次に、「機能的責任」、つまり「技術的知識」を修得しそれを行政活動に生かす問題に対する責任は専門家の仲間や外部の科学者集団によって確保される、と述べている。最後に、行政人は急変する事態が生じた場合、その業務の遂行において自由裁量 (discretion) が認められているので、そうした事態に対する「創造的な解決策」を打ち出して適切な措置を講ずべきであり、こうしたことを怠る「不作為」(inaction) も行政責任の一つと見られる、と指摘している。

実は、フリードリヒはこの論文を発表する5年前の1935年に共著の『アメリカの公共サービスの諸問題』(Problems of the American Public Service) に収めている「アメリカ憲法の下での責任に忠実な政府業務」(Responsible Government Service under the American Constitution) において自説をすでに展開していたのである。ロンドン大学のハーマン・ファイナー (Herman Finer, 1898~1969) は、未だ行政国家への途上にあるイギリスにおいては、行政責任は主権機関の議会によって確保されており、かつ民主政国家においては当然そうあるべきである、と考えていた。従って、彼はフリードリヒの行政責任の確保には疑念を抱いていた。彼はルーマニア生まれのユダヤ人でロンドン大学講師時代にイギリスの公務員制度研究で学者としての地位を築き、その後も主として公務員制度や行政を中心に据えたイギリスの政治制度に関する研究を続けていた政治学者である。

このフリードリヒの「行政責任」論が公表されるや、翌年の１９４１年にアメリカ行政学会機関誌『行政学評論（Public Administration Review）』に論文「民主的政府における行政責任（Administrative Responsibility in Democratic Government）」を寄稿し、その中でフリードリヒの「行政責任」論を痛烈に批判し、次のように自説を展開したのであった。

ファイナーは、まず責任の定義には二種類あり、一つは「内面的でかつ個人的な道徳的義務感」（an inward personal sense of moral obligation）という内部的責任であり、もう一つは「XはYの事項に関してZに対して弁明・説明し得る（X is accountable for Y to Z）」という公式が成り立つ関係の外部的責任である、と述べ、行政責任はこの後者の外部的責任である、と主張した。彼によると、Xは「代理人」の行政、Yは「事項」、Zは「本人」の議会と読み替えるなら、行政官僚制はその遂行する行政業務に関するすべての事項について議会にその不正が問責されるなら、それについて弁明ないしは説明する責任を負う、という行政責任論を展開したのである。彼の言う外部責任論は足立教授の言う③弁明的責任と④制裁的責任に該当すると言えよう。このように、ファイナーは、行政官僚制に対する議会という外部機関による統制、すなわち行政官僚制の行為の是非を正すために、外部に存在する議会がもし行政に不正があったと思われた場合、その経緯に関して弁明や説明を聞き、その責任を問う外部的責任論こそが民主政における行政責任の本質である、と主張したのである。

周知のように、議会制民主政のイギリスでは、内閣は議会の最高委員会であり、行政官僚制は内閣の指揮命令下にあり、従ってそれは行政執行においてその任務の遂行において不正と思われる行為を行った場合、その責任を問うのは内閣であり、従ってそれは内閣のコントロールを受ける。そしてその内閣も議会のコントロール下にある。

従って、イギリスでは行政責任を問う最終的な権威は議会であり、しかも行政機関に対しては外部からコントロールする仕組みが制度化されている。こうした行政機関の責任を問う外部的な制度的仕組みが出来上がっているイギリスを基準に行政責任を考えるなら、フリードリヒの行政責任論が行政人の「内面的でかつ個人的な道徳的義務感」に基づく自己規律として受け止められるのは当然と言えば当然であろう。従って、彼は、フリードリヒの行政責任論は内部的責任の部類に入ると位置付け、内部的責任は外部的責任を補完するものとしては重要であるが、行政人に対してこの「内面的でかつ個人的な道徳的義務感」に訴えるだけで行政責任の確保が可能であると見るならば、自由裁量権を持つ行政人の「独断」を招く「新しい専制政治」（New Despotism）に陥る可能性がある、と批判した。

イギリスの議会制民主政における議会による外部的な行政責任を問う制度の伝統を踏まえて、行政責任を二つに分け、外部的責任論を展開した点は評価できよう。しかし、フリードリヒも行政組織の決定に主権者の国民の「市民参加」制度を提唱していて、その理由として、国民に関する重要な決定を行政官僚制だけに任せることは民主政にとって危険である点を指摘しており、上記のように、行政人の行政責任を個人の内面の道徳律の遵守という自己規律だけでなく、長期的スパンで見るなら議会と世論によるコントロールも挙げており、行政責任の確保の外部と内部からの両方向からの確保を考えており、その確保に対する比重のかけ方が内面の方法の方が重いというだけで、彼も決して外部的なコントロールを軽視したわけではないと思われる。ともあれ、ファイナーの功績は、行政が国民を代表する議会という外部の権威に対して有する説明責任、つまり足立教授の責任論においてあげられた③弁明的責任と④制裁、すなわち説明責任（accountability）を明らかにした点であろう。上記したように、行政改革以降、日本ではこの「説明責任が」多用されており、その真の意味が弁明責任と制裁であることを、我々に明らかにしてくれたのは、足立教授およびファイナーである点は記憶されるべきであろう。

図７　ギルバートの類型化

Internal Formal 内在的・公式的	External Formal 外在的・公式的
Internal Informal 内在的・非公式的	External Informal 外在的・非公式的

出所：Charles E. Gilbert, "The Framework of Administrative Responsibility," in: The Journal of Politics, Vol.21. No.3, August, 1959, pp.382-383.

さて、「フリードリヒ・ファイナー行政責任論争」を契機に、行政責任の確保の方法ないしは手段、または制度に関する議論がそれ以後、アメリカにおいて数多く展開された。そして戦後の１９５９年に刊行されたギルバート（Charles E. Gilbert）の論文「行政責任の枠組み」（The Framework of Administrative Responsibility）には、それらが纏められて、アメリカにおける行政責任を確保する手段や制度が二つの基準に基づいて分類されて、次の四つの類型が提示された。二つの基準とは、一つは公式的（formal）か、あるいは非公式的（informal）かという基準、そしてもう一つは、内在的（internal）か、あるいは外在的か（external）という基準である。ギルバートは、上記の論文の中で、この二つの基準に基づいて、アメリカにおける行政責任を確保するあらゆる手段を四つに類型化して、分かり易くマトリクス形で示している。アメリカの行政責任を確保する手段の四つの類型化についてはここでは省くが、このギルバートの類型化の方法は、日本における行政責任の確保ないしは行政統制の分類に日本の多くの行政学の教科書では用いられている。従って、本書でも、その例に倣うことにした

この四つの象限に入る行政責任を確保する日本の手段については、次の項の「行政統制」のところで、紹介したいと思う。というのは、行政統制とは、全体としての行政官僚制とその構成員の行政人が、国民、そしてその代表機関の議会や政府によって委託された行政業務について適切に遂行しているのかどう

かを問い、もしそうでなかった場合はそれを正し、そうしたことが再び起こらないように制裁を伴う形でその責任を問うことだからである。

3、行政統制

一般論として言うなら、中世までは、一人の人間が所属する基礎コミュニティーは、小家族、大家族、血縁集団の宗族、または村落共同体などの地縁団体など、歴史的に見るなら多様である。そして、人間は、通常、その所属する単位の団体によって割り当てられた役割を果たすことでその一生を終える。ところが、近代資本主義社会の出現と共に、基礎コミュニティーとしては、小家族以外は次第に消滅し、それに代わって機能集団が、人間が生きていくために帰属せざるを得なくなった単位となって来た。個人にとっては、所属する集団によって割り当てられた役割を果たす義務とはその集団への忠誠心――それは社会学では「帰属意識」と表現されるが――を示す精神態度である。そして、責任とは個人が所属する単位集団によって自分に割り当てられた役割を忠実に果たす義務の遂行、つまり「任務的責任」を意味する、と解釈されよう。そうであるなら、すべての機能集団は、その構成員の「任務的責任」の遂行によって存続し続けられるのであるから、すべての機能集団は、その構成員がその「任務的責任」を自発的に、かつ忠実に履行するという義務感を、構成員が遵守すべき最低の規範として内面化させる社会化に全力を傾注するものと考えられる。そして個人ないし小集団に割り当てられた「任務的責任」はその任務が忠実に遂行されたかどうかについては、所属する当該集団の社会規範ないしは「道徳律」に基づいて判断されることになろう。従って、責任の一種である「行政責任」も行政組織がその一部となっている国家社会の社会規範ないしは「道徳律」と深い関係にある点は、まず留意して置くべきであろう。なぜなら、それに照らして行政責任を判断する社会規範ないしは「道徳律」が無いか、あるいはその力が弱い社会では、例えば低開発国などでは、そもそも責任などの問題は生じないからである。

言うまでもなく、社会規範ないしは「道徳律」は時代と社会が異なれば異なる。そして、同じ政治体制や社会体制を採用している国々でも、そこにおいて支配的な社会規範ないし「道徳律」の力の弱いところと、その力が強いところでは、行政責任とその確保の在り方も異なると言えよう。従って、本書では、自由民主主義国家における行政責任の確保の手段およびその制度を取り扱うことに限定する。というのは、発展途上国では、政治腐敗は言うまでもなく、行政腐敗も蔓延しているからである。一般論として言えば、発展途上国では、フランスの絶対主義国家と同様に、行政官職は売買され、その官職を購入した「行政人」はその元を取ろうとして職権を乱用して収賄し、さらにそれを使って致富に走るのが通常である。なぜなら、彼が官職を手に入れために使った元金は彼が所属する大家族か宗族の支援の賜物であるから、彼の忠誠心は政府にではなく、自分を送り出してくれた大家族か宗族にあり、彼の行政腐敗行為を是正する内面的な「道徳律」はそもそもなく、彼の「道徳律」は自分を送り出してくれた大家族ないしは宗族に対するものであるからである。確かに、近代国家の形式的制度は導入されていても、グローバル時代なので「行政の公正性、公平性、効率性」の原則は形式的に唱えられているかもしれないが、それは実際においては守られることは殆どないからである。なぜなら。行政人の腐敗、汚職を取り締まる政府自体が政治腐敗にまみれているからである。つまり、国連などが「透明な政府」を求めているので、一応行政責任を問うという考え方は公式的には受け入れられてはいるが、行政人の忠誠の対象が異なり、行政人に「公正、公平、かつ効率的な業務」を命じる上位の機関それ自体も、その命令を本気で出している訳ではなく、その機関それ自体も腐敗にまみれているからである。

前項で紹介したギルバートの四つの類型をベースに使って、次に現代日本の行政統制の諸制度を取り上げて見て行くことにしたい。その前に、行政統制は、全体としての行政官僚制に対するものと、行政官僚制の構成員、つまり、個々の行政人に対するものと、そして行政組織の自己点検に基づく自主的統制、の三つに分けて見る必要があろう。

第一の行政統制のタイプは、行政官僚制を代理人と定めている主人に当たる内閣、その内閣をコントロールする議会、そしてその議会をコントロールする主権者の国民による、全体としての行政官僚制の責任を問い、正す制度である。このタイプには、内閣による行政官僚制に対する統制、議会による内閣とその傘下の行政官僚制に対する統制、市民運動やマス・メディアを通じての広義の世論による行政官僚制に対する統制、の三種類が考えられる。

第二のタイプは、行政官僚制内部における上位者の下位者に対する統制である。このタイプにはもう一つ、「ストリートレベルの官僚」がその行政の対象者に対して「法律による行政」にもとる行為があった場合、被害を受けたと考えている行政対象者の権利回復を求める司法手段への訴えもある。

第三のタイプは、本書第二部第二章４のところで紹介した政策評価制度である。

では、ギルバートの行政統制の類型に従って、現代日本における行政統制の手段ないしは制度についてはそれを整理・分類した上で次に述べるが、その際、「官僚の倫理的動機づけ」という内面的な機制は、後に検討するので、一応除外する。そして、類型化も説明の便宜のためである点もあらかじめ断っておきたい。

１、図７のギルバートの類型化に基づくマトリクスの第一の象限の「内在的・公式的」手段には、第一のタイプに属するのは、会計検査院、人事院による統制、第二のタイプに属するのは、各省大臣による執行管理、上司による指揮監督、官房・総務部局による管理統制、各省庁に対する財務省の予算・会計統制、などである。第三のタイプに属するのは、政策評価制度、総務省の政策評価・監察および機構・定員管理などがある。

２、第二の象限の「内在的・非公式的」手段には、職員組合の要望・期待・批判、行政人自身の自分の倫理観に基づく自己規律は別として同僚職員の評価・批判などがある。

３、第三の象限の「外在的・公式的」手段には、第一のタイプが中心であり、議会による統制、内閣による統制、裁判所による司法統制、パブリック・コメント手続、オンブズマンなどがある。なお、オンブズマン（Ombudsman）は、スウェーデンにおいて１８０９年に導入された制度で、「市民からの苦情の申し立てに対応して、行政活動の合法性や妥当性に関して調査を行い、行政活動や行政制度に改善・是正を勧告することができる第三者性を有する制度」であるが、日本では地方自治体において１９９０年に神奈川県川崎市や東京都中野区に初めて導入されているが、国レベルでは導入されていない。

４、第四の象限の「外在的・非公式的」手段には、これも第一のタイプが中心であり、自民党の事前審査制に見られる与党による統制、諮問機関における要望・期待・批判、聴聞手続における要望・期待・批判、情報開示請求による統制、その他行政対象者の集団・利害関係人の事実上の圧力・抵抗運動、専門家集団の評価・批判、職員組合との交渉、マス・メディアによる報道、窓口などで個別の市民から寄せられた苦情・要求・陳情や市民運動・住民運動、などがある。

以上、現代日本における行政統制の手段や制度について見て来た。上記の「プリンシパル・エージェント理論」では、主人と代理人の関係において、代理人を監視し統制しないと、自己利益を追求するので、代理人に対して彼らが「任務的責任」を果たすように「動機づける」ことが行政責任の確保において何よりも重要である、と指摘されている。「動機づける」方法として二つが考えられよう。一つは、言うまでもなく、行政人自身の倫理的な自己規律による自律的責任感を持たせるように内面的に「動機づける」こと、そしてもう一つは社会的に高い地位や名誉および「パーク（perk）」、つまり「特典」などの国家からの「価値付与」、その反対の官職が与えてくれる「パーク」、つまり「特典」の喪失や究極の場合の解職という「価値剥奪」される恐怖、この二つの手段によって「動機づける」ことである。二つの「動機づける」方法の後者の良い例は、明治時代の日本の官僚が相対的に「清廉潔癖」であった、という京極純一『日本人と政治』（東京大学出版会、１９８６年）における説明である。それによると、第一に、官僚は小家族出身者であったという点である。明治日本においては大家族制度が崩壊し始めており、官僚は、小家族出身者が多く、従ってもし不正な行為で免職された場合、本人のみならず彼と生計を共にする小家族を路頭に迷わせることになるので、「自己利益」を追求したくても解職という死を意味する恐怖を想起して、経済的意味でも「任務的責任」を果たすように「動機づけ」られた、という。第二に、官僚は、天皇を頂点とする価値ピラミットの上位の身分が保障され、それに伴う「パーク」、つまり社会的に名誉ある地位や特権が享受されていた点である。つまり、官僚という身分とそれに伴う「パーク」の享受の方が最大の「自己利益」の追求となっていたからである（１３１頁～１３３頁）、という。

以上の説明に見られるように、明治時代の日本の官僚をして相対的に「清廉潔癖」にさせた二つの条件は、「君主などの支配者のための行政」が行われていた時代では、行政責任の確保の手段としては一定の有効性を持っていたかもしれないが、「国民のための行政」が志向される現代の自由民主主義国家では、そもそも官僚に身分的特権などの「パーク」を与えること自体が民主主義の平等原則に反するので、制度的にはその採用は不可能であると言えよう。とはいえ、上記したように、行政改革が実行される21世紀初頭までは、日本のキャリア官僚には「隠れパーク」とでも言える高い社会的地位や「天下り」という実質的な「パーク」が与えられていた。従って、「自己利益の追求」を抑制して、いわゆる「国益」の追求に励んだ「国士型官僚」が存続し得たのかもしれない。しかし、民主化の進展や新自由主義が支配的潮流となるに及んで、官僚は、より一層Civil Servant、つまり「公僕」であることが要求され、大企業や外資系企業に比べて、公務員には社会的地位や「パーク」の保障の点では職業としての魅力は戦前と比べるなら、大いに失われていると言っても過言ではない。従って、行政責任を確保する手段としては、明治時代の官僚をして「清廉潔癖」にしたという二つの条件は、今日ではその採用は不可能である。ということになると、残された手段は、行政人自身の倫理的な自己規制による自律的責任感を持たせるように内面的に「動機づける」ことしかないことになる。その結果として、公務員が「国民のための行政」に専念することがその職業倫理であることを明記した、行政人自身に倫理的な自己規制による自律的責任感を持たせる法律が、アメリカや日本で制定されることになった。

１９６０年代のアメリカでは、多元的民主政が本格的に定着し、行政官僚制それ自体も権力集団の一つして認識されるようになり、多様な行政統制の仕組みや制度が導入されてその「無法な」暴走を抑える試みがなされた。そして、多元的民主政では、行政人も生の人間である以上、多くの機能集団に帰属しており、忠誠の分裂問題に悩むことになり、外部的・公式的な統制手段によっては個々の行政人の行政責任の確保は困難になった。それが行政学でも認識され、官僚の倫理問題への関心が強まって行った。この流れを受けて、１９７８年に「政府倫理法」(Ethics in Government Act) が制定され、大統領の下に同法を施行する政府倫理局が新設された。

また日本でも、国家公務員の不祥事が続き、議員立法として１９９９年に国家公務員倫理法が制定され、翌年４月から施行された。同法は、公務員の遵守すべき職務に関する倫理原則として、(ⅰ) 常に公正な職務の執行に当たらなければならない、(ⅱ) 職務や地位を私的利益のために用いてはならない、(ⅲ) 国民の疑惑や不信を招くような行為をしてはならない、と明記している。

上記の「プリンシパル・エージェント理論」では、主人と代理人との関係において、代理人が「任務的責任」を忠実に果たせるように「動機づけする」ことのみならず、両者の間に情報の非対称性が存在するので、情報公開制度の確立が何よりも重要であると指摘されているが、行政責任を確保するためには、行政活動に関する情報の公開は必要不可決である。日本では行政改革の一環として情報公開制度や政策評価制度などが、上記の通り、一応導入されているが、諸外国と比べるなら、まだ課題が多く残されていると言えよう。

最後に、多元的民主政の今日では、所属する集団が多元化して忠誠の分裂問題が生まれている。行政人にもそれとの関連で行政責任のジレンマという現象が生じている。上記の通り、多元的民主政では行政官僚制それ自体も一つの権力集団となっているので、行政人は行政官僚制とそしてそれと緊張関係にある集団の両方に所属している場合、忠誠の分裂問題が生じ、どちらの「任務的責任」を果たすべきかというジレンマに追い込まれることが多々ある。また多元的民主政では価値観も多様化しているので、行政人自身の倫理的な自己規制による自律的責任感を喚起させる「道徳律」も多様化しているので、上司の命令が自分の信じる「道徳律」に反している場合、それを遵守すべきかどうか、というジレンマに直面することもある。従って、行政責任の確保の問題は行政統制の多様な仕組みや制度が完備されても、行政ジレンマの状況が生じた場合、究極的には行政人の「自己規律」によってしか解決できないので、その解決は個々のケースの状況によっては異なることになり、一概に責任の確保は困難と言えよう。

おわりに　政治分析のキー概念のパラダイム転換とその行政学へのインパクト
―政策科学の視点からの行政過程の新たな解釈論の展開―

1、政治分析のキー概念のパラダイム転換

1917年末にロシアでは社会主義革命の成功による資本主義体制とは異なるいわゆる「社会主義」体制と共産党一党支配の左翼全体主義独裁体制が出現し、次いで1933年にはドイツでもナチ党一党支配の右翼全体主義独裁体制が出現した。こうした左右の全体主義独裁体制の挑戦を受けて、欧米の自由民主主義体制は危機の時代を迎えた。欧米とナチ・ドイツとの戦いは第二次大戦へと発展し、ナチ・ドイツの侵略を受けたソ連が欧米側についたことで、第二次大戦はナチ・ドイツの敗北でその幕を閉じた。この大戦終結と踵を接する形で、今度はアメリカを盟主とする欧米側とソ連との間に「体制競争」という冷戦が勃発した。

第二次大戦中、アメリカの政治学界で展開された、自国の自由民主主義体制をナチ・ドイツの全体主義独裁体制に対して弁護する政治理論は、すべての人間の自由と平等、つまり人間の基本的人権の尊重、そして独裁者という

「人の支配」ではなく、主権者の人民の意思の表現である「法」による支配、つまり民主政が実現されている自由民主主義体制こそが人類が究極的な目的にしてきた最良の政治社会であるという主張であった。そして、この主張が支配的な政治的潮流となるに及んで、第二次大戦後に勃発した冷戦においても、ソ連の左翼全体主義体制もアメリカの「封じ込め」政策によって間もなく崩壊するという確信が広まって行った。それと共に、人類の最後の、そして最良の政治体制であるアメリカの自由民主主義体制は「革命」によって変更されることはないので、現在の自由民主主義体制の恒久的安定を攪乱する可能性のある内外の環境の要素に対処することが政府の課題である、という政治に関する基本的考え方の根本的な転換が生まれ始めていた。それには、生物学や社会学などの政治学の隣接学問の飛躍的な発展による、社会についての従来の捉え方の変化を誘発させる新しい考え方が作用していたと見られる。例えば、生物学のホメオスタシス（homeostasis）概念である。それは、生物体の体内の諸器官が外部環境の変化や主体的条件の変化（姿勢・運動など）に応じて、統一的・合目的的に体内環境をある一定の範囲に保とうとする状態、および機能を言い表わす概念である。国家有機体説はプラトン以来存在し、それは政治社会の分析や構想において国家と生物体との類推的考察として有力な学説として近代に入っても存続していたので、自由民主主義体制の政治社会の恒久的な安定の条件を考察する分析概念として、この生物学の概念の類推的利用が行われるようになったのである。次に、社会学の分析概念のパラダイム転換の政治学へのインパクトも作用していた。従来の社会学では、社会とは有機体か、それとも人間の集合体か、で意見が分かれ、次に人間の集合体であるとみなす社会学者の間でも、また集合体は人間の関係か、それとも人間の行為の複合体か、を巡って意見の対立があった。1930年代に、ドイツやフランスに留学し英仏の社会学を学んできたパーソンズは、人間の行為の複合体としての社会観を発展させて、社会とは「社会的行為システム」であるという学説を展開し、それが戦後のアメリカの社会科学界において支配的な潮流となって行った。こうして、政治学にも隣接学問の分析概念のパラダイム転換が影響を及ぼすことになったことは言うまでもない。

「君主などの支配者のための行政」が展開されていた時代の政治分析のキー概念は「権力」（power）であった。というのは、この時代においては、政治の実態とは、長期的スパンで見るなら、少数の治者と多数の被治者の間の希少価値の配分を巡る権力闘争であり、そして短期的スパンで見るなら、政治組織体の内外の環境の変化によって、政治社会の在り方や、その進むべき方向性を巡る政治理念を巡って治者の内部で亀裂が生じ、国家権力を掌握している体制エリートと、不満を持つ被治者の多数を組織し始めた反体制エリートとの間に繰り広げられる国家権力の維持・獲得を巡る権力闘争であったからである。１９５０年代までのアメリカでも、政治学界では、政治社会はどうあるべきかに関心が向けられ、規範的、ないしは改革的なアプローチの形をとった政治理論が主流であった。そして、この政治学界の流れは、西欧のキリスト教社会における伝統的な考え方の展開そのものであったといえる。言うまでもなく、西欧のキリスト教社会では、政治社会はすべての人間が救われる天国という未来の「千年王国」に向けて「時間軸」に沿って進んでいるという考え方、つまり「歴史」観が存在していた。ところが、アメリカ的自由民主主義体制と言う「千年王国」が実現してしまった後では、「時間軸」に沿って物事が進むという「歴史」観は消滅し、それに代わって「千年王国」を内外の環境の変化の中でどのようにして恒久的に安定性が保持されるのか、つまりその「ホメオスタシス」が主要な関心事となり、物事は「現在中心化の軸」に沿って展開するという考え方が生まれたとしても不思議ではなかろう。こうした考え方の変化はパラダイムの転換に他ならないが、こうした変化が、シカゴ大学のＤ・イーストン教授が１９５７年に発表した論文「政治システムの分析への一つのアプローチ」（D. Easton, “An Approach to the Analysis of Political System”, in: World Politics, April 1957, vol.9, No.3.）の刊行から政治学界においても起こったのである。

イーストンは、パーソンズの「社会システム」論の中で、四つの下位システムの内、社会システムの「目標達成」機能を担当する「政治システム」という概念を継承し、その内容を「全体としての社会のための権威的な価値配分に関する社会的行為の複合体」と新たに規定し直した。そして、この政治システムの作動原理については、ウィーナーのサイバネティックス論を取り入れている。サイバネティックス論によると、生物有機体が存続するために行う作動原理とは次のようなものである。生物有機体は外部環境の絶え間ない圧力（stress）にさらされているが、通常は、その圧力の中でシステムの存続を脅かす圧力を受けた場合、その圧力という「入力」（input）に対して何らかの形で対処する反応の「決定」（decision）という「出力」（output）を外部に出して、その圧力を消滅させるか、あるいは軽減させてその存続を図る、と言う。このサイバネティックス論を援用して、イーストンは政治システムについて次のように説明している。政治システムは、生物有機体と同様に、生態系、経済、文化、パーソナリティー、社会構造、人口、その他の様々な環境との相互依存関係にあり、そうした環境から絶えず圧力を受け続けている。それらの圧力の中で、政治システムの存続にとって危険な圧力という情報がブラックボックスに入り、入力されると、その圧力を消滅させるか、軽減させる対応策が講じられて、それを外の環境に出力として変換させ、それが危険な圧力を解消させる反応策であったという情報に接したら、それ以上の反応策は控えるが、しかし、もし効果的に反応していなかったという情報に接した場合、その情報を再び入力して、修正された反応策を出力として再び打ち出す。この過程が繰り返されて、政治システムはその存続を図る。その際、出力が入力に対処する正しい反応であったかどうかについて判断する根拠となる情報を絶えずキャッチして、再入力という修正を行う機能は、サイバネティックス論ではフィードバック（feedback）と命名されている。このイーストンによって描き出された政治分析の新しい概念の「政治システム」のイメージを表わした図が図8である。そして、この図8のブラックボックスになっている四角の中に、8年後の著作『政治分析の枠組み』（A Framework for Political Analysis）では、入力を出力に変換する「決定中枢」（authorities）が加えられているのが、それが図9である。

図８　政治システム

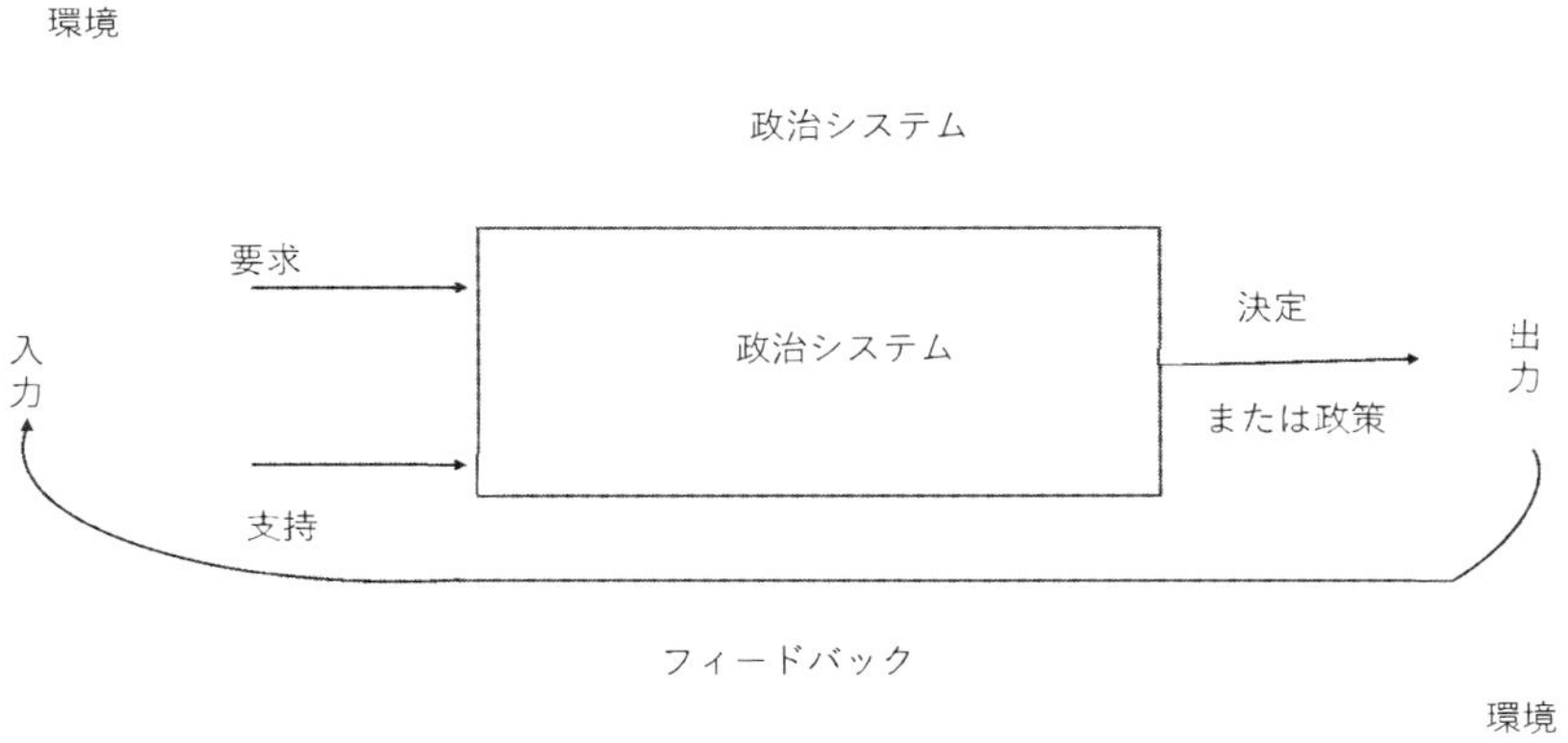

図９　政治体系

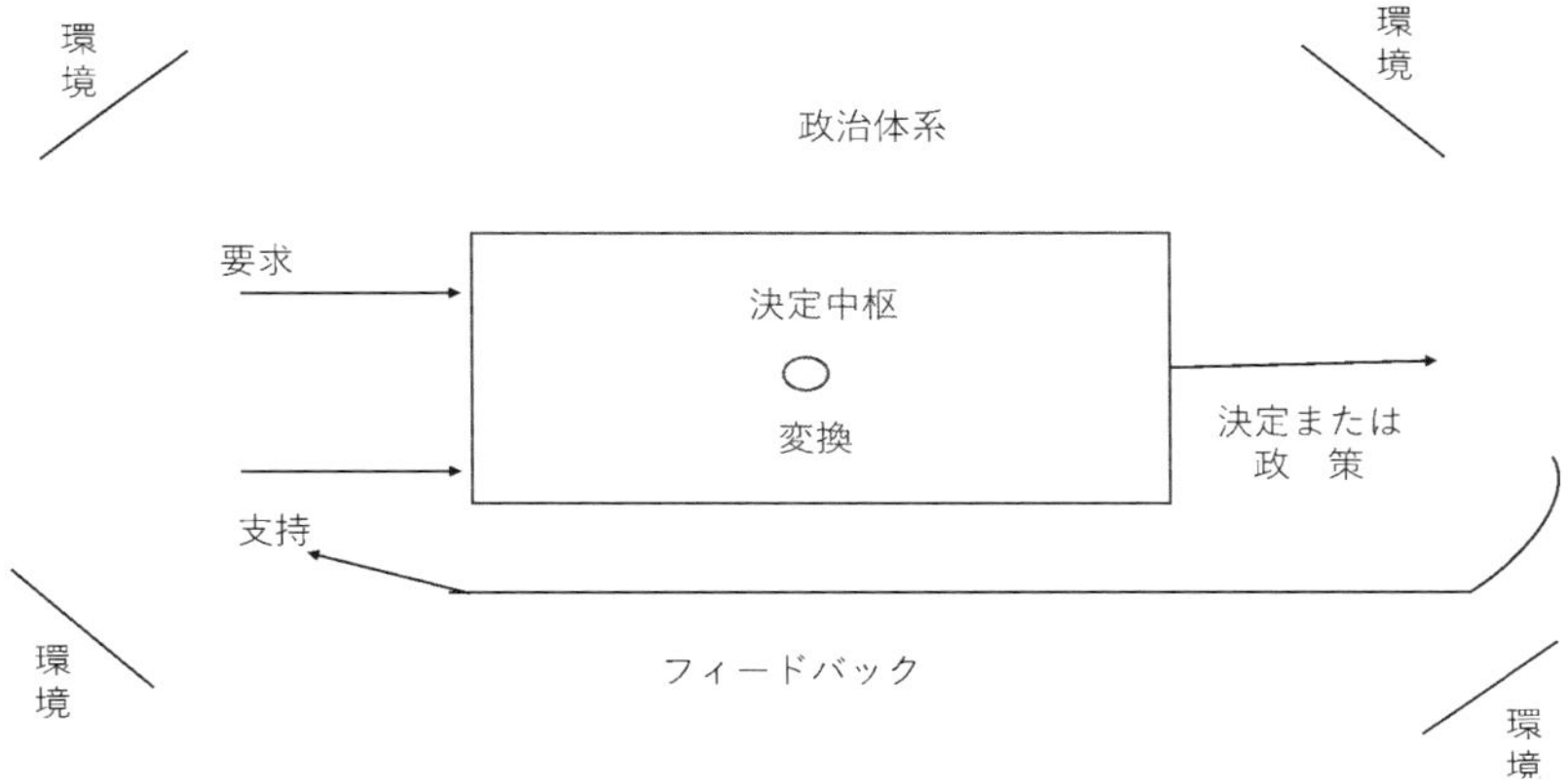

この図9を見ながら、次に、「政治システム」を政治分析概念として用いて、これまでの自由民主主義体制の政治生活について、イーストンがどのように説明しているのかを見ることにしたい。彼によると、政治システムの構成員が、政治システムに対して解決を望む課題について、「要求」(demand)として入力し、その課題を解決する決定または政策が出力として出されて、その課題が解決されるなら、「支持」(support)を政治システムに入力するので、システムは存続する。次に、政治システムには二種類の圧力が存在するという。一つは言うまでもなく外からのものであるが、もう一つ「システム内入力」というシステム内部の圧力がある。システムの構成員は多様な期待や欲求に応じて集団化されており、その中に有力な集団も存在する。価値配分はその社会の価値基準を具現した文化の制約を受けるので、環境の変化や価値の生産量の変化などによって価値配分が有力な少数者集団に有利な形で行われた場合、多数者集団が反発して構成員同士の間に紛争が発生する場合も多々ある。こうした現象は政治システムの存続にとって危険な現象であるので、その解決を図らねばならない。こうした紛争を「システム内入力」と言う。この二種類の圧力に対して、政治システムが適切な反応策を「決定または政策」という形で打ち出さない限り、その圧力の負担に耐えられず、政治システムは崩壊する可能性もあり得る、と言う。

さて、このイーストンの「政治システム」概念は、それまでの政治学の「権力」概念と並んで、もう一つの重要な概念の「国家」概念の言い換えに過ぎないようにも見られるが、アメリカが世界に対し支配的に影響力を行使する時代の到来と共に重視されるようになった比較政治学においては、形式的には近代国家の制度を導入しても立憲主義的近代国家ではない国々を含めての政治発展を異にする国々の政治生活を包括的に分析し、経験的に説明できる有用な概念であることが次第に認識されるようになり、現代アメリカ政治学の土台を形成する概念となった。それればかりではない。この「政治システム」概念は、「国民のための行政」が展開されている自由民主主義諸国の政治過程に新たな照明を与えるツールを提供することにもなった。従来の政治過程論は多元的民主政における権力アクターの政党や利益集団などの多元的な集団間の政府における政策決定を巡る権力闘争の解明を行っていたが、この「政治システム」論によって政治過程を見直すと、また別の姿が浮かび上がってくることが明らかになったからである。その別の姿とは、次に見られるように、政治過程は多元的集団間の権力闘争という側面の他に、もう一つの政策過程という側面もあると言うことが明らかになったからである。その側面は「政治システム」概念を使うなら、次のように捉え直される。まず初めに政府が解決を迫られている問題の認知と争点の明確化（アジェンダ設定）の部分は、システムへの「入力」として捉え直されるし、次に「入力」を「出力」に変換する「決定中枢」の作用はその問題を解決する基本的方針である「政策」の「決定作成」(decision-making) としての「政策決定」と捉え直される。次に、その問題の解決策の「出力」とは決定された「政策」そのものであるので、「出力」を出すということは「政策執行」として捉え直される。最後に、執行された政策が実際において解決を迫られた問題を適切に解決したかどうかを確認するフィードバック過程は「政策評価」として捉え直され、「政策評価」の結果、「出力」の政策はその問題を適切に解決していなかったことが判明した場合、もう一度その解決を行う再「入力」がなされる、と言う政策作成⇓政策決定⇓政策執行⇓政策評価の一連の機能連鎖の過程として解釈されるのである。このように、政治過程は「政治システム」論を用いて再考するなら、政治生活が「現状維持の軸」に沿って展開される「政策過程」であるという側面を有していると言うことが理解される。

こうした政治生活を政策作成⇓政策決定⇓政策執行⇓政策評価の一連の機能連鎖の過程に焦点を当てて解明しようとする動きは、実はH・ラスウェル (Harold Lasswell) がすでに始めていたのであった。彼は1930年代において権力をキー概念に用いて政治動態の分析を行っていたが、大戦末期にナチ・ドイツに対するアメリカの自由民主主義体制擁護論の構築において、少数の治者の支配の道具としての物理的強制力の側面を強く持つ権力の概念は「治者と被治者との同一性」の民主政とは親和関係がないことに気付き、次に述べるような権力概念の再解釈を通じて、従来の権力概念を基礎とする政治学の再検討の企ての中で民主政擁護の科学としての「政策科学」(Policy Sciences)の提唱を行っていたのである。彼は、『権力とパーソナリティー』(1948年)と『権力と社会』(カプランとの共著、1952年)の中で、まず初めに従来の政治学における少数の治者が多数の被治者を支配する究極的手段としての物理的強制力としてのイメージの強い権力概念を「脱強制力」化することを試み、権力は「影響力」である、と解釈し直した。次に、彼は、権力が一人の独裁者に集中している全体主義独裁体制と違って、自由民主主義体制においては主権者の国民は選挙やその他のルートを通じて政府の「決定作成」(decision-making)への参与を行っているが、それによって国民は政府の「決定作成」に対して「影響力」を行使しており、従って、影響力としての「権力」は広く国民の間に分有されている、と民主政と親和的な新たな「影響力としての権力概念」を展開したのであった。そして最後に、彼は、自由民主主義体制では、政府による国民の要求を実現するための基本的方針の政策(Policy)の「決定作成」を中心にして政治生活が運営されているのであるから、国民のための政策の立案・作成、政策決定、政策執行、政策評価の一連の流れを研究する学問こそが「民主政擁護の科学」である、と主張したのであった。そして、彼は「政策科学」としての政治学の構築を目指したのである。従って、彼は「政策科学」の父と言われるようになった。

このラスウェルの「政策科学」の構築の動きとイーストンの「政治システム」論が結合して、「政策科学」ないしは「公共政策論」(Public Policy)と言う新しい学問が展開することになった。この学問は研究対象を基準に大きく分けると次の三つに分類される。1、過程(政策ステージ)モデル、2、政策決定の態様に関するモデル、3、政策類型論、である。

◆政策過程論または過程(政策ステージ)モデルとは、政策作成⇓政策決定⇓政策執行⇓政策評価という一連の活動の流れを、各段階に分けて、それぞれの段階を詳細に研究しようとするアプローチである。このアプローチは、ラスウェルが政策過程の一連の流れを、問題の発見とそれに関する情報収集、提案、指示、発動、適応、評価、および終結という七段階に分けたが、この七段階の分類を、彼の弟子のドロア（Dror）が三つのステージに分けてから、それを土台に多様なステージ論が展開されている。現在、多く用いられているのは、政策課題〔アジェンダ〕の設定⇓政策作成⇓政策決定⇓政策執行⇓政策評価の五段階論である。

◆政策決定の態様に関するモデルは、キューバー危機におけるケネディー政権の政策決定過程を研究したアリソンが、政策決定主体に関して、合理的行為者モデル、組織過程モデル、政府内政治（官僚政治）モデルという三つの類型を発表した後に、政策決定の主体は誰か、あるいは主体が明確ではない場合には、政策はどのようにして決定されるのか、その態様についての研究モデルである。現在有名なのは「ゴミ缶」モデル、「政策の窓」モデル、「唱道連合」モデルなどがある。

◆政策類型論は、政策をどのような基準で分類するかによって、いくつかの類型論ができるが、政治学や行政学で有名なのはロウィ（Theodore J. Lowi）の類型論である。彼は、１９６４年の書評論文（American Business, Public Policy, Case-Studies, and Political Theory, in: World Politics, vol.16, No.4, 1964, pp.689-715.）で、政策の社会へのインパクトと、そのフィードバックの循環過程という、より広い見地から、政策が、いかなる権力構造によって決定され、支持されているのか、そしてそれが全体としての社会に寄与しているのかどうか、またその執行主体は誰なのかの観点から、アメリカ政府が従来取って来た政策を分配政策、規制政策、再分配政策の三つに類型した。そして、１９７２年の論文「四つの政策システム、政治、および選択」（Four Systems of Policy, Politics, and Choice, in: Public Administration Review, vol.32, No.4, 1972, p.299.）の中では、この三つの類型の他に、さらにシステムの維持政策をも挙げている。

以上、１９５０年代にアメリカ政治学界に起こった政治分析のキー概念のパラダイム転換と、それによって誕生した政策科学の概要を紹介したので、次にこの政策科学と行政学の関係について見て行くことにしたい。

2、政策科学による行政過程に関する新たな解釈論の展開

本書第一部第一章2の題が「行政の目的とその在り方は政治によって決まる」となっている。そこですでに言及したように、政治の在り方、つまり政治を方向づける目標とその実現を目指す政治活動によって行政の在り方も変わるのである。

顧みるなら、すでに第一部第一章4で紹介したように、人類が国家と称する政治的組織体を創出して以来、その国家が今日の自由民主主義国家に至るまでの間に展開した「行政の類型」は凡そ次の六つである。

第一の類型は、国家の対外的活動としての外交、戦争、防衛に関わる諸活動、つまり対外的脅威からの国家それ自体を守護し、発展をはかる行政である。

第二の類型は、社会のインフラの構築とその維持に関わる行政である。

第三の類型は、「ポリス」業務の行政である。

第四の類型は、国家の管理・運営を賄う財源の調達を掌る行政である。

以上の四つの「行政の類型」は、自由民主主義国家のみならず、全体主義独裁国家や、20世紀に至るまでに存在したすべての国家が展開した「行政の在り方」の基本的な姿である。

第五の類型は、高度資本主義経済社会の段階にある諸国では、「市場の失敗」に起因する社会・経済的諸問題を解決するために、政府主導による社会・経済の管理・運営が必要となり、その結果、出現した政府主導の社会・経

済運営の行政である。それには、二種類があり、第一型は、危機に瀕している企業や団体、あるいは国際競争力を高めるために必要と認められる特定の産業に対する補助金・補給金や税制優遇措置などの「価値付与的な」分配政策を通じての政府による経済への介入（あるいは規制）型の行政と、第二型は、全体としての社会・経済秩序の存続・発展を図るための再分配政策を中心とする社会福祉行政、この二つの、現代国家特有の「行政の在り方」である。

第六の類型は、20世紀末頃から21世紀にかけてようやくその型が定まり始めて来たように見える、「価値誘導」または「文化革命」とでもいえる啓発行政活動である。

日本国憲法第13条（すべて国民は、個人として尊重される。生命、自由及び幸福追求に対する国民の権利については、公共の福祉に反しない限り、立法その他の国政の上で、最大の尊重を必要とする。）は、以前は、プログラム規定に等しい条文とみなされていた。ところが、20世紀末のソ連の崩壊と共に世界は一つの「地球村」の様相を呈し始めるグローバル化時代の到来や、脱工業化の進展により、人々は従来の物質的価値とは異なる脱物質的な価値を追求する傾向が強まり、さらに社会もその影響を強く受けて社会の基本単位は家族から個人へと移り始める傾向もあり、それと共に社会の伝統的な規範に異議申し立てする世論も徐々に醸成されて行くと言う社会を巡る内外の環境が変化し始めた。こうした環境の大きな変容の中で、プライヴァシー権、環境保護、ジェンダーなどの現代的な価値について、国連などを中心とする国際機関が各国にその実現を要請しており、この国際社会の規範的圧力を受けて、日本政府もそれに対処する行政を展開せざるを得なくなった。そしてそうした行政を根拠づける価値規範が実は主として憲法第13条などに込められていることから、同条文はプログラム規定から実現されるべき実定法原則へと捉え直されるようになって来た。それと共に、国際社会の規範的圧力は憲法第13条と言う共鳴板にも助けられて、現代日本では憲法第13条などの法原則を実現する方向において、人類の普遍的な価値の実現を求める国際社会の規範的圧力に対応する「価値誘導」または「文化革命」とも称すべき「啓発」行政の展開が強いられるようになったと見られる。こうして、20世紀末から21世紀にかけて新しい「啓発」行政の類型が登場するようになったのである。

さて、今日の国民主権の自由民主主義諸国では、政治を方向づける目標は、言うまでもなく、「国民のための行政」の実現である。国民の代理人の政府は権力を用いての希少価値の配分と言う政治活動においては、可能な限り国民に対しては「価値付与的」な配分に努めなくてはならない。なぜなら、そうしなければ、政府は権力の正当性の根拠となっている国民の支持を失う恐れがあるからである。自由民主主義国家は、以上挙げた六つの「行政の類型」の内、どの類型を最も重視しているのかは、第一部第二章においてすでに述べたことがあるが、毎年、議会で承認を受けなければならない予算案を見れば分かる。国家予算の約30％近くが社会福祉行政に振り向けられているのが一般的である。ちなみに、戦前の日本では予算の約30％以上が第一類型の行政に振り向けられていたのである。予算の内容を見れば、その国の性格が推察されるのである。

このように、自由民主主義諸国では国家活動の主要な部分が第五の「行政の類型」、とりわけ、その第二型の社会福祉行政であるが、その内容は国民に対する「価値付与的」な便益提供の活動、つまり社会福祉サービスの提供である。１９７９年に政権の座についたサッチャー首相が始めた行政改革では、行政組織における政策の企画・立案機能と政策の執行・実施機能とを分離させ、後者の政策の執行・実施機能をAgency、日本流に言えば「独立行政法人」に担当させた。そしてこの「独立行政法人」の主要な活動分野は他ならぬ社会福祉サービスの提供である。このサッチャー首相による行政改革に見られる、行政組織を二つの部分へ分ける考え方は政策科学の中の政策過程論の反映に他ならない。政策過程論では、政策の企画・立案機能が政治であり、政策の執行・実施機能が行政である、と捉えられているからである。従来、三権分立制の近代国家では、立法と司法以外の国家活動の分野が行政と考えられていたが、政策過程論では、行政を執政と統治に分け、統治の部分を「政策の執行・実施機能」と捉え直している。そしてこの「政策の執行・実施機能」の中で最も多くの部分を占めるのが社会福祉サービスの提供であるが、政策過程論では、「政策の執行・実施機能」の過程は「政策実施〔履行〕」（Policy Implementation）または Policy Delivery と称されている。Delivery の邦訳語は「配達、配送、引き渡し」であり、まさにサービスがそれを必要とする人々に「配達、配送、引き渡し」されるので、このデリバリーという用語が使われているようであるが、日本では Policy Delivery も政策科学の研究者の間では「政策実施」と邦訳されている。

ところで、政策科学の出現までは、行政学は、極論すれば、主に六つの「行政の類型」を担当する行政組織の編成およびその管理・運営に関する研究、次に行政組織を構成する行政人、つまり「官僚」の行動様式論、とりわけ、彼らの権限逸脱行為を防止するための行政責任論の研究がその両輪を成していたと見られる。読者も気付いたと思うが、本書の内容もこれまでの行政学の両輪を成す部分について、歴史から学ぶ観点から記述されている。

ところが、政策科学、とりわけ政策過程論の出現によってインパクトを受けた行政学においても、政策に焦点を当てて行政過程を見直す新しい視点が生まれ、行政学が従来あまり関心を向けていなかった側面にも光が当てられるようになった。例えば、政治過程と行政過程が政策過程において同時進行している側面や、政策の実施及び政策評価が注目されるようになって来た側面である。それらについて、次に見て行くことにしよう。

まず初めに政治過程と行政過程が同時に進行している政策過程については、過程モデルの観点からどのように分析されているのか、それについて見よう。上の第二部第二章1の②ですでに引用したことのある、京極純一『日本の政治』の中で、日本において政策の企画・決定は各省庁の課長レベルで行われていることが指摘されている。そのくだりを少々長いが次に引用する。「官庁における業務編成の基本単位は本省の所管課である。所管事項についていえば、本省各課は、事実上、日本国政府そのものである。そして、各課の係長レベルに政策企画の実質的作業が集中し、課長レベルに課内を統合して政策企画を始動させる実権、また、他課が発案した政策企画を同意推進、あるいは、反対妨碍する実権が集中する。国家機関、あるいは、政府、諸官庁における制度上の権限と実質的な決定力の所在とが一致せず、実質的な決定力は閣議から次官会議へ、次官会議から各省の省議へ、省議から課長レベルにおける非公式の調整へと下降し、拡散する。」（３４７頁）日本における政策決定が実質的に各省の課長レベルにおいて行われていると言う、この京極純一教授の指摘は次のように読み替えることが出来よう。現代日本の政府が解決の迫られている諸問題の数は非常に多いが、それらの多くの問題に取り組み、それを解決する基本方針としての政策を企画・立案する仕事はその内容に応じて各省に振り分けられているので、政府が解決の迫られている諸問題に対応して「各省の所管課」が存在すると言うことになる。そして、一つ一つ政策の立案・決定は実質的にその政策を担当する課長を中心に行われるとするなら、政策過程論の観点から見るなら、日本の政治システムにおける入力を出力に転換する「決定中枢」は、実際は行政組織の中間レベルの職位にあると言うことが明らかになろう。次に、政策過程論では、政策の企画・立案の段階は「政策作成」段階と規定され、その前に政策議題〔アジェンダ〕設定と言う「前決定」段階が置かれている。この段階の説明では、アメリカの政治学者のバックラック（Bachrach）とバラッツ（Baratz）の両人の論文「権力の二面性」（１９６２年）において、権力にはもう一つの「非決定」（non-decision）という側面があるという指摘、そしてルークスの著作『権力―一つのラディカルな見解』（１９７４年）に展開された、権力の三層モデル、すなわち、「決定」としての権力を第一次元的権力、「非決定」としての権力を第二次元的権力、「政治体制」の権力である「構造的権力」を第三次元的権力として捉え、権力が重層構造を成している点の指摘、などが用いられている。三層構造を成している権力の作用に関するこうした指摘を用いて、日本の政策議題〔アジェンダ〕設定の過程に光を当ててみると、各省の所管課長は首相及び大臣が代表する「構造的権力」の影響下にあり、解決されなくてはならない問題が提起されていても、「意図的に」解決すべき課題として政策の企画の段階において取り上げないと言う「非決定」を先に行っており、構造的権力と親和的な争点のみを政策議題に取り上げることになるであろうと言うことが推察される。このような政策過程の「前段階」の研究は、日本の官庁の中で稟議書が往来するその過程、つまり行政過程は政治過程の進行の反映に過ぎず、行政過程に加えられる政治権力の圧力（stress）の存在を明るみに出すことに寄与することになろう。これは、行政学の分野と言うよりは、むしろ政治学の取り扱う分野であるが、政策過程論の登場によってこれまで見えてこなかった政策議題〔アジェンダ〕設定を巡る「権力闘争」が明るみに出されるようになった点は、行政学の内容を豊かにしたように見られないこともない。

行政改革以降において、関心が進んだのは「政策実施」の段階における福祉行政の分野であろう。従来、行政学の研究対象は言うまでもなく行政現象であるが、実は行政学はこの「政策実施」の段階にはあまり関心を示してこなかったと言えるのである。ところが、政策過程論が一連の政策過程の流れを、上記の通り、政策決定の段階までは「政治」、その後の「政策実施」の段階を「行政」と規定したことで、皮肉にもこれまでほとんど無視されて来たと言っても過言でない分野の「政策実施」の段階が政策学者によって研究が進められるようになったのである。アメリカでも１９７０年代から80年代にかけて、Policy Implementation と題する著作が多く現れている。また、イギリスでも、サッチャー首相の行政改革以降、政府による社会福祉サービス提供の分野で「民間活力の活用」による公共サービス提供における官民連携制が採用され、その業務執行においてＮＰＭ理論の３Ｅが適用され、サービスのデリバリーが民間企業との競争の中で評価さるようになり、その過程の実証研究の Policy Delivery が進められている。

最後に、政策過程論の観点から見るなら、行政改革の一環として「行政の透明化、自己責任化を目指す行政評価制度」が導入される以前には、行政学が関心を示してこなかったもう一つの分野としての「政策評価」の段階があった。勿論、第二部第二章4で言及したように、日本の官庁では、行政改革以前では行政業務の監察と評価は行政管理庁、次に総務庁の行政監察局が担当しており、行政改革以降は、その職務は各省庁の政策評価課及び総務省の政策評価局に引き継がれている。実際、政策評価制度設置後も、行政過程は政策評価制度と並んでＰＤＣＤ方式に基づいて統制されている。この方式は大蔵省、その後身の財務省も各省の予算案とその執行を統制する方式として用いられて来た。そして、この方式は、政策過程の一連の機能連鎖の中の「政策評価」ではなく、行政統制の手段の一つであると解釈できる。政策評価制度は評価の主体が各府省それ自体の自己点検制度であるので、行政改革によって行政組織が政策の企画・立案部分とその実施部分とが分けられたことで全体としての行政のマネジメント機能を担う役割としては必要不可欠的な制度ではあるが、もう一つの行政統制の機能では十分な効果を上げているとは言えないと見られている。ともあれ、政策評価制度の設置によって、行政学では、その研究の対象としてはやや無関心に近かったといえる「政策評価」をどのように従来の学問体系の中に位置付けて研究すべきかに関して現在試行錯誤中ではないかと思う。と言うのは、政策科学の方では本格的な研究がなされているので、行政学において政策科学とは異なるその固有のアプローチを作り出せるのかどうか、の状態にあるからではないかと思われるからである。

そもそも政策とは国家の目標価値を実現するための、計画に基づく、多かれ少なかれ定式化された行動の基本方針であると捉えるなら、政策の評価の段階は、あらかじめ政策を評価する基準が先に設定されていなくてはならないが、その基準は、言うまでもなく、国家の目標価値と言うことになる。ところが、誰がその国家の目標価値の定義を行うのか、そしてその決まった定義に沿った基準に基づいて、誰が、すべての政策について、政治システムにおける「入力」からその「出力」への変換、およびフィードバックの流れの全体を評価するのか、それらの研究は今後深めるべき課題として残されていると見られよう。

以上、政策科学の出現により、その観点からの行政過程の諸側面についての新たな分析や解釈について見て来た。何度も繰り返すが、行政の在り方は政治によって決まる。従って、政治の在り方が変われば、それを研究対象とする政治学もその性格を変えている。人類の歴史において、ヨーロッパにおいて絶対主義主国家の出現と共に、「統治という行為システム」が独自の自律性を持つようになり、それを研究対象とする、いわゆる行政学が誕生した。その時の「統治という行為システム」、つまり「行政の在り方」を規定する政治の位相と、「国民のための行政」の実現が国家目標になっている現代の自由民主主義国家における「行政の在り方」を規定する政治の位相とは全く異なる。つまり、政治の位相が変化したために、それを研究対象とする政治学の性格も変化せざるを得ないので、21世紀に入り、経済と情報のグローバル化と共に、新自由主義が世界の支配的な政治イデオロギーとなるに及んで、国民国家が政治組織体の主要な形態であった時代の「行政の在り方」を規定する「政治の位相」も変化の途上にある。そしてこの変化を政治学において学問的な形で表現したのが「政策科学」であるとするなら、現在の「行政学」に対してもその変容を求めるインパクトが及ぼされ続けているとも解釈されよう。こうした観点から、今日の行政学を概観するなら、それはその研究の視角と研究対象の再構成が求められている印かもしれないとも解釈される。

あとがき

２０００年4月に新設された尚美学園大学総合政策学部総合政策学科において専任講師として行政学と政治過程論を担当し、四半世紀が瞬く間に過ぎた。その間、公共政策論、教養課程の政治学をも担当することになり、四科目を同時並行して講義することになった。筆者の学問的関心は、近・現代国家の史的・理論的解明及びその正当化論であるので、講義に際しては、行政学では国家の活動について、政治過程論では国家活動を動かす政治的アクター間の権力関係の力学について、公共政策論では国家活動を方向づける政策立案・決定・執行を軸とする政策過程について、それぞれの教科の独自のアプローチに基づいて説明するように努めて来た。このように、四科目を同時並行して講義することができたのは、筆者が学部以来、近・現代国家の理論的解明とその正当化論の研究や近代国家成立以降の政治史、とりわけ独米の憲法政治を中心とする政治史の研究を重ねて来たこと、そして大学院時代においてサッチャー首相が断行したイギリスの行政改革、および同首相の跡を継いだ保守党の歴代首相や、労働党のブレヤ首相の行政改革をフォローする研究を続けていたことに負うところが多いと思われる。

本書は、四半世紀の間、尚美学園大学で行った行政学の講義ノートをまとめたものである。受講生の予習や復習の役に立てればという思いから刊行することにした。そして、刊行する以上は、公務員試験志望者にも利用できるように、国家公務員試験や地方公務員試験の出題問題に対しても十分に答えられ得るような、一般の行政学の教科書に収められている内容は可能な限り網羅した。本書の特徴は、「はじめに」のところですでに述べているが、通常の行政学の教科書や研究書と違って、行政を国家の活動として広義に捉えて、人類の歴史において国家成立以降の国家の活動が国家の性格の変化と共に変化し、その帰結として「行政の在り方」も変化していることから、「行政の在り方」の変化の歴史から「行政とは何か」を学ぶ歴史的アプローチをとっている点であろう。なお、本書では行政への政治学的、政治史的、憲法論的アプローチが混在しているのは、四科目を同時並行して講義していることの影響の表われでもあるので、その点について読者にお断りしておきたいと思う。

出版事情が厳しい今日、本書の刊行を快諾されたWORLD DOORの洪性暢社長に心から謝意を表したい。

２０２５年春

著者

参考文献

はじめに

西尾　勝『行政学』日本放送出版協会、１９８８年。
渡邊榮文『行政学のデジャ・ヴュー――ボナン研究――』九州大学出版会、１９９５年。
片岡寛光・辻　隆夫編『現代行政』法学書院、１９８８年。〔3、行政の活動（佐藤克廣）〕
縣公一郎・稲次裕昭編『オーラルヒストリー日本の行政学』勁草書房、２０２０年。
年報行政研究46：『行政研究のネクスト・ステージ』２０１１年。

第1章

M・ウェーバー著・渡辺金一、弓削達訳『古代社会経済史』東洋経済新報社、１９５９年。
カール・A・ウィットフォーゲル著・湯浅赳男訳『オリエンタル・ディスポティズム―専制官僚国家の生成と崩壊』新評論、１９９５年。
小堀真裕『歴史から学ぶ比較政治制度論　日英米仏豪』晃洋書房、２０２３年。
手嶋　孝『現代行政国家論』勁草書房、１９６９年。
手島　孝『行政概念の省察』学陽書房、１９８２年。
土岐　寛・加藤普章編『比較行政制度論』法律文化社、２０００年。
坂本　勝『公務員制度の研究―日米英幹部職の代表制と政策役割』法律文化社、２００６年。
村松岐夫編著『公務員制度改革―米・英・独・仏の動向を踏まえて』学陽書房、２００８年。
西尾　勝『行政の活動』有斐閣、２０００年。
柏倉康夫『指導者はこうして育つ―フランスの高等教育　グラン・ゼコール』吉田書店、２０１１年。

永井良和『フランス官僚エリートの源流』芦書房、１９９１年。

藤原翔太『ブリュメール18日―革命家たちの恐怖と欲望』慶應義塾大学出版会、２０２４年。

J・シュヴァリエ著・藤森俊輔訳『フランスと言う国家―繰り返される脱構築と再創造』吉田書店、２０２４年。

升味準之助「比較研究―議会政治史（三）第二部　フランス」『武蔵野大学　政治経済研究所年報』第三号、２０１１年。

上山安敏『ドイツ官僚制成立論』有斐閣、１９６４年。

R・v・シュタイン著・猪木正道訳『社会の概念と運動法則』みすず書房、１９４９年。

G・W・F・ヘーゲル著・上妻　精他訳『法の哲学――自然法と国家学の要綱』下巻、岩波書店、２００１年。

M・シュトライス著・福岡安都子訳『ドイツ公法史入門』勁草書房、２０２３年。

原田　久『社会制御の行政学――マインツ行政社会学の視座』信山社、２０００年。

安　章浩『憲法改正の政治過程―ドイツ近現代憲法政治史から見えてくる憲法の諸相』学陽書房、２０１４年。

安　章浩「西ドイツにおける近代立憲主義の確立の政治過程―三権の立憲主義統制機関としての連邦憲法裁判所の活動を中心として―」『尚美学園大学総合政策論集』第22巻、２０１６年。

安　章浩「近現代ドイツにおける国家と憲法の相克関係―それと相連関する憲法・国家概念の変容過程を中心とする一考察―」『尚美学園大学総合政策論集』第24巻、２０１７年。

アーネスト・バーカー著・足立忠夫訳『近代行政の展開』有信堂、１９７４年。

W・ベヴァリッジ著・一圓光彌監訳『ベヴァリッジ報告――社会保険及び関連サービス』法律文化社、２０１４年。

Herman Finer, The British Civil Service, 1937.

Emmeline W. Cohen, The Growth of the British Civil Service 1780-1939, 1941.

鈴木康彦『注釈アメリカ合衆国憲法』国際書院、２０００年。

久保文明・阿川尚之・梅川健共篇『アメリカ大統領の権限とその限界―トランプ大統領はどこまでできるか』日本評論社、２０１８年。

M・L・ベネヂクト著・常本照樹訳『アメリカ憲法史』北海度大学出版会、１９９４年。

今里　滋『アメリカ行政の理論と実践』九州大学出版会、２０００年。

久保文明・岡山　裕『アメリカ政治史講義』東京大学出版会、２０２２年。

阿利莫二「合衆国における職能国家の形成―その政策的展開―」『法学志林』、55（1）、１９５７年。

安　章浩「アメリカ合衆国憲法の制定過程（一）―アメリカ諸邦憲法の三つの類型とアメリカ的価値の創出―」『尚美学園大学総合政策論集』第35号、２００２年。

安　章浩「アメリカ合衆国憲法の制定過程（二）―連邦憲法制定による分権的国家連合体から集権的連邦共和国へ―」〈上〉『尚美学園大学総合政策論集』第36号、２０２３年。

安　章浩「アメリカ合衆国憲法の制定過程（二）―連邦憲法制定による分権的国家連合体から集権的連邦共和国へ―」〈下〉『尚美学園大学総合政策論集』第38号、２０２４年。

Ferrel Heady, Public Administration. A Comparative Perspective, Fifth Edition, 1996.

Stella Z. Theodoulou & Ravi K. Roy, Public Administration: A Very Short Introduction, 2016.

第二章

水谷三公『日本の近代13　官僚の風貌』中央公論社、１９９９年。

笠原英彦編『日本行政史』慶応義塾大学出版会、２０１０年。

笠原英彦・桑原英明篇『日本行政の歴史と理論』芦書房、２００４年。

田中嘉彦「日本の行政機構改革―中央省庁再編の史的変遷とその文脈―」『レファレンス』２０１５年9月号。

山中永之介『日本近代国家の形成と官僚制』弘文堂、１９７４年。

辻　清明『新版　日本官僚制の研究』東京大学出版会、１９６９年。

辻　清明篇『行政学講座』第2巻　行政の歴史、東京大学出版会、1976年。

第三章
M・ウェーバー著・世良晃志郎訳『支配の社会学Ⅰ』創文社、1960年。

斎藤美雄『官僚制組織論』白桃書房、1980年。

今村都南雄『行政学の基礎理論』三嶺書房、1997年。

D・ワルドォ著・足立忠夫訳『行政学入門』勁草書房、1966年。

D・ワルドォ著・山崎克明訳『行政国家』九州大学出版会、1986年。

手島　孝『アメリカ行政学』日本評論社、1964年。

C・I・バーナード著・山本安次郎他訳『新訳・経営者の役割』ダイヤモンド社、1968年。

H・A・サイモン著・松田武彦他訳『経営行動』ダイヤモンド社、1966年。

R・マートン著・森東吾他訳『社会理論と社会構造』みすず書房、1961年。

A・ゴールドナー著・岡本秀昭他編訳『産業における官僚制――組織過程と緊張の研究』ダイヤモンド社、1963年。

L・J・ピーター、R・ハル共著・渡辺伸哉他訳『ピーターの法則――創造的無能のすすめ』ダイヤモンド社、2003年。

C・N・パーキンソン著・上野一郎訳『新編パーキンソンの法則――先進国病の処方箋』ダイヤモンド社、1981年。

M・リプスキー著・田尾雅夫他訳『行政サービスのディレンマ――ストリート・レベルの官僚制』木鐸社、1986年。

A・ダウンズ著・渡辺保男訳『官僚制の解剖――官僚と官僚機構の行動様式』サイマル出版会、1975年。

T・ゲーブラー、D・オズーボンー共著・高地高司訳『行政革命』日本能率協会マネジメントセンター、1995年。

安　章浩「ニュー・ライト思想とイギリスの行政改革―サッチャーリズムを中心として―」『早稲田政治公法研究』第53号、1996年。

安　章浩「「サッチャーリズム」研究のニュー・フロンティア―政策決定・執行過程への「コンテクスト・戦略的学習」アプローチを

中心として―」『早稲田政治公法研究』第59号、１９９８年。
安　章浩「ブレア政権の行政改革の動向とその課題―「サービスファースト・プログラム」の政治的・行政的意義―」『早稲田政治公法研究』第61号、１９９９年。
安　章浩「ブレア政権の行政改革を方向づける理念とフレームワーク」『行政＆ＡＤＰ』Vol.40, 2004.
Jay M. Shafritz, Albert C. Hyde, Classics of Public Administration (Third Edition), 1992.
Brian R. Fry, Mastering Public Administration from Max Weber to Dwight Waldo, 1989.
Herbert Strunz, Administration. Public and Private Management Today, 1995.
Peter M. Blau, The Dynamics of Bureaucracy. A Study of Interpersonal Relations in Two Government Agencies, 1955.
Philip Selznick, TVA and the Grass Roots: A Study in the Sociology of Formal Organization, 1949.
W. Niskanen, Bureaucracy and Representative Government, 1971.
J. Dolan and David H. Rosenbloom, eds., Representative Bureaucracy: Classic Readings and Continuing Controversies, 2003.
B. Guy Peters and Ian Thynne, eds., The Oxford Encyclopedia of Public Administration, Vol.1, Vol.2, 2022.

第二部

村松岐夫『日本の行政―活動型官僚制の変貌』中公新書、１９９４年。
片岡寛光『責任の思想』早稲田大学出版部、２０００年。
片岡寛光『官僚のエリート学』、１９９６年。
田中一昭編『行政改革《新版》』ぎょうせい、２００６年。
宇賀克也『行政法概説Ⅲ』【第二版】有斐閣、２０１０年。
原田　久『行政学』法律文化社、２０１６年。
今村都南雄・他『ホーンブック基礎行政学』北樹出版、２００６年。

真山達志『行政は誰のためにあるのか─行政学の課題を探る』日本経済評論社、２０２３年。

真渕　勝『行政学』有斐閣、２００９年。

真渕　勝『官僚』東京大学出版会、２０１０年。

西尾　勝『行政学』有斐閣、１９９８年。

金井利之『行政学講義─日本官僚制を解剖する』ちくま新書、２０１８年。

足立忠夫『行政学』日本評論社、１９７１年。

新藤宗幸『技術官僚─その権力と病理』岩波新書、２００２年。

城山英明・他編著『中央省庁の政策形成過程──日本官僚制の解剖──』中央大学出版部、１９９９年。

井上誠一『稟議制批判論についての一考察─わが国行政機関における意思決定過程の実際』行政管理センター、１９８１年。

大森　彌『官のシステム』東京大学出版会、２００６年。

北村　亘編『現代官僚制の解剖─意識調査から見た省庁再編20年後の行政』有斐閣、２０２２年。

京極純一『日本の政治』東京大学出版会、１９８３年。

京極純一『日本人と政治』東京大学出版会、１９８６年。

島田博子『職業としての官僚』岩波新書、２０２２年。

Carl J. Friedrich and Taylor Cole, Responsible Bureaucracy: A Study of the Swiss Civil Service, 1932.

Carl J. Friedrich, "Public Policy and the Nature of Administrative Responsibility", in: Public Policy. A Yearbook of the Graduate School of Public Administration, Harvard University, 1940, pp.3-24.

Herman Finer, "Administrative Responsibility in Democratic Government", in: The Journal of the American Society for Public Administration, Vol.,1940-1941, pp.335-350.

Charles E. Gilbert, "The Framework of Administrative Responsibility," in: Journal of Politics, Vol. 21, 1959, pp.373-407.

カール・J・フリードリヒ著・宇治琢美訳『政治の病理学』（１９７２）法政大学出版局、１９９７年。

山谷清志『政策評価の理論とその展開—政治のアカウンタビリティ—』晃洋書房、１９９７年。

奈島和久『政策評価の行政学——制度運用の理論と分析——』晃洋書房、２０２０年。

西出順郎『政策はなぜ検証できないのか——政策評価制度の研究——』勁草書房、２０２０年。

佐藤　徹編著『エビデンスに基づく自治体政策入門』公職研、２０２１年。

安　章浩「日本の府省庁における政策評価制度の諸問題に関する一考察——政策評価における原理と実際のインターフェース——」『尚美学園大学総合政策研究紀要』第16・17号、２００９年３月。

おわりに

G・アリソン・宮里政玄訳『決定の本質——キューバ・ミサイル危機の分析』中央公論社、１９７７年。

J・キングダン著・笠　京子訳『アジェンダ・選択肢・公共政策——政策はどのように決まるのか』勁草書房、２０１７年。

安　章浩・新谷浩史『身近な公共政策論—ミクロ行政学入門—』学陽書房、２０１０年。

石橋章市朗・他『公共政策学』ミネルヴァ書房、２０１８年。

足立幸雄・鵜飼康東監修『ＢＡＳＩＣ公共政策』全15巻、ミネルヴァ書房。

山谷清志編著『これからの公共政策学２　政策と行政』ミネルヴァ書房、２０２１年。

砂原庸介・手塚洋輔『新訂　公共政策』放送大学教育振興会、２０２２年。

クリストファー・フッド著・森田　朗訳『行政活動の理論』（１９８６年）岩波書店、２０００年。

権祈憲著・洪性暢訳『政策科学の交響世界——人間はＡＩで動く社会をコントロールできるか?——』WORLD DOOR、２０２３年。
D. Lerner and H. D. Lasswell, ed., The Policy Sciences, 1951.
Michael Hill, ed., The Policy Process: A Reader, 1993/1995.
Wayne Parsons, Public Policy. An Introduction to the Theory and Practice of Policy Analysis, 1995.
Y. Dror, Public Policymaking Re-Examined, 1968.

行政学への第一歩

2025年4月1日　初版第1刷発行

著　者　安　章浩
発行者　洪　性暢
発行所　株式会社　WORLD　DOOR
〒160-0022 東京都新宿区新宿 3-23-5 新東ビル 7F
Tel. 03-6273-2874　Fax. 03-6273-2875
製本・印刷　中央精版印刷株式会社

ISBN978-4-910302-08-9